人民对美好生活的向往
讲好中国故事系列丛书
中国能源化学地质工会

THE MEMORY OF OIL

石油印象

大庆油田有限责任公司工会◎编著

中国工人出版社

与大庆有关的石油故事，总有一个会触动你的心弦

人民对美好生活的向往
讲好中国故事系列丛书

编委会

总序

讲好中国故事　传播工会声音

习近平总书记指出，全党同志一定要永远与人民同呼吸、共命运、心连心，永远把人民对美好生活的向往作为奋斗目标。在党的十九大报告中，“人民美好生活”先后出现14次，关乎民生，亦关乎党的使命、宗旨与愿景。这样的大众化、平民化、生活化表述，让新思想、新战略和新蓝图变得生动而具体，承接地气、充满生气、富有底气，直抵人们内心，温暖你我，感动世界。

今天，中国改革开放的历史航船，正处在承前启后、继往开来的新起点。回顾40年来尤其是党的十八大以来发生在企业的巨大变化，梳理涌现在职工身边的先进事迹和感人故事，为即将开启的新的改革探索积累更多可供借鉴的典型经验，有助于激励广大职工群众努力奋斗，让劳模精神、劳动精神和工匠精神薪火相传。

进入新时代、踏上新征程，为中国工会赋予了新的使命和担当。各级工会组织要把学习贯彻习近平新时代中国特色社会主义思想和党的十九大精神作为首要政治任务，进一步团结动员广大职工拼搏奋进，为实现中华民族伟大复兴的中国梦不懈奋斗。

处大事贵乎明而能断。经过改革开放40年的发展，人民对美好生活的向往更加强烈，期盼有更好的教育、更稳定的工作、更满意的收入、更可靠的社会保障、更高水平的医疗卫生服务、更舒适的居住条件、更优美的环境、更丰富的精神文化生活。在这个展现新时代工人阶级新风采和工会工作新作为的关键时期，我们要牢牢把握人民群众对美好生活的向往，自觉践行人民对美好生活的向往就是我们的奋斗目标的承诺，一步步实现好以人民为中心的发展，确保如期建成得到人民认可、经得起历史检验的全面小康社会。

为了贯彻落实习近平新时代中国特色社会主义思想和党的十九大精神，坚定中国特色社会主义道路自信、理论自信、制度自信和文化自信，讲好中国故事，传播好中国工会声音，中国能源化学地质工会策划组织了《人民对美好生活的向往——讲好中国故事系列丛书》，并由中国工人出版社出版。这套丛书以我国能源化学地质系统劳动模范、大国工匠和普通职工为主人公，生动讲述生产一线劳动者创业、创效、创新、创优的故事，记录新时代产业工人生产生活发生的可喜变化，展现工会组织忠诚党的事业、服务职工群众的创新作为，弘扬好声音、传播正能量，引领广大职工形成价值共识。

我们相信，通过动员组织广大职工讲好中国故事、传播工会声音，可以让劳动最光荣、劳动最崇高、劳动最伟大、劳动最美丽的观念深入人心，让诚实劳动、勤勉工作蔚然成风，激励广大职工激情唱响新时代劳动者之歌，争做新时代的奋斗者，在各自平凡的岗位上，通过辛勤劳动、诚实劳动、创造性劳动，做出不平凡的业绩，实现对美好生活的向往！

《人民对美好生活的向往——讲好中国故事系列丛书》

编辑委员会

2018 年 5 月 21 日

前言

大约5亿年前，从地球出现生命的那一刻，石油也准备着登上历史的舞台。那些生长在海洋里最早的地球生命历经生死后，残骸伴随着水中的泥沙一起慢慢沉入水底，堆积、腐烂并被逐步分解，经过厚厚地层的高温高压作用，这些沉积有机质由蜡状演变成液态，缓缓流动汇集，最终形成石油。

60年前，贫油严重扼制着年轻的中华人民共和国民族工业的发展。在困难的时期、困难的地方、困难的条件下，来自祖国四面八方的数万名石油人挺进松嫩平原，面对恶劣的自然环境和严重匮乏的财力、物力，大庆石油会战如火如荼地展开，广大石油职工以“有条件要上，没有条件创造条件也要上”的大无畏精神，苦战三年，夺取了大会战的胜利，一举甩掉了中国贫油的帽子，实现了石油的基本自给，开创了中国石油工业的新纪元。

一滴石油，浓稠厚重，沉淀了多少“我为祖国献石油”的深情大爱，又浓缩了多少使命担当的家国情怀。

大庆，新中国石油工业的长子，用勇敢和智慧，不但建成了闻名于世的油田，而且连续27年稳产5000万吨以上，创造了世界同类型油田的奇迹。大庆，不但创造了一个油田，而且流传下来的“三老四严”“四个一样”等构成大庆精神、铁人精神的精髓，集中体现了中华民族和中国工人阶级的优良传统与优秀品质，成为中华民族精神宝库的重要组成部分。

由于石油的流动性，在长距离的迁移过程中，人们找到石油的地方，往往不是它的“出生地”。因为来自祖国的四面八方，这座因油而生的城市里没有共同的乡音，这里的人把异乡变为故乡，这里不是他们共同的出生地，却甘愿将生命深深扎根于此，他们与这座油田血脉相连，情缘相牵，他们为自己取了一个共同的名字——大庆石油人。

铁人王进喜，“宁肯少活二十年，拼命也要拿下大油田”，以生命讲述着石油事业的气吞山河；新时期铁人王启民，“宁肯把心血熬干，也要让油田稳产再高产”，用热血诉说着石油人的鞠躬尽瘁；大庆新铁人李新民，“宁肯历尽千难万险，也要为祖国献石油”，用行动开创出征海外的奇迹。

这是同一片土地、不同时期孕育成长的“铁人”，这是三代大庆石油人身体力行的探索，更是一种精神的传承。这种精神引领新一代大庆石油人追随父辈的脚步，接过责任，用他们对石油的情感诠释生命的意义，共同实践着我为祖国献石油的历史进程，集体丰富着铁人精神的深厚内涵。

他们勇担重任，以科技开路；他们攻坚克难，用匠心雕琢；他们勇闯市场，将中国石油的品牌叫响；他们情系社会，用温情为梦想加油。在风霜雨雪中，在酷暑严寒里，在空气稀薄的高原，在乡愁孤寂的荒漠，在万家灯火的假日，在炮火纷飞的海外，到处可见大庆石油人与事业相伴的身影，他们胸怀祖国、放眼世界，让坚守、奉献、拼搏、攀登、开拓这些词落地有声、铿锵有力。

他们珍视前辈用汗水、心血凝练而成的“大庆精神”“铁人精神”，他们用最朴实的行动、最真实的力量，续写着精彩的石油故事，那一枚枚闪亮的荣誉奖章，其中的主角是你，也是我……

静水深流，记忆不朽！

2019 年是大庆油田开发建设 60 年。回顾过往，是大庆石油人的砥砺前行，展望未来，亦是大庆石油人的璀璨理想。

目 录

《平台》（油画）王丕

第一章

丹心犹记

DANXIN YOUJI

最荒凉的地方，爆发最强大的能量；

最深邃的地层，喷涌最珍贵的溶浆；

最沉默的勇士，拥有最坚定的思想；

三代石油人的奋力拼搏，

见证了中国石油工业的崛起！

王进喜：送走洋油时代

他是一个血性的男人，他浑身是铁。在那个特殊年代，他的骨头比铁还硬，他的骨气代表了一个民族的品格，他用他的骨气送走了那个使用“洋油”的时代。

下车三问

1960 年 3 月 25 日清晨，凛冽的寒风中，萨尔图火车站从沉寂中醒来。

一列满载着参加石油会战大军的列车远远地鸣响汽笛，穿过茫茫旷野，呼啸着驶进车站。车刚一停稳，就有一队人马从车上急冲下来，一到站台，还没看清人的脸孔，一面写着“更高标杆立祁连”的红旗就迎风飘扬起来。聚集在旗帜下的小伙子们身背简单的行囊，目光渴盼，个个精神抖擞，生龙活虎。为首的是一名精壮汉子，身披光板老羊皮，肩背一个小挎包，头戴半旧的前进帽，面容黑瘦、颧骨很高，不大的两眼炯炯有神，他就是“玉门闯将”——王进喜。这支队伍就是王进喜带领的 1205 钻井队。

暂借调到石油办公室工作的松辽局勘探大队总务科科长朱开茂负责接站。他看见王进喜钻井队的旗帜，急忙跑过来，握住王进喜的手热情地说：“玉门老标杆来会战，我们表示欢迎。这里条件太差，天气又冷，我们一定尽量安排好！”

王进喜说："下了火车我们就是一家人，别分你我了。我问你，我们的钻机到了没有？井位在哪里？"

"这——"这时的老朱专管接待，不过问生产，一时答不上来。他只好说："钻机到没到我不知道，井位在哪儿也说不清，但按计划叫你们住马家窑！"

正好这时王廷锦走过来，替老朱解了围。王廷锦是玉门钻探公司的组织部长，头几天来到萨尔图，被口头任命为大队长，也正搞接待。王进喜一见到他很高兴，忙说："你是先来的，又负责接待，一定知道我们的钻机到了没有，井位在哪里？这里的最高纪录是多少？"王廷锦说："钻机的事儿我还不知道。井位嘛，听说是叫你们打 55 井，就是刚才朱科长说的马家窑那里。至于最高纪录好像还没有，等着你们创造哪！"

王进喜又问："马家窑在什么地方？"

王廷锦说："我也说不上来，听说是不太远！"

王进喜很快找到了萨中指挥部筹备处。这个指挥部设在红色草原牧场的一个牛棚里。牛棚很大，足有五六十平方米，被桌椅、卷柜分隔成了很多部分，一切好像还没有就绪，一派忙乱的景象。王进喜在一个五大三粗黑脸膛的调度员那里报了到，然后就连珠炮地问起来："我说同志，你快告诉我，我们的钻机到了没有？我们的井位在哪里？这里的最高纪录是多少？"他急切地想得到一个清晰的回答。

不料，那个调度员却说："你问那么多干什么？先报个到就行了！"

"唉，看你说的，怎么报个到就行了。报到不就是为了打井吗？没钻机井位怎么打井？你当调度的咋能这么说话？"

"哎，你急什么？先去找个住的地方！"

"你告诉我井位在哪里，不就有住的地方了吗？"王进喜忍不住了，拿出了他那"难缠队长"的脾气。

调度员有些奇怪地说："人家报完到，都去解决吃住问题，你怎么急着问钻机和井位？"

王进喜瞪着眼睛说："同志呀，如今国家缺油，我们恨不得一拳头砸出一口井来，让原油咕咚咕咚往外冒，咋能不急呢？"

技术员郭继贤怕王进喜发火，赶紧把他拉到了门外。这时，曾是王进喜老上级、时任萨中勘探指挥部指挥的宋振明走了过来。宋振明是玉门鸭儿峡会战指挥部党委书记、指挥。他是一个月前带人从玉门乘飞机来参加大会战的。按照会战领导小组的部署，在南部的太平屯指挥打井。三天前又"挥师北上"，长途跋涉来到萨尔图，组建萨中指挥部，负责铁道南边的打井勘探工作，现在一切都刚开始。他借了一匹牧场大马，骑马到各处了解情况，刚刚回来。

不等宋指挥开口，也顾不上寒暄，王进喜又是张口就问："宋指挥，你一定知道，我们的钻机到了没有？井位在哪里？这里的最高纪录是多少？"

宋振明心里很是感动："你们钻机到没到，我还真不知道。不过你们要打的萨 55 井井位在马家窑，离这儿不远，也就十几里。至于最高纪录嘛，也不多。不过各局的精兵强将都来了！"

王进喜一拍胸脯说："你放心，我们队一定早安装、早开钻，打出好成绩。"

宋振明接着说："这萨尔图太小了，一下子来了几万人，各方面特别是吃住打井、搬家安装条件都极其困难。你可要有个吃大苦、流大汗、拼命干的准备呀！总部号召我们要奋发图强、自力更生、艰苦奋斗，把第一仗打响打好！"

王进喜说："吃苦咱不怕，决不给老家丢脸！"

这时，一旁的原玉门钻探处钻井总工程师彭佐猷说："这里地面平，但地下挺复杂，油层一般在700至1000米之间，井深都在1200米左右，还算好打，可困难也不少。以后遇见什么困难，你们尽管来找我，我一定尽力帮你们。”

王进喜说：“彭工，那可太好了！我们这就走了。”

宋振明说：“天寒地冻，一定要安排好食宿！”

王进喜说：“这好办，找到井位就有住处了。”

望着王进喜匆匆离去的背影，宋振明心里感慨万千：王进喜同志下车一不问吃，二不问住，首先想到的是武器弹药、战斗岗位和努力目标，这正是战士的品格。有这样的好同志，就算有再大的困难，我们也一定能拿下大油田！

破冰端水保开钻

1960年4月2日，王进喜的队伍找到了刚刚到达的钻机。由于条件受限，他们靠人拉肩扛把设备运到位于马家窑的井位。经过几天的努力，4月5日钻机安装完毕，高高的井架也竖立了起来。

1205队使用的贝乌-40型旋转钻，是由泥浆泵、立管、水龙带和水龙头组成的“循环系统”，把泥浆通过空心的钻杆注入地下，经过钻头的水眼灌到井筒里，再从钻杆外边返回地面。其作用一是给钻头降温；二是把钻下来的岩屑由井底带到地面；三是用适当比重的泥浆压住高压水层、气层、油层，不让它喷。这就需要大量的水，每口井要耗水60几吨。

可是，马家窑这里管线还没接通，去调度室要罐车，说得排队，大约得等3天。没有水，和没有吊车、拖拉机一样，成为前进的又一道障碍。

怎么办？王进喜召集全队工人想办法。徒弟许万明想了想说：“咱们用脸盆端水打井行不行？”

王进喜说："许万明的主意好，我们能人拉肩扛安钻机，就能用脸盆端水保开钻！同志们，活人不能叫尿憋死。还是那句话，有也上，无也上，创造条件上！就是尿尿也要开钻！"

大家找脸盆、借扁担水桶，动手端水、挑水。先从屯子里的井和自己挖的井里打水，不一会儿就把所有的井掏干了。王进喜说："旁边有个水泡子，咱上那儿端去。"

井场西边一公里远的地方有个大水泡子，冻了厚厚的一层冰，工人们就凿穿冰层，破冰取水。附近各屯的老乡也纷纷赶来支援。工作组向机关求援，机关干部们也挑担提桶参加到运水的行列。刹那间有 100 多人组成了一支运水大军，一盆盆、一桶桶、一担担……一条浩浩荡荡的运水长龙在大草原上来来往往，川流不息。

人流，也就是水流。清澈的湖水一盆盆、一桶桶地倒入泥浆池、水池，越聚越多。

来支援的人陆续不断，工具不够，就连铝盔、饭盒、灭火器外壳都用来运水。有些人没盛具，干脆把刨下的大冰块扛在肩上，送到泥浆池里。附近农村的孩子们也来了，他们手拎茶壶、端着小盆跑得更欢，那些黑狗黄狗也来凑热闹，前后跑着吠着，给轰轰烈烈的运水大战增添了一片欢乐的气氛！

端了半天，泥浆池才盖了一个底。王进喜看这样效率太低，就召开碰头会研究新方法。有的说可以挖一条小水沟，像水渠一样让水往泥浆池里淌；有的说附近井上有油管可以接管线泵水……一个个好主意提了出来，王进喜说："说干就干，大家分头动手，我去照顾端水的人。"

就在 100 多号人继续端水的同时，一些新的办法正在实施。

"挖土能手"马万福领人开出一条水沟，水顺"渠"而下，快速流进泥浆池。

戴祝文到生产队借来一辆马车，把一个 2 立方米的铁池子装车上，用另一台泵泵水拉运。

大班司机孙秉科带领实习学生拿管钳、扛油管、接管线。管线接好以后，把从玉门带来的离心泵，还有从车站拉来的水泵都接上。

天渐渐黑了下来，可运水的人们并没有停手。大家点起马灯，燃起火把，挑灯夜战。

从水泡子到井场，人流不断，灯火通明，开钻急需的水就顺着这“车水马龙”哗哗地流向井场，流进那又大又深的池子里。

泥浆池满了，水池也满了。人们用各种各样的土办法，一天一夜端了一百多吨水，足够开钻用了。

1960 年 4 月 14 日一大早，钻井现场站满了 1205 队的职工和附近的农民。王进喜作钻前动员讲话，他大声地喊道：“同志们，我一到这里就想开钻，恨不能一拳头砸出一口井来！黑天盼，白天盼，这一天终于到了，我们一定要狠狠地打，细心地打，不吃饭、不睡觉也要把萨 55 井打好。打响第一炮，迎接大会战！创出一个全国最高纪录，向党报喜！现在我宣布，今天由周正荣班开钻，丁国堂班在井场上作辅助工作。希望你们两个班好好合作，钻它一个开门红！”

萨中勘探指挥部指挥宋振明也到现场参加开钻仪式，并讲话勉励 1205 队的职工为大会战早立新功。

紧接着工人们各就各位，严阵以待。王进喜队长站在司钻周正荣的背后，大声问：“钻台上准备好了没有？”

钻工们大声回答：“好了！”

又问：“机房、泵房、场地，都准备好了没有？”

“好了！”

王进喜大声宣布说："开钻！"

周正荣手扶刹把向机房打了一个手势，柴油机立刻轰响，转盘飞转，高高的钻塔随着大地微微颤动，整个井场一片欢腾！

1205 队到大庆打的第一口井——萨 55 井开钻了！

跳泥浆池

第一口井刚刚钻完，王进喜就组织搬家，准备到第二口井钻井。他太专注了，刚打起手势，冷不防，一根钻杆突然滚落下来，砸在了他的腿上，"哎哟——"王进喜大叫一声，当场昏了过去。

"队长！队长！快醒醒……"

醒来时，几个工人正围着他抢救，井架还没放下来，他一看急了，一边挣扎着站起来，一边说："我又不是泥捏的，哪能碰一下就散了。赶快放架子搬家！"他挺起身子，继续指挥。

搬到第二口井后，王进喜受伤的腿肿得很厉害，脚面肿得连大头鞋都穿不进去，大家要送他去医院，他不但不去，还让大家给他保密，不准向领导汇报。他说："谁要是说出去，我就处分谁！"

王进喜拄着拐杖继续在井上指挥钻井。

为了让王进喜既工作，又能养伤休息，几个工人在排好的套管上铺上厚厚的羊草和老羊皮，搭了一个特殊的铺位，让他累了就休息一会儿。实习生刘天爵和李国宝找木料为他做了一副简易拐杖，让他拄着在井场上指挥。一些小青年还主动担负起"盯人放哨"的任务，不断地向四周瞭望，一旦有人来，就通知王进喜，让他做好准备。孙永臣还叫管理员刘锦明去找来药品和纱布，及时给他换药治伤。

要封锁消息，别人好办，不说就是了。可苦了王进喜自己，没外人时，他就放心大胆地拄着拐杖在井场上跳来跳去地指导工作，实在疼得厉害了，就吼几声号子、吼几句秦腔挺过去。可一旦有外人或领导来，他就得藏起拐杖，装作没事一样和人家谈工作、汇报情况，每次都疼得他豆大的汗珠往下流。

有一次，康世恩副部长到井上来了解情况，幸好工人们先得到了情报，王进喜用棉裤遮住伤腿，把双拐塞进套管里用老羊皮袄盖好，从容镇定地给康部长汇报，还领着他到处参观。康部长对 1205 队工作很满意，表扬队长抓得紧、工人干得好，最后微笑着同大家握手离去。部长一走，工人们赶快上前把队长扶住，搀回铺上休息。

事后，康世恩在一次会上当着几千人对王进喜说："你老铁封锁得可真厉害，把我都糊弄住了，很长时间都不知道。说明你是铁人，挺得住，也说明你们队人心齐，瞒得好。"

后来，这事儿还是被宋振明发现了，硬把王进喜送进了萨尔图人民医院。住院第二天，趁医护人员不注意，他拄着拐杖，偷偷截了一辆车，回到井场。宋振明知道后，为了让他安心养病，把他送到齐齐哈尔住院，哪承想，没住两天，他又坐火车跑了回来。

孙永臣心疼地说："你就安心养病不行吗？"

王进喜说："现在我们在高压区打井，地下情况复杂，我实在不放心啊。"

他水也没喝一口，先问进尺到了什么层，接着又拄着拐杖上了井。

第二天上午，井已钻到油层。王进喜正坐在钻杆上和大家研究应注意的问题，忽然"轰"的一声，钻台上 60 多斤重的卡瓦从钻盘上飞了起来。王进喜大喊："不好，井要喷了！"他站起来，拿着拐杖就向井口冲去。

果然井喷了。强大的高压液柱冲出井口，把方补心冲起老高，一直冲向井架，不一会儿就达到十几米、二十多米高。

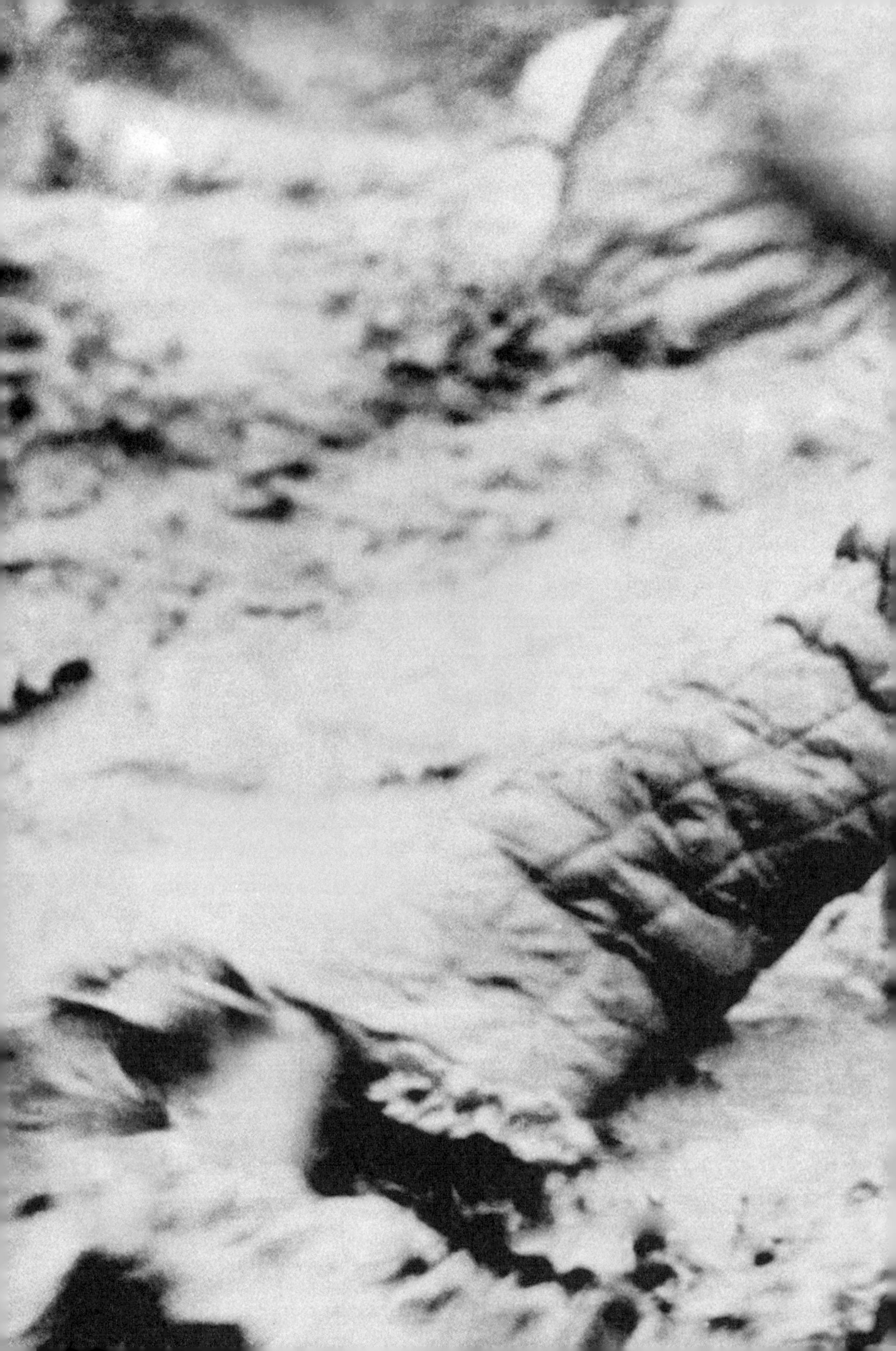

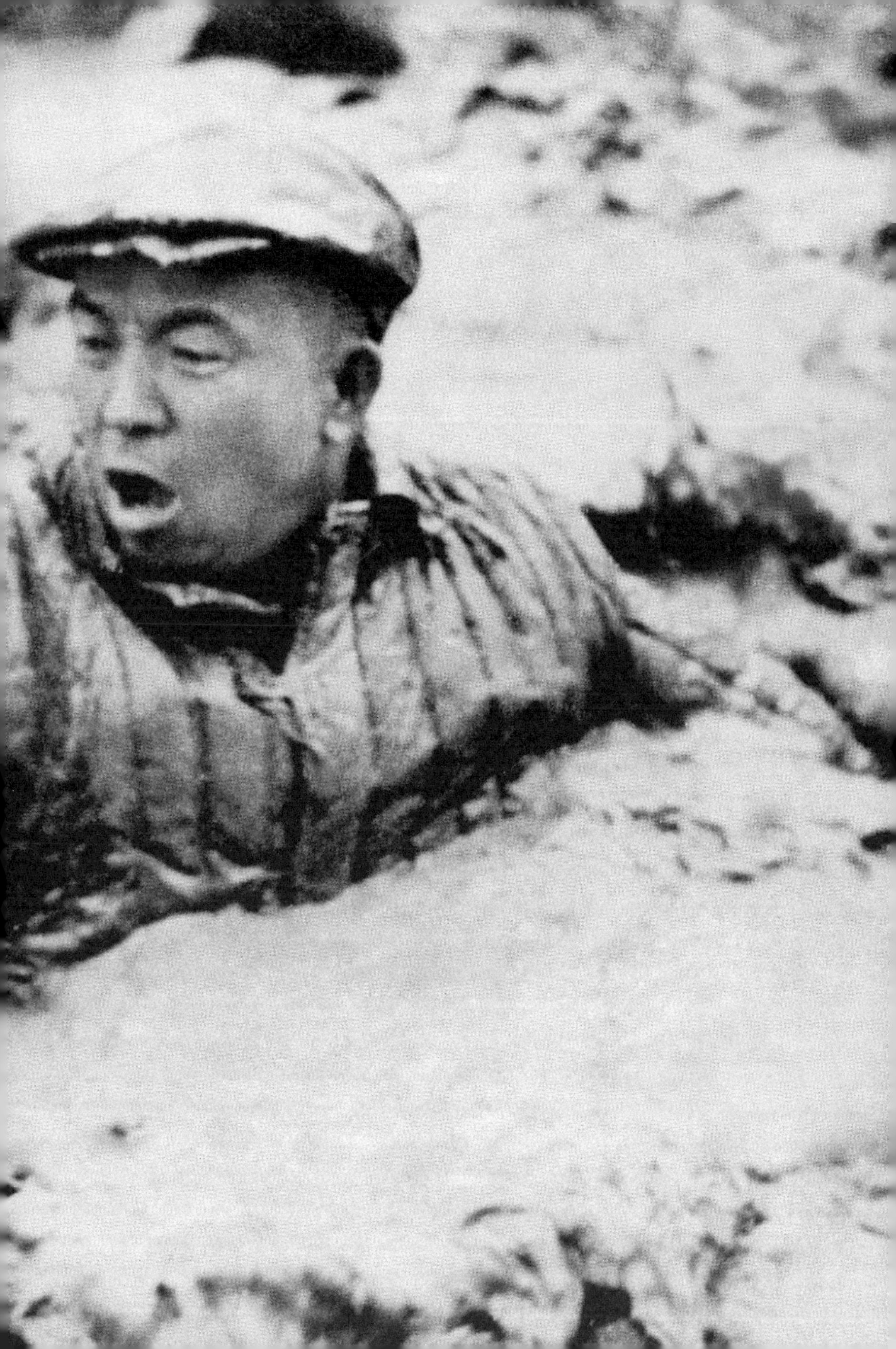

王进喜一方面派人通知全队集合，另一方面叫司钻无论如何不能停钻，让钻杆保持在井里旋转，叫孙秉科管住明火，万万不可引起火灾。

人马集合以后，商量压井办法。这时一位上级驻队的技术干部说："现在情况危急，我去安达找领导要重晶石粉来压井，你们守住。"王进喜一听就急了，他大声吼道："等你调来重晶石粉，钻机早就掉到地球里去了。你走吧，这里的一切我负责！"那位技术干部走了，王进喜领人想办法。

液柱越喷越猛，越来越高。吼声震得人耳朵发聋，一场大事故就要发生，王进喜忘了伤痛，对大家说："同志们，现在情况紧急，就是搭上命也要压住井喷。"

这时有人提出往泥浆池里加水泥和黄土，但有人反对，说那样容易水泥"灌肠"，把井堵死。

王进喜的脑子急速地转了几圈，果断地说："现在保井保设备要紧，水泥凝固要二十几个小时，我们压住井及时循环处理是不会'灌肠'的。上！"

方案确定以后，人们急速行动，像固井时那样搬起水泥往泥浆池里倒，有的则用铁锹、用手往里扒黄土。

不一会儿，几十袋水泥和黄土加到泥浆池里，可问题也跟着出现了，大量的水泥沉入池底，泥浆融合不好，比重提不高，而且又糊住了池底的上水管口，泵不上水来，现场又没有搅拌机，连个泥浆枪也没有……

井在喷，水柱在往高里蹿，吼声传得老远，眼看更大的事故就要发生，怎么办？

在这千钧一发之际，铁人王进喜忘了自己的腿伤，不顾泥浆烧人，扔掉双拐，"扑通"一声跳进两米深的泥浆池中，手划脚蹬用身体来搅拌泥浆，钻入水下去清理上水管线的莲蓬头。

队长的行动就是号召！

队长跳下去了！紧跟着司钻戴祝文、赵元和等人也跳了下去。大家奋力划动搅拌，上水管线通畅了，泥浆比重升高了，用水泥、黄土配制的高比重泥浆经过两台高压大泵的强力抽压，通过循环管线和钻杆强力注入地下，以比高出气老虎、水老虎大几倍的压力往下顶、往下压，硬是把它们一点一点地压了回去。

经过整整 3 个小时的紧张搏斗，井喷被“制服”了。

这时仍在池子里的王进喜已经精疲力竭，伤腿上的绷带纱布已不知去向，伤口被碱性很强的泥浆浸泡冲刷得血肉模糊，疼痛难忍，身上、脸上、手上也被泥浆中的烧碱、化学药剂烧出了血泡。

经过全队努力，井保住了，设备安全无事。除了队长王进喜，其他人员一个手指也没伤着。

压住井喷以后，1205 队越打越顺，又打了 100 多公尺，含水泥的泥浆就被全部换掉，进入了正常钻进！四天后第二口井打完了，还创造了当时日进 535 米全战区的最高纪录。

“铁人”的由来

“铁人”是 20 世纪 60 年代对石油工人王进喜的称呼。它表达了人民群众对这个普通钻工的崇敬之情，是党和国家给予王进喜的最高荣誉。

说起“铁人”这个名字，其中有着一段动人的故事。

1960 年 4 月 2 日，从玉门发出的钻机终于运抵大庆萨尔图，可当时吊车、汽车、拖拉机非常少，一时半会儿轮不到 1205 钻井队使用，60 多吨重的钻机设备无法卸车、搬运和安装。王进喜对大家说：“遇见困难怎么办？这就像打仗一样，不能退下来。有条件要上，没有条件创造条件也要上！”“只能上，不能等；只准干，不准拖！”他带领全队把钻机化整为零，采用人拉肩扛的办法把钻机和设备从火车上卸下来，运到马家窑附近的萨 55 井，安装起来。连续苦干三天三夜，他没离开过车站和井场，行李放在老乡家，一次都没去睡过。

萨 55 井开钻，王进喜更是整天盯在井场，连续五天没回去休息过。连续多天的苦和累，王进喜虽然瘦了黑了，但他却始终精神抖擞，在井场上不停地忙碌。

见王队长几天几夜不回家住，房东赵大娘不放心，就做好饭，提着柳条筐，领着孙女来到井上看王队长，想叫他吃一顿热乎饭。但满井场找不到王进喜，正好碰上场地工许万明，大娘说："人是铁饭是钢，就是铁人也得吃饭啊！你们的王队长呢？"

许万明把大娘领到发电机旁的一个泥浆槽子边，大娘看见王进喜正躺在里边睡觉。身下铺的是一些羊草和一条被子，身上盖着老羊皮袄，头下枕着一个铁疙瘩。

大娘问许万明："他头下枕的是什么？"

许万明说："那是个牙轮钻头。"

大娘又问："这大冷的天，枕着这么个铁疙瘩也能睡着觉？"

许万明说："王队长已经习惯了！"

听了这话，慈母般的房东大娘眼里涌起了泪花，她不禁感慨道："活了大半辈子，除了那些打鬼子打土匪把脑袋别在裤腰上的人外，没见过这么拼命的人。唉，你们的王队长可真是个铁人！"

工作组的同志听说这件事后，就把这一情况向领导做了汇报。时任石油工业部部长、会战初期党的临时办事机构——部机关党委书记余秋里听了这个汇报后大加赞扬："大娘叫得好。我看大会战的第一个标兵就是王进喜，名号就叫王铁人。"

1960 年 4 月 9 日至 11 日，在安达铁路俱乐部召开的油田首次技术座谈会上，会战领导小组作出决定，号召全油田职工“学习铁人王进喜，人人做铁人”。

会后立即掀起向“铁人”王进喜学习的热潮。

“铁人”这个称号，从此在大庆油田乃至全国叫响。

三根白发

还没到伏天，王进喜就感到热了，从井场回到大队部，冒了一身汗。

这时他看到办公桌上放着一封信，就拆开来看。看到一页信纸里夹着三根白发，王进喜心里纳闷。展开信纸，潦草的字迹映入眼帘：“尊敬的王大队长，俺是张启刚的母亲。您那么忙，去信打扰您了。俺实在是没办法了才给您写信。今年收成不好，生活没有着落……”看着看着，王进喜的眼前又浮现出爱唱秦腔的钻井工张启刚的身影来。可是张启刚已经离开半年了。

年初，寒冷笼罩着松辽大地。这一天，大队长王进喜正驱车赶往一个钻机搬家的井队现场。由于天寒地冻，滴水成冰，结冰的道路奇滑。钻井二大队十多个井队散布在茫茫荒原上，点多面广战线长，哪一个井队搬家都要出动吊车、拖拉机等多台设备。安全工作成为搬家中必须注意的大事。不当家不知道什么叫操心。王进喜深切体会到不如当 1205 钻井队队长时省心了。

由于路滑，司机不敢开快。这时，迎面来了一辆解放牌汽车。王进喜的吉普车小心地靠近路边。解放牌汽车近了，慢慢停了下来。

“老队长，老队长！”这是 1205 队工人对王进喜的称呼。

解放牌汽车上走下一个青年工人，原来是队里的安全员小杨。

“老队长，不好了！”

“什么事儿，慢慢说。”

“出大事了——张启刚，他被砸了……”

王进喜二话没说，跟小杨上了解放车，让自己的司机开车回队部汇报给党委书记。

到达 1205 队井场，王进喜就看到地上躺着一个人，一身厚厚的棉衣穿在身上，狗皮帽子严严地包裹住整个头部。

“启刚！启刚，我的启刚——”王进喜跪在地上，大哭起来。他脱下自己的棉衣盖住死者的头部。

“今天谁当班？你们是怎么起钻的？”王进喜大叫道。当他得知当班司钻是谁时，就站起身追打对方：“你还我启刚！还我启刚！”对方绕着井场跑，王进喜跟在后面追。王进喜追了三圈，对方不跑了，停下了，大哭道：“老队长，都是我的错，你打我吧！”

王进喜狠狠地给了对方一拳头：“你，你们为什么不仔细点、小心点……”

“王队长，真的不怨我们啊……”

这是一次偶然事故。在钻井过程中，谁都无法预知地下的情况。

“我们 1205 队建队到现在，不知遇到过多少艰难险阻，都过去了。但没有出现过一起亡人事故。”王进喜流着泪说道。

钻工们都默默站立着。1205 队现任队长张学贵哭着说：“老队长，我对不起你。我给你脸上抹黑了，给 1205 队抹黑了。你处分我吧。”

处理完小张的后事，王进喜再一次来到 1205 钻井队，眼含热泪对大家说：“启刚那么年轻，又活泼可爱。他还没有结婚呢，就这么走了。从今以后，他年近 70 岁的双亲就是咱们的父母，我们要把两位老人供养到百年。”说完从口袋里掏出 30 元钱、20 斤粮票交给党支部书记，嘱咐队里要每月给老人写一封信，定期寄钱和粮票，有探家路过的一定要去看看，困难大了就向大队申请补助。

每月都给张妈妈汇款，而且前不久刚刚汇过去 30 元钱啊。这是怎么回事呢？王进喜很纳闷，立刻安排人去调查这件事。

不久，调查人员向王进喜汇报。原来每月寄出去的钱让另一个贪图钱财的人给领走了，两位老人根本就没有收到过钱。

在大队领导班子会上，王进喜手捧来信和三根白发哽咽着说："世上最悲哀的是白发人送黑发人。启刚走了，我们连张爸张妈都养不好，咋能对得起为石油牺牲的同志啊？每月给张妈妈汇款的事，得有个专人负责。"

王进喜又安排人重新核实了邮寄方法和收款人，以确保补助费能及时送到两位老人手里。

从那以后，王进喜不仅经常过问大队寄补助费的情况，还多次托人给张妈妈捎钱带东西。得知张启刚的爸爸妈妈生活好起来了，王进喜的一颗心才落地。

铁人办学

"董存瑞，十八岁，参加了革命游击队，炸碉堡，牺牲了，革命任务完成了。""咪咪羊，跳过墙，割把草，喂老羊。老羊不吃草，关倒门打得好。"

这天，王进喜骑着他的摩托车"小黑兔"驰往钻井途中，一群孩子正在草地上撒欢、淘气，嘴里哼着童谣。

王进喜停下车，喊道："娃子，娃子！"

孩子们见一个骑摩托车的人喊他们，就小跑过来，围着摩托车好奇地看着，还用手小心地摸摸。

"娃子，你们怎么不上学啊？"王进喜问。

一个年龄稍大点的男孩儿说："俺妈俺爸没有让俺上学。"

"你爸在哪个单位啊？"

“在井队，打井呢。”

不远处，王进喜看见几个妇女在采黄花，就骑摩托过去。有人认出是大队长王进喜，便主动打招呼：“王大队长，王铁人！”

王进喜说：“今年的黄花比往年多啊。你们没少采。”

一位性格活泼的年轻妇女说：“我们昨天都采一麻袋了，准备晒干了冬天吃。”

王进喜指着那群孩子问：“是你们的娃娃吧？怎么不让娃们上学啊？”

“我的大队长，我们早就想送娃儿们上学，可哪儿有学校啊！”

“啊哦！”王进喜意识到这是个问题，随即拍着摩托车的油箱说，“放心，快了。”

王进喜返回队里，等到下班时，几位副大队长都回来后，他和总支书记商量立即召开一个总支会。会上，大家就生产情况进行了通报。最后，王进喜提到办学校的事。他说：“我今天上井，看到娃娃们到了上学的年龄还没有上学，就问他们的家长，家长们说没有学校。我这才意识到这是个大问题啊！我小时候，家里穷，没有条件上学。长大了，参加工作了，才知道没有文化多难啊！我是吃尽了没有文化的苦。可是我们的孩子不能再像我这样了。种庄稼耽误了误一年，教育孩子耽误了就误一生。我们现在当家主事了，如果叫娃儿们也像我们一样学不上文化，那就是我们没尽到责任！我们不能光天天喊着搞好钻井生产，把教育娃娃的大事忘记了！”

教导员徐锦荣说：“铁人大队长想问题总是棋高一着，走在前面，我们应当坚决支持。我们钻井二大队虽然条件不是多么好，但跟过去比是强多了。”

“可是我们没有教室啊，还有书本、老师，去哪里找啊？”一位副大队长说。

王进喜说：“没有教室，我们可以先支起一顶帐篷当教室，把孩子们先集中起来；没有课桌，就用砖头垒起土台子代替；没有黑板，找块木板刨平涂上黑油漆；没有老师，先找两个有文化的工人当老师。同时我们安排人员盖房子，可以盖砖房。”

第二天，一顶帐篷很快支起来，土台子也很快垒起来。黑板做好了，刨平了，就是黑油漆还没有干透。

王进喜来检查，左看看，右看看，感觉不错：“在帐篷外面，你们选个地方，得搭个简易的茅房。孩子们大小便得有个地方，不能随地大小便，要养成好习惯啊！”王进喜对搭帐篷的负责人道。

人事股找来的一男一女两名姓陈的工人教师前来报到。男的叫陈可日，在玉门油田当过老师。女的叫陈忠伦，中专毕业，在大队机关当文书。随后，8 个孩子也陆陆续续被家长领来，送进教室。首批学生，虽然只有 8 个，但是王进喜仿佛看到了希望。他自任校长，并为学生们上了第一课：

“娃娃们，咱们二大队小学今天开学了！今天你们坐在这里，就是学生了。学生的任务是什么，你们知道吗？”孩子们睁大眼睛，静静地听着。

“学生的任务就是学习。就像我们钻井工人的任务就是钻井，多钻井，钻好井是我们的任务。你们多学习，好好学习，才是你们的任务。毛主席说，好好学习，天天向上。希望你们跟老师好好学文化，长大了做个有知识的人，不要像我一样连个字也写不好！你们要尊敬老师，听老师的话。你们别嫌人太少，过两天会增加；别嫌条件差，随着大队的发展一切都会变好。”

教室里还坐着几位家长，他们也一边听一边点头。

王进喜对两位老师说：“两位陈老师，孩子们就交给你们了。我们办这个学校，不是临时的，是长远的。孩子们还会慢慢增加。我给你们提三条要求。一要‘跟着工人走’，就是工人不休息，学校也不准休礼拜天。二要‘看住孩子学文化’，重点是学文化课，但其他方面也要管，要管住看好。三要‘以课本为准’，教学内容一定以课本为主，让孩子真正学到知识，会写会算，写字不打‘×’不画‘○’。课本你们买到了吧？”

陈可日说：“四个年级的《数学》买到了。三个年级的《语文》也买到了，只有四年级的《语文》没有买到，但是我们从附近草原小学借了一份，连夜抄出来了。别看咱们学生少，可是分了四个年级啊！有几个大孩子在老家就已经上学了。”

王进喜说：“那你们辛苦了，费心了。你们就好好教吧。”

几天后，两名男孩偷了附近老农的香瓜被王进喜知道了。他来到学校把老师狠狠批评了一顿。他大声地说：“我怎么说的，叫你们看住管好，为什么看不住？为什么不去管？今天抢瓜，明天偷苞米，后天就可能干坏事儿，怎么得了！”他正在发火时，两名学生前来承认错误，说这事儿老师不知道。王进喜说：“不知道行吗？以后和钻井队一样，工人出事找司钻、找干部，学校学生出事就找你们老师！”

两位陈老师连忙表示以后要好好地管。

为了避免再发生“偷瓜事件”，王进喜叫基建队来人在学校邻路邻草原的三面用铁丝网和苇帘子扎起一道篱笆墙，不准学生们往外跑。这时有人说：“这哪像个学校，好像个鸡笼子！”王进喜说：“什么鸡笼子、鸭笼子，有苗不愁长，娃儿们有书读，有学上就行。其他的事儿以后解决，条件会好起来的！”

从此，“鸡笼子”学校出了名。附近的运输南站、采油队、砖厂的工人也把孩子送来上学。这时又有人提出不收外单位的，王进喜说：“什么里呀外的，都是为了大会战。能给兄弟单位解决点困难，也算是一种贡献。”

教室坐不下了，王进喜叫基建队把刚盖好的一栋干打垒隔成教室交给学校使用。教师忙不过来，又调进几名，还把管行政工作有经验的刘玉斌派去当校长，为老师做好服务工作。

随着学生的增多，1962 年、1963 年大队又给学校盖了红砖房，建了操场，形成了一个独立的大院。王进喜不论工作多忙，都抽时间到学校去看，不断地给师生们解决实际问题。发现教室采光不好，就叫人在房顶上开天窗，在屋里安上大灯泡。

1970 年铁人去世时，学校已发展为 7 个年级、17 个班、40 多名教师、700 多名学生。为了纪念王进喜，这所小学被命名为“铁人小学”。如今，铁人小学的校舍已成为宽敞明亮的楼房，无数学子从这里走出去，成为对祖国、对石油事业有用的优秀人才。

铁人办学，是大庆油田教育的开始。

难忘的“四·一九”

1961 年初，大会战全面展开。为了发挥火车头作用，钻井指挥部提出了一个“三四五出六”的口号，要求井队在冰天雪地的三、四月份打上“三开三完”“五开五完”甚至“六开六完”。这种不切实际的高指标，使一些井队和后勤单位只追求速度，忘了质量。结果连续发生井斜超过标准、固井串槽、替空、射孔射错层位等事故，就连 1205 队这样的标杆也把井打斜了。

问题反映到会战总部，总指挥康世恩大发雷霆。他说：“质量是油田的生命。谁不讲质量，我就和他拼命。”

1961 年 4 月 19 日，在大庆会战历史上是个极为重要的日子，人们称它为“难忘的四·一九”。这天上午，在文化村油建指挥部礼堂召开了一个有一千多人参加的大会，集中解决钻井质量问题。

会议开始，康世恩叫采油的代表从生产的角度揭露钻井的问题。康世恩越听越激动，便指名道姓叫钻井党委书记李云，指挥李敬，副指挥、总工程师王炳诚站到主席台上亮相，接受批评。康世恩指着他们说："你们提出'三四五出六'，脱离实际搞高指标，是急躁情绪假干劲，是没有办法的表现。你不想想，三、四月大冷天有多少具体的琐碎的工作要做，水电土方有多少具体问题要解决，不顾这些光提高指标那就是鼓虚劲。"说完就向他们提问题，一个接一个，答不上来就尴尬地站在那里难受。

台上正在批评，大队长王进喜有事来晚了。一进门，1205 队的工人叫他躲起来，他问为什么。工人说上面正批评呢！弄清了原因，王进喜说："噢，披红戴花时，你们推着我往头里走。这回挨批评了，就叫我悄悄趴下当狗熊！咱不能这样！"他挺直腰杆进了礼堂，走上台站在三位领导身边陪着挨批。

康世恩见王进喜来了，就当众批评他工作太粗心。康世恩说："我讲过谁不讲质量我就和谁拼命。让人痛心的是我们的钢铁钻井队在先进的时候就埋藏下垮台的因素，首先从质量上要垮台了！王进喜呀，工作不能光有张飞的猛劲，人家张飞还粗中有细呢！"几位领导包括王进喜在那里被批得满头大汗，钻井工人们低下了头，流出了热泪，悔恨自己缺乏质量意识，没把工作做好。

第二天，王进喜到钻井指挥部诚心诚意地做了检讨，并请求把 1205 队打的那口不合格井填掉，钻井党委支持他的意见。有位同志难过地对王进喜说；"填了这口井就给标杆队的队史写下了耻辱的一页。"王进喜说："没有这一页，队史就是假的。这一页不仅要记在队史上，还要记在我们每个人的心里。要让后人都知道，我们填掉的不仅是一口井，还填掉了低水平、老毛病和坏作风。"

秦腔迷

王进喜最爱听秦腔。在玉门当司钻的时候，每逢休班，工友们在宿舍里总是看不见他。原来，那时小礼堂经常演出秦腔，他一休班就跑到小礼堂听秦腔。有一天，王进喜听完秦腔往回走，还有板有眼地唱着，人没进宿舍，清亮的唱腔已经传进屋内，躺在床上的钻工听到歌声，都爬了起来，一屋子的人全朝门口看去。王进喜推门进来，见大家都在看自己，赶紧来了个急刹车，把刚要吐出的唱词又憋了回去。大伙兴致正浓，可王进喜却没声了，于是大家你一句我一句说：

“唱得蛮有味的，怎么不唱了？”

“再唱几句听听。”

王进喜笑道：“我唱得不好，随便唱的，等唱好了再给你们唱。”

工友们说：“下次可一定给我们唱一段呀！”

1958 年，王进喜带领贝乌五队上白杨河跟新疆钻井队进行钻井比赛，由于整天整夜盯在井场，再也没时间听秦腔了。一天，焦力人局长到贝乌五队检查工作，问王进喜有什么困难。一位工人抢着说：“王队长没空儿听秦腔，憋得难受呢！”

焦力人说：“等你们胜利了，我请你们听，连听它三天。”

这次，贝乌五队创造了一月上 5000 米的全国最高纪录。当焦局长要兑现他的承诺时，王进喜早已带领他的钻井队又投入新的钻井大赛。

1966 年，王进喜在访问阿尔巴尼亚期间，代表团来到亚得里亚海边。在海边散步，大家心情放松了，有人提议请铁人王进喜唱段秦腔。翻译向阿方陪同人员介绍：“这是铁人的家乡戏，他唱得好着呢！”铁人放开嗓子吼起了《红灯记》中李玉和的唱段。阿方人员没听过秦腔，又没精神准备，被铁人高亢、粗犷的嗓门吓得伸舌耸肩。一群人掌声雷动、捧腹大笑，忘了一天的疲劳。阿方人员不住地说：“王铁人的家乡戏好！有气魄！”回到驻地，有人问王进喜：“你这秦腔什么时候学的？在国外也敢唱。”铁人不无自豪地说：“爱故乡就得会唱秦腔，再说这也是友谊嘛！我不唱，他们哪知道中国还有这么一种戏呢！这不就交流出去了嘛。”

绝　活

王进喜的一生有许多的绝活，其中最叫绝的就是能在千米之外根据井下的声音，判断钻头的磨损情况。传说美国石油开采史上有个传奇人物叫“野猫”盖利，是 19 世纪 90 年代西半球著名的盲目开采者和探险家。有些同行固执地认为盖利具有寻找石油的本领，他能靠鼻子闻出石油的味道，从而成功地在美国中部大陆开发了当时美国最大的油田。

当然这只是传说，而王进喜能在千米之外根据井下的声音判断钻头的磨损情况却是事实。有一次，王进喜坐车从一个井场经过，他从远处传来的声音中判断这口井的钻头牙轮要掉了，就停车到井上让工人起钻。

工人们说：“你说掉就掉了？起钻误了进尺谁负责？”

王进喜说：“你们起钻我去办事，一会儿回来看，牙轮没掉我负责！”工人们半信半疑，起出一看果然是牙轮要掉了，要不是泥包住就掉进井里了。工人们服气地说：“老铁能听出千米之外地下的声音，可真神了！”

道　歉

王进喜襟怀坦白、为人正直、知错就改。

1964 年深秋的一天，已经担任钻井指挥部副指挥的王进喜去托儿所看望阿姨和孩子们。他刚刚走到门口，就听见有娃娃的哭声。铁人急忙推开保育室的门，只见一个小孩子坐在地上哭鼻子抹眼泪。铁人最见不得孩子哭，他提高嗓门生气地喊：“阿姨呢？”

听见喊声，一个朴实的年轻妇女抱着孩子匆匆走来。

铁人批评她说：“你这个婆娘，钻井工人们在一线苦干，你却任由他们的孩子坐在地上哭……”

那位阿姨看着铁人，既不生气，也不辩解。铁人走出门，就有人告诉铁人说："老铁，那位阿姨可是个好同志呀！她抱着的是别人的孩子，坐在地上哭的那个娃，倒是她自己的亲骨肉哩！"

铁人一听睁大了眼睛，急忙转身往回走，只见那阿姨正在给孩子擦眼泪。铁人上前握住阿姨的手道歉说："小同志，真是对不起！毛主席说没调查就没有发言权。我不了解情况胡乱批评人，你一要担待，二要批评我，给我提意见。"年轻的阿姨感动得不知说什么好。

肉的风波

这天晚上，劳累了一天的王进喜回到解放村的家中。他走进厨房喝水，发现菜板上放着一小块猪肉，就问老伴："这肉哪儿来的？"

老伴儿说："你们大队分的啊，说是都有份。"

王进喜说："我这个大队长怎么不知道！"

老伴儿说："你那么忙，整天不是这口井就是那口井地来回跑。再说，你又不具体管生活，不是有管生活的副大队长吗？"

王进喜说："队上无论什么事，都是会上研究定的，像分肉这涉及职工利益的大事，会上怎么可能不提出来。不行，我得回去问问。"说完走出去，骑上摩托车往队部赶。

正好，晚上有一位副大队长在单位值班，他便向对方了解情况。

原来，会战初期由于条件特别艰苦，组织上考虑钻井工人体力消耗特别大，就决定每月给他们补助六两保健肉，按月发放。当时王进喜所在大队主管生活的一位副大队长，考虑大队领导也比较辛苦，就自作主张，从每个工人身上克扣一两，分给大队领导。

王进喜了解情况后特别气愤。第二天一上班，就立即组织大队班子成员开会。

大家见王进喜一脸严肃，不知道发生什么大事了。

王进喜开门见山，严厉地说："我们都是共产党的干部，越是在困难的时候越要想到工人的利益。钻井工人在一线出力大，更需要补充营养。保健肉是党组织给一线工人的补贴，我们吃了，等于把工人嘴里的肉掏出来放在自己嘴里，可是，我们咽得下去吗？反正我是咽不下去！"

王进喜带头做了思想检查，他说："这事都怪我。我平时只顾抓生产，忽视了政治学习，没有给大家提个醒。"

主管生活的副大队长满脸通红，他站起来主动做了自我批评，诚恳地承认了自己的错误。他说："我看到大家整天和工人一样风里来雨里去，甚至付出的辛苦比工人还多。尤其是王大队长，天天上井还自带干粮，让他在井上和工人们一起吃，他都不干，非要自己冲草面吃，生怕占了工人的便宜。我也是心疼大家，就擅自做主。我确实不该这样，我诚恳地接受批评。"

其他成员也都积极发言，认为要加强学习，不断强化党性意识，始终把职工的冷暖放在心上，一切依靠工人阶级。作为党的干部，不能有一丝一毫的占便宜和享乐思想。

王进喜提议，谁把肉吃了谁花高价买肉补上，没吃的把肉退回来。今后谁也不允许从钻工口里抠肉吃。

大家都一致同意。

"违纪"

1960 年开始的大庆石油会战，正值国家三年困难时期。当时粮食供应紧张，全国人民都吃不饱。到九、十月份，被称为"北大仓"的黑龙江省粮食储备也降到"危险线"以下，战区粮食再次下调，职工只好"五两保三餐"，每天的伙食标准是“二稀一干”，会战职工只好挖野菜充饥。由于粮食定量不足，会战职工体质急剧下降，浮肿病人迅速增加，12 月份达到 4800 人。一天，当了装建大队长的王进喜去一个井队检查泥浆池开挖情况，老远看不见一个人影，以为工人偷懒，禁不住心头火起。可走近一看，见工人们饿得没有力气，都跪在坑里一锹一锹地挖泥浆池，喘着粗气、大汗淋漓……见到此情此景，王进喜流泪了，他深为自己的无名火内疚。他找到安装队队长说：“我们的工人太苦了，也太好了，再不要批评他们了。一定要想办法让他们吃饱。”

回去后，他和几位大队领导商量，想办法弄点儿吃的，商量来商量去，最后决定用“落地油”到农村去换点土豆，让职工吃饱肚子会战。“落地油”也是国家财产，其他领导很犯难。王进喜说：“这也是没有办法的办法。如果上面追查，你们都说不知道。就说是我叫下面干的，责任由我一个人担着。”

书记门广福说：“不能那样，我是书记，出了事儿首先我要担着。”

王进喜说：“就目前说我的头皮比你硬点，别争了，由我负责，明天就动手干。出了事儿由我来承担。”

在王进喜的组织安排下，调度室派车偷偷地拉上原油到青冈县农村换来了土豆、粉条、冻豆腐、鱼肉，分到各食堂细水长流地改善职工生活，照顾病号，还留一点儿过了个新年。

王进喜虽然以敢想敢干著称，但违犯纪律的事从来没干过，这件事让他心里老犯嘀咕。这天终于忍不住，把事情一五一十地向石油部副部长、大庆石油会战总指挥康世恩做了汇报。谁知康世恩好像没听明白，反倒叫来秘书说：“你把老铁送到机关食堂去吃顿饱饭。”又转身对王进喜说，“你吃饱了就回去吧！”

一向精明的康部长怎么这回像没听懂一样，王进喜心里留下个谜。事过两年在北京的一个会上，王进喜想起后问他。康世恩说：“那种事你能叫我表态支持你吗？又不能批评法办你，不装糊涂咋办？”

“我不困难”

1970 年国庆节，王进喜以中央委员的身份参加检阅游行队伍，在天安门城楼，遇见了邓颖超，邓颖超关切地询问他的病情，他乐观地说：“等病好后，一定回大庆再干 20 年，请总理放心！”畅想着未来的王进喜哪里知道，此时他身上的癌细胞已经扩散，大夫们正在为治不好这位英雄的病而心急流泪。

大家都非常关心王进喜的病情。远在大庆的干部工人纷纷给他写信慰问，表达对他的深深惦念之情。

国庆节刚过，王进喜的病情急剧恶化，尽管医生们想尽了办法，但仍不见好转，他常常处于昏迷状态。而每当清醒之时，王进喜首先想到的是国家的利益！

一天，王进喜用颤抖的手取出一个小纸包，交给探望他的一位领导同志，里面是他住院后各级组织补助给他的 500 元钱，还有一张记账单。其中有钻井指挥部补助给他的 300 元钱，当时由党委副书记韩忠全把钱送来，在王进喜坚决不收的情况下，韩忠全偷偷塞到了他的褥子下面。这些钱，王进喜一分也没有动。他对那位领导同志说：“请组织把它花到最需要的地方去，我不困难！”这笔钱在当时可不是个小数目，用到一个家庭里会起到十分大的作用。王进喜家上有老、下有小，家中的日子一直过得紧巴巴的，正缺钱用啊。看到王进喜颤抖的手，望着他诚恳的眼神，此情此景，令在场的人无不流下感动的泪水。

随着癌细胞的扩散，王进喜知道自己的病情更加严重了，也就更加思念亲人，尤其想念自己的老母亲。母亲一生吃苦受累，没享过什么福，自己长年在井队忙工作，没能尽到做儿子的孝心，他的内心被愧疚深深困扰着。有一天，王进喜强撑病体，把积攒的 300 元钱交给了弟弟王进邦，断断续续地说：“看情况，我可能看不到咱妈了，妈这一辈子很苦。我回不去了，你就用这点钱为我尽尽孝道吧！”

最后的日子里，王进喜没向组织提出任何要求，他还特意嘱咐家人也不要向组织提任何要求。

⊙**王进喜（1923-1970 年）**，甘肃玉门人，中华人民共和国第一代钻井工人。1956 年加入中国共产党。王进喜以“宁肯少活二十年，拼命也要拿下大油田”的顽强意志和冲天干劲，率领 1205 钻井队艰苦创业，打出了该队参加石油会战的第一口油井，并创造了年进尺 10 万米的世界钻井纪录，为我国石油事业立下了汗马功劳，成为中国工业战线一面火红的旗帜，被誉为“铁人”。曾被评为“百年中国十大人物”、100 位中华人民共和国成立以来感动中国人物。

王启民：永葆油田活力

他身体虽瘦小，却装下了6000多平方公里的大油田。一双火眼金睛穿透地下，从磨刀石般的岩层里，他看到了潜藏的希望，把不可能变成可能。痴迷，让他成为油田活字典，成为一个领域的专家。

"闯将在此"

1961年8月8日，立秋，萨尔图火车站，随着一声响亮的鸣笛，一辆火车进站了。人们成群结队地簇拥着走出车厢。他们大都是来新区参加石油会战的。

一群年轻人说笑着走出站台，从他们的衣着、发型可以判定是大学生。

是的，他们是刚刚从北京石油学院毕业分配来的大学生。其中一男一女扛着行李，并排走在一起。男的个头不高，瘦瘦的。女的高高的个子，腰身直挺，梳着一头短发，很精干的样子。他们互相照应着，一看就是一对情侣。

没错，他们是一对情侣。

男的叫王启民，女的叫陈宝玲。还是在学校念书时，得知东北发现了大油田，他们就跃跃欲试，渴望到那里一展身手，把书本上的知识化作实践中的成果。后来，终于有机会来油田实习。尽管实习的日子那么艰苦，但毕业时，王启民还是毅然决然地选择了大庆。今天，他终于如愿了，而且还说服了女朋友和他一起来。

他们拿着介绍信，找到了自己所在的单位——中区试验区。

工作条件比他们想象的艰苦。这个季节，大雨滂沱，蚊虫扑面。王启民白天在井场奔忙，晚上加班整理资料，有时饿急了，跑出干打垒，挖些野菜，用小刀切一下放在饭盒里煮一煮，这就算是很好的宵夜了。这样的日子，对于王启民来说，是苦并快乐着。他并不在意艰苦的环境，更沉浸于繁重的工作，他说："年轻人挺一挺就过去了。"他坚信大庆油田的未来会非常美好，他要靠自己的努力为油田建设多出一些力。

然而，当时有些国外专家却对中国的石油事业大泼冷水，他们断言中国技术落后，靠自己的力量根本开发不了那么复杂的油田，甚至还挖苦说："凝固点、含蜡量这么高的油田，除非搬到赤道上去开采。"更令人气愤的是，有的国家妄图用石油卡住中国的脖子，撤走了进行技术援助的专家。听到和看到的这一切都让王启民十分气愤。他不相信，外国人能办到的事中国人就办不到！

王启民发了狠，一定要做出个样子让外国人看看，一定要用行动证明中国人的能力。

春节到了，远方的亲人盼望着儿女的归来，内心深处故乡那根弦也在时时拨响。但王启民和他的伙伴们都忍住了，他们有对家乡思念的煎熬，更有为祖国争光的渴望。王启民和陈宝玲都没有回家，他们选择在油田过年。

除夕夜，王启民、陈宝玲约了几个一起分配来的同班同学聚集在单位宿舍，从食堂打来饭菜，一边吃饭，一边讨论着这个新油田的地质情况。干打垒外，不时响起几声鞭炮声。他们七嘴八舌，说着本单位的工作，说着他们对油田地质的了解，说着他们对岩心的认识和对油层的判断。当然他们也说起各自的理想，说起年轻人应该担负的责任，也说起外国人对中国的封锁。

他们觉得，中国人必须靠自力更生发展自己，大庆油田的开发也要靠自力更生。他们的满腹才华，一定能够在油田开发中展露出来……说着说着，几个年轻人突然来了灵感："我们何不作一副对联，贴在门上？"

"对呀，大过年的怎么能缺对联呢！"

一个同学说："我看上联就叫——莫看毛头小伙子。"

静默半刻，另一个同学说："下联——敢笑天下第一流。"

"启民，宝玲，你们来横批。"其他同学叫道。

王启民想了一会儿说："闯将在此！"

陈宝玲说："你们不能光说说就完了，得写下来啊！等着，我去给你们找纸去。"

不一会儿，陈宝玲从队部找来红纸和笔墨，把红纸铺在床上。王启民亲自执笔。在写横批的时候，他故意把"闯"字里面的"马"写得大大的，冲出了门框。寓意要做一匹突破限制、奋力奔腾的骏马，闯出中国自己油田开发的新道路。

"写得好，启民！"同学们报以真诚的掌声。

写完对联，大家一起用糨糊贴到宿舍门的门框上。

在门外白炽灯光的照射下，对联上的每一个字都贴在了这些年轻人的心上。虽然他们被寒冷包裹着，但内心却是那么火热，仿佛全身的血液都在沸腾。

此后经年，王启民和他的同学们就是凭着这股劲头，立足松辽大地，奋力在"我为祖国献石油"的大路上，昂扬前行，最终建成了一个世界级的大油田，一座现代化的石油城拔地而起。

女儿叫锦梅

1963年底，大庆石油会战初战告捷。经过参战大军的共同努力，初步探明了面积达860多平方公里的特大油田，年产原油500万吨，累计生产原油1166.2万吨。12月3日，全国人大二届四次会议闭幕，周恩来总理向世人宣布："中国人民使用'洋油'的时代，即将一去不复返了！"

这一年的冬天似乎比往年来得早。进入十月，降下了第一场大雪。整个油田银装素裹。油田的顺利开发，新井的不断投产，产量逐日逐月地不断提高，让从事地质研究工作的王启民，心中充满了无上的喜悦和自豪。工作上的专注与投入，让他忘记了妻子已经快分娩了。

按照妻子陈宝玲的推算，11月是临产的月份，说不上哪天就把孩子生下来了。马上就要做母亲的陈宝玲，紧张兴奋之余，还有隐隐的不安。因为生了孩子就得坐月子，但没有住房。目前的条件不允许她把孩子生在这里，陈宝玲决定回北京的父母家生孩子。

陈宝玲挺着大肚子仍然坚持每天上班下班。一位要好的同学对她说："大陈，都什么时候啦，你怎么还上班啊，赶紧回娘家去啊！"

陈宝玲说："启民正在写年终动态总结，都三天没有回来了。"

"这个王启民，真是老猪腰子！"同学实在看下不去了，就找到王启民的单位，见面就把王启民一顿训斥："哎，我说王启民，你老婆都要生孩子了，你怎么还无动于衷啊？你到底管不管啊？"

王启民从办公桌前的一堆图纸旁站起身来，说："管，管，管！"

当天，王启民找到领导，说明天请半天假送妻子回北京。

第二天，王启民陪妻子去哈尔滨，把妻子一个人送上开往北京的火车就返回了大庆。

上火车不久，陈宝玲就觉得腰酸背疼，无助的她躺到卧铺上怎么也起不来。对座的一位老大娘关切地说："姑娘，看样子怕是要生了！"

陈宝玲听了这话顿时紧张起来，看看周围都是陌生的面孔，一阵酸楚涌上心头。

"大嫂！"好心的列车长来到她身边，俯身说："车上没有大夫，出了意外不好办，下站是锦州，过了锦州前面就没有大站了，你就在锦州下车吧！"

陈宝玲隐隐感觉不妙，她果断选择在锦州下了车，就近住进了铁路医院。

在医院，医护人员问陈宝玲："你在哪里工作？要到哪里去？爱人在哪个单位？我们帮你拍个电报？"

陈宝玲语塞了，心里想：丈夫在大庆油田，就是找到他，他也离不开，眼下只能给母亲发电报了。

陈宝玲对护士说："我父母在北京，就给北京发个电报吧！"护士看到她的电报地址，上面没有丈夫的名字，也没有丈夫的工作单位，猜疑变成了议论，并传进了陈宝玲的耳朵："这女人生的恐怕是个私生子。"这些话令陈宝玲一阵心痛，眼泪悄悄地流了下来。

当晚，伴随着婴儿响亮的啼哭，女儿呱呱坠地。

几天后，父母赶来锦州，接回了陈宝玲。

王启民从电报中得知妻子生了个女儿，非常高兴。为了纪念孩子的出生地，也为了记住那段艰难困苦的岁月，王启民给女儿取名"锦梅"。

锦梅，更记录着一个丈夫对妻子的愧疚。

"大个子"和"小个子"

1964 年新春就要到了，大庆油田从上到下，都在紧张地忙碌着，感受不到一丝一毫的节日气氛。

二号院，大庆油田指挥中枢，会战总指挥康世恩正在会议室组织召开一个由各指挥部党委书记和指挥、生产副指挥参加的重要会议。余秋里部长专程从北京赶来参加这个会，传达全国人大会议精神，对下一步工作提出要求。与会代表脸上洋溢着胜利的喜悦。

康世恩最后说："刚才余部长传达了全国人大二届四次会议精神，很振奋人心、鼓舞人心啊！这个会上，周恩来总理向世人宣布中国人民使用'洋油'的时代，即将一去不复返了。《会议新闻公报》也郑重宣布：我国需要的石油过去绝大部分依靠进口，现在已经可以基本自给了。大喜讯啊！这都得益于我们大庆油田的开发建设。目前，我们已探明面积达 860 多平方公里的特大油田，已经建成年产原油 500 万吨的生产能力。我们三年累计生产原油 1166.2 万吨，占全国同期原油产量的 51.3%，共完成财政上缴 10.6 亿元，除回收投资外，为国家积累资金 3.5 亿元，从根本上改变了中国石油工业的面貌。可是，同志们，成绩不讲跑不了啊，而问题不提可就不得了啦。什么问题？大家应该都想到了吧？就是原油含水上升太快了。我们的试验区综合含水达到 50% 了。有人总结说，'注水三年，水淹一半，采收率只有 5%'。这是个大问题。如果按目前的含水上升速度计算，大庆油田 80% 的资源将被浪费掉。刚才，我跟余部长汇报，元旦之前，我们要抓紧召开五级三结合技术座谈会，重点研究怎么控制含水上升，如何提高采收率。采油指挥部、勘探研究院等单位，你们要组织技术人员、一线工人，商讨如何解决。尤其要在生产实践中摸索出规律来。要把地下的情况摸得清清楚楚。千万不能瞎子骑马、盲人摸象……"

又一场大雪纷扬而至，覆盖了所有的道路。目光所至，一片白茫茫的。

"嘎吱嘎吱"脚踩在雪地上，发出有节奏的声响。

"启民，难道国外就没有同类油田的开发经验可供借鉴吗？"和王启民一起前往礼堂参加技术座谈会的一位同学问他。

王启民说："国外油田大多是海相沉积，陆相沉积我们是第一，也是最大。不可能有一模一样的油田和一模一样的地质结构。即使有类似的经验，我们被人家封锁，也是一无所知。就像现在这样的天气下，积雪覆盖旷野，没有现成的道路，只能自己蹚着往前走。"

技术座谈会上，基层工人汇报了油井含水情况以及每天取油样时遇到的问题。王启民认真听着，一字一句地记录着、琢磨着。

1960 年，油田刚开采时，打出的油井地层压力十足。为了保持自喷能力能够持久，油田要求用小油嘴采油。如今刚刚过去三年，地下的压力就减弱了。最初，为了保持地层压力，油田采取了"早期内部注水"的开发方针。但随着开采时间的延长，地层压力越来越小，就得增加注水量。而注水越多，油井含水就越高。减少注水，地层压力不足，石油开采量就少，也就是所说的采收率低。注水，油层就见水。真是个无法调和的矛盾。

如今，各采油队的技术人员，仿佛都患了"恐水症"，只要油井一见水，就降低注水速度和数量，可是采油速度也降下去了，谈何提高产量啊！

"启民同志，请谈谈你的看法。"主持会议的油田总地质师点了王启民的名字。

思考中的王启民抬起头来，轻轻咳嗽一声，清清嗓子。由于整天的劳累，强直性脊椎炎又开始折磨他，即使站起来，他的腰也是微微弯曲的："我们不能一见水就害怕，注水是没问题的。因为暂时没有别的办法保持地层压力，同时又能驱动原油跑到地面。"

"问题是原油含水提高了。这么下去，我们就不是采油，而是采水了。"有人问道。

"我认为，解决问题的关键是地下。"

总地质师点点头："嗯，你接着说。"

"我认为，我们对地下情况还是没有摸清楚。我们不能凭着一时冲动和想象，必须经过科学分析才能确定开发方针。"困境面前，王启民冷静分析，他觉得自己思考的方向是正确的。

"你是说国际上通用的'均衡开采'不一定适合我们大庆油田，是吗？"

"会战第一年，我们各单位组织学习毛主席的《矛盾论》《实践论》，毛主席说，要具体问题具体分析。我们应该根据大庆油田的实际，也就是具体情况，探索出一套适合我们油田开采的新方法。"

与会人员仿佛受到启发，一边思考一边点头。

会后，王启民临危受命，到油田中区西部搞注水开发试验。

此后，王启民开始了艰辛的探索。白天，他留在井场取样观察，不放过任何一份数据，晚上回来，在灯下画油水变化曲线，思考变化原因。2000多个日日夜夜，王启民在井场间往来奔波，在灯光下一遍遍勾勒，地下结构在纸上反复呈现，无数念头在脑海中来来去去。终于，地下的复杂结构被他在图纸上清晰而系统地描绘出来，随着复杂结构一同呈现的，还有油水分布规律。

王启民抑制不住兴奋，他抓紧时间起草实验报告。

在一间中型会议室，油田领导、技术专家聚集在一起，认真听取王启民的汇报。

王启民把他一笔一画精心绘制的地下油水分布规律图挂在墙上，手持一根细长的柳树条在图上比画着，滔滔不绝地讲解起来："这个黑色的河流是油层，有厚的，有薄的，层层相叠，这说明大庆油田油层多。但是厚层、薄层的渗透率差异较大，呈典型非均质分布的特点。打个比方说，厚油层好像大个子运动员，体力好，跑得快；薄差油层像小个子运动员，体力差，跑得慢。

要想让大、小个子运动员一起慢慢地跑，这是违反客观规律的。所以说，我们采取笼统均衡注水就是想让它们以同等的速度跑，没有充分发挥大个子的优势。怎么才能发挥大个子的优势呢？就是变‘温和注水’为‘分层注水、分层开采’。”

王启民的柳条棍指向一条细小的黑线说：“我们先把薄差油层封堵上，把水注入厚油层，把这里的油先赶出来。就是说，我们先吃肥肉，后吃瘦肉。分步实施。为了证实我们的推断，我们攻关小组，先在一口含水60%、产量已由日产量降至30吨的油井做试验，结果这口井产量迅速恢复到60吨。分层开采，就是发挥了大个子和小个子的不同作用，让它们各自作出自己的贡献。”

“启民同志，讲得好，你们做得也好！你们的试验是成功的，你们对国际上的‘温和注水’理论的挑战也是成功的。在今后的油田开发中，我们还会遇见各种问题，但只要我们有这种敢为天下先的精神，就一定能够克服困难，不断踏上新的台阶。”参加会议的油田领导对王启民和他的攻关小组取得的成绩给予了高度肯定。

此后，油田按照王启民的注水开采理论，培养了一批日产百吨以上的高产井。王启民的分层开采理论，开创出一条大庆油田中低含水阶段稳产的新路子。

钻到地层里去

由于“文革”的干扰破坏，1974年，国民经济严重恶化。1975年1月，邓小平复出，主持中央日常工作。同年8月，邓小平要求石油战线“要大力开采，尽可能多出口一些”，多创外汇支援国家经济建设。大庆油田作为石油系统的“老大”，自然要把最重的担子揽到肩上。

如何提高产量？油田领导把询问的目光投向王启民等人，王启民和他的同事立即递上一份中区西部“分层开采，接替稳产”的试验成果。这一试验早在 1970 年就开始了，此时已经进行了 5 年。

油田决策者把这一试验成果运用到实际中。1976 年，大庆油田实现年产原油 5030 万吨，从而跨入了世界特大型油田的行列，开创了中国石油工业发展的新纪元。大庆石油出口量也成倍增长，最高年份全国每 100 元换汇就有 14 元是大庆人创造的。

接下来，人们又提出：大庆油田年产 5000 万吨能稳产多久？这是一个分量很重的问题，没有人能给出确切的答案。这时，王启民又站了出来，他认为，要使油田持续稳产，必须要有一整套油田开发方法及配套工艺技术作保障，其中首要的是高度清楚地下油层分布情况。他大胆设想，能不能把地下的地质情况画成一张图，使之一目了然。

敢为天下先的王启民，再次像着了魔一样，和四名同志顶朔风、冒飞雪，天天泡在试验区，坚持在井场上。

王启民的试验区有 87 口油水井，单井资料搜集需要 8 种、一万多个原始数据。他一个井点一个井点地核对分析，最终选出了比较符合实际的资料，编绘出了全油田第一张主力油层高含水期地下油水饱和度图，从这张图上可以清晰地看出油水分布状况。

依据此图，他对两口残余饱和度高的油井进行了层系补孔。施工后，一口井日产量增加了 40 多吨，含水降低到 20%，另一口井日产量从 50 吨上升到 130 吨。

年底总结时，油田总地质师专门“点将”，让王启民讲试验区的情况。王启民如数家珍，一口井一口井地讲了整整三天，人们惊叹道：“王启民已经钻到地层里去了。他能看得清地下每一个角落，他是油田的活字典、活地图！”

依据油水分布状况、室内模拟试验及大量现场试验，王启民创立了油田中含水期“分层开采、接替稳产”方法，成为大庆油田实现稳产目标的重要基石。

敲开地下宝藏之门

1985 年底，大庆油田实现原油 5000 万吨以上连续高产稳产 10 年的纪录。下一步怎么走？对于油田含水越来越高的大庆来说，5000 万吨还能继续稳产多久？

油田领导、地质专家、科技工作者都在思考这个问题。

在大庆勘探研究院地宫的巨大沙盘前，王启民正为来大庆考察工作的上级领导讲解大庆油田开发情况。

地宫内，巨大的油层剖面三维模型向人们展示着地下的构造。这些油层剖面都是按照实际比例做出来的，参观的人可以钻进去，在上下两个油层之间走动。地下，就像一座迷宫。

从三维立体的油层图上，可以清晰地看到大庆油田的油层是层层叠加起来的，有一百多个。厚的有十几米，薄的只有几十厘米，最薄的甚至只是一些油斑、油浸。世界上还没有一个油田的油层像大庆油田这样丰富。

油田已经开发 25 年了，厚油层、好油层也都开发得差不多了。怎样才能增加可采储量？巧妇难为无米之炊，没有可采储量，神仙也采不出石油来。

大庆油田开发初期，为了早日上产，都是先从厚油层开采，那些 0.5 米以下无法开发的薄层被甩到了开发图表之外，称表外层。

20 世纪 70 年代，王启民在中区西部进行科学试验时，就发现大庆油田的表外层十分丰富，特别是油田南部，表外层井井有、层层有，单独看起来这些层很“瘦”，然而累加起来却很“肥”，储量有好几亿吨，是一个巨大的石油宝藏。

1986 年，念念不忘表外层的王启民，主持建立了表外层开发试验区。

试验区的两口试验井旁，王启民和同事们坚持天天取样、化验，认真做着记录。一口井日产达到 10 吨，一口井达到 7 吨。这一消息，曾震动了全油田，人们都感到有这样好的表外层，大庆不得了啦！

不久，17 口试验井全部投产后，有一半油井含水高达 70%以上，许多人悲观地认为，表外层根本就没有什么啃头。

王启民却不为所惑，他对负责试验的宋勇说，要再做工作，看看是怎么回事后再下结论。宋勇和参加试验的同志经过反复调查分析，认为含水高的原因是固井质量不过关，造成地下主力油层与表外层窜槽所致。接着，他们采用三种科学方法进行窜槽，证明分析的结果是正确的。

通过一系列封窜措施，试验区井含水迅速下降，平均单井日产量达到 8 吨，经过 6 年多开采，仍保持在 6 吨。

这一重大突破，打开了地下几亿吨的石油资源宝库，为油田实现第二个稳产 10 年奠定了资源基础。

接着，王启民又主持开辟了一个开发更薄“毛毛层”，甚至只是油浸油斑的小型试验区。这些油层中，75%以上是泥岩。包括中国石油天然气集团公司在内的一些石油地质专家看了这种薄层岩心，都连连摇头，觉得实在太差了。王启民却认为，这些层就像一棵大树的细根须，石油既然能运移储藏进去，就可以开采出来。果然，4 口打在钙质层的油井，按照王启民的意愿，流出了日产 3 吨的原油，而且还不含水。这样，这种地下大面的、平缓的“毛毛层”又成为油田资源宝库的一部分。

表外储层的开采，让油田顺利实现了第二个 10 年的高产稳产。

永恒的灯光

天已经黑透了，王启民还没有回来，妻子已经习惯了。每天晚上吃饭时，她都不等丈夫，因为她知道等也没有用。有时候，王启民回家吃完晚饭，仍然回到办公室。

但是孩子见不到爸爸，就会跟妈妈闹："我想爸爸了。"

每到这时候，陈宝玲就抱起女儿锦梅到单位找王启民。孩子的眼睛似乎比大人明亮，远远地就叫道："爸爸在单位呢！妈妈你看，爸爸办公室的灯亮着呢！"

孩子敲响了门，不等喊"进"，就进来了。"爸爸，你怎么还不下班呢？妈妈都下班啦！"

"爸爸的活没干完呢！"王启民抱起女儿亲一下她的小脸，然后放下，又把头埋进他的图纸和资料中。

风霜雪雨，斗转星移，时间的长河无声无息地漫过。从 20 世纪 60 年代到 70 年代，再到 80 年代、90 年代，不知不觉孩子长大了，但王启民办公室的灯光每天晚上依然亮着。

工作，对王启民来说已不再是工作，而是生命活动的重要内容。在他的日历中，没有星期天，没有节假日，没有上班和下班的概念。春节放假，他一般只在家里过除夕，年初一就到办公室工作。几乎所有休息日和节假日，除了公差开会，他都在办公室度过。每天下班吃过饭，他办公室的灯就亮起来。

1995 年夏季的一天，大雨"哗哗啦啦"下了一整天仍然不见停。透过规划室的玻璃窗，可以看见几名同志正在电脑前紧张地忙碌着。为了一个新的勘探开发规划方案，他们已经连续干了 4 天 4 夜。夜深了，他们终于把方案报告全部完成，校对后打印出来，装订好。因为他们知道，王启民院长正等着审阅。

“这么晚了，王院长可能回家休息了吧？”一个同事说。

“王院长睡得晚，我去看看。”另一个同事带上报告，拿起一把雨伞，骑上自行车奔向王启民所在的办公主楼。近了，透过雨帘，他朦朦胧胧看见了王启民办公室的灯光。当他把规划报告送到王启民的手中离开时，回头望一眼王启民办公室，心里感叹，怕是王院长的灯光这一夜都不会熄灭了。

在勘探研究院科技工作者的记忆里，无论多么晚，王院长办公室的灯光始终亮着。

这么多年的岁月中，在安静而明亮的灯光下，王启民伏案工作，翻阅着各种画着曲线的图表，埋首于厚厚的地质资料之中，似乎不是在研究，而是在与久远的苍茫的石油地质对话。

王启民办公室的灯光下，跳动的是一颗为石油工业无私奉献的心，燃烧的是一种为石油事业努力奋斗的志向。

⊙**王启民**，男，1937 年出生，浙江省湖州市人。1961 年毕业于北京石油学院地质专业，同年参加大庆石油会战，1978 年加入中国共产党。原大庆油田有限责任公司总经理助理、副总地质师。他坚守“宁肯把心血熬干，也要让油田稳产再高产”的信念，先后主持参与了大庆油田实现稳产高产的 8 项重大开发试验项目，参加并组织了 40 多项科研攻关课题和大庆油田“七五”“八五”“九五”开发规划编制研究等工作，多次获得国家科技进步奖。1997 年 1 月被中国石油天然气总公司党组授予“新时期铁人”荣誉称号。2018 年 12 月 18 日，党中央、国务院授予王启民改革先锋称号，颁授改革先锋奖章，并获评“科技兴油保稳产的大庆‘新铁人’”。

李新民：搏击国际市场

国内磨枪，国外亮剑。树旗法鲁济、勇闯哈法亚，驰骋海外创纪录，国际市场立标杆。历经千险、不忘初心。他把“铁人”的旗帜插在异国大地上，实现了王进喜把井打到国外的梦想。

和大钳较劲

1990 年 6 月，李新民从大庆石油学校毕业，被分配到了 1205 钻井队。来到英雄的队伍，李新民是兴奋和激动的。

可刚到井队的日子，钻井工作的苦和累超乎了李新民的想象。对于当时只有 100 斤左右、身体瘦弱的李新民来说，每个班下来累得饭都不想吃，晚上醒来还浑身酸痛。

起初班组搞竞赛，每次打大钳他都扣不上钳框，因此被撵下了钻台。被人撵被人嫌的滋味真是不好受，李新民羞愧难当，恨不得找个地缝钻进去。

井队领导看李新民身体实在单薄，怕他一时不能适应，就说：“新民，先拣一些轻活干，慢慢儿来吧！”

李新民的脸腾地一下红了，他恨自己单薄的身体，也恨自己不长进的手脚。但他没有退缩，倒是内心那股不服输的犟劲儿涌了上来，他不信自己不能抡好那把没有知觉的大钳。

“既然来到铁人队，就要长出铁骨头！操作水平不过关，责任心就不过关。大钳再沉，也要合上扣！别人行，我也一定行！”李新民在心里给自己暗暗鼓劲。

为了让自己振作起来，好几个夜晚，李新民睡不着觉，索性披上衣服来到荣誉室，看一看“铁人日记”，读一读《铁人传》。他从心底感受到，和铁人老队长们相比，自己这点困难实在算不上什么，他相信自己一定会像队里其他人一样成为一个真正的钻井工人。

打那以后，为了尽快适应井队的工作，李新民开始苦练基本功。每次甩完钻杆，他就一个人在钻台上练习打大钳，一次、两次、三次……胳膊抡肿了，手磨出了血泡，他也全然不顾，就要和大钳较较劲。

队里的老师傅看见李新民那股认真劲儿，都说：“这孩子要强，有出息，是块好钢。”经过千百次的苦练，李新民感觉 300 多斤的大钳越来越“听话”了，学习的劲头也更足了！像下卡瓦、对丝扣这些粗中有细的技术活，李新民也都能一一拿下来了。

功夫不负苦心人，不久之后，李新民就成为队里的操作能手。1992 年 5 月，毕业不到两年的李新民就当上了队里的技术员。

小钳牙大效益

外钳工小王在更换钳牙时，不慎将钳牙掉到了钻台下面，他没有就此不管，而是跑下钻台，伸长手臂在半米多深的泥浆池里一阵摸索，找出了钳牙。小王的这一举动刚好被李新民看在眼里，他敏锐地思考着应该如何用这件事教育全队员工。

借着这件事，李新民组织队员们展开了一次思想大讨论，题目就是——“百万元能买多少个钳牙”。

在讨论会上，李新民表扬了小王，并跟大家算了一笔账：“大家是不是觉得在施工中掉个钳牙很平常啊，是不是都觉得捡不捡没关系呢？”

“可不，一个钳牙打火机大小，相对于一口井近百万元的成本，一个钳牙才几元钱，与打井成本相比简直微乎其微。”说到这时，李新民环顾四周，发现大家都不自觉地低下了头。

“我知道，大家也都听明白了我的话。勤俭节约的传统可不能丢呀！”

“我们 1205 队的每名职工都应精打细算，从节省每一个钳牙做起，这是我们的责任。”

这次讨论也引出了李新民关于让 1205 队实现“最低投入、最大产出”目标的思考。

2003 年 8 月，经过几个月的思考、摸索，李新民提出了“成本月度分析”的思路，第一张“成本月度分析卡”率先在 1205 队诞生。按照“成本月度分析卡”显示的结果，李新民结合队里的成本运行实际，认真制订单口井用料计划，实行材料费用包干制。他还要求把每个班组、每个岗位所消耗的每一笔费用以及每个人所能完成的挖潜指标，都一一记录在分析卡上，使成本控制工作落实到人头，对成本进行时时监控，到月底再进行综合分析评定，按期进行考核评比。

通过这样严格的成本管理，全队职工挖潜增效蔚然成风。每个人都对设备零件磨损程度做到心中有数，并自觉按时保养维护和处理，避免了因为设备问题而耽误生产的情况发生。现在的 1205 队，每个班组都备有一个小铁箱，专门收集散落的小零件，以备生产之用，而且有旧件坚决不领新，每年成本节约都达百万余元。

时代发展了，可勤俭节约的作风在 1205 钻井队一直保持着。正是这种良好的作风，1205 队才一直继承发扬着老铁人队长留下的好传统，这支钢铁的队伍才保持着优良的本色。

攻克英语关

连续几天，高培中心食堂的张大姐发现了一个奇怪的现象。摆上桌的菜几乎就没怎么动过。

难道曾经见菜比饭亲的小伙子们集体厌食了？

这么下去可不行，张大姐急了，得找李队长说道说道。

刚走到会议室门口，张大姐愣住了，墙上贴了一张特殊的英语考核表，考核表上没有分数，衡量标准竟然是一个菜、两个菜，张大姐瞬间明白了，这是小伙子们没说好英语，用不吃菜惩罚自己呢！

2005 年 3 月，DQ1205 项目组正式组建成立，李新民队长跟项目组的成员们走进了大庆油田高培中心的课堂，学习内容里最难的就是英语了。李新民是 1990 年的中专毕业生，英语底子本来就薄，而且荒废了十多年，难度可想而知。

李新民有自己的绝招。他把井队经常用的钻井工具、机械设备、技术参数等英语词汇，打印出来，揣在兜里，一有空就拿出来背，记不下来的英语单词发音就用汉语标注。他跟队友们说："语言都学不会，出国就更行不通！"

封闭培训的四个月，李新民一节课没缺过，下课了，到外面抽根烟就赶快回到座位，拿着书反复念，不停地背单词。在他的带动下，同批参加培训的 1205 队的 12 名队员出完早操，跑完步就开始背单词，晚上，宿舍熄灯了，就拿着书到走廊里去，把当天没记熟的内容再回回炉。

正是凭着这股"疯狂"的劲头，在随后的出国集训中，12 名队员全部通过了英语考试，而李新民更是取得了英语托福考试 517 分的好成绩。

2006 年，队伍到苏丹后，李新民他们又有点儿为难，甲方监督是伊拉克人，说的是中东口音的英语，很难沟通。同去的队友一见到甲方监督，能躲就躲，尽量不打照面。可李新民觉得：“到了海外，就得过好外语关，过外语关，就是过市场关！”

李新民准备了一个随身携带的辞典，每次要去找甲方监督沟通之前，先把自己要表述的关键单词查好、背熟练，用说的方式沟通不明白的时候，就翻辞典，或者用笔在纸上交流，几口井下来，辞典上已经被画得密密麻麻。由于甲方监督不少是来自阿拉伯国家，当地雇员也大多说阿拉伯语，李新民还把阿拉伯语标注成英语、汉语两种发音方式，现学了一些当地语言，于是在 DQ1205 队的井场上，他们的交流方式常常是英语、阿拉伯语、汉语，外加手势。

凭着这股韧劲，李新民带领钢铁 1205 队，在外语学习上闯过一道又一道关隘，在钻井生产上攀过一座又一座高峰，昂首挺胸站在了国际钻井市场的舞台上。

苏丹抢修战

2006 年 2 月 21 日，李新民和队友踏进了“世界火炉”苏丹。一走出机舱，一股巨大的“热浪”扑面而来，皮肤像被涂了一层辣椒水，身上的毛孔像溃堤的水库，汗迅速向外涌出。50 多摄氏度的最高温度，78 摄氏度的沙漠地表温度，“世界火炉”可真不是浪得虚名。

李新民顾不上感受这非洲的“热情”，他来不及回驻地，带领 5 名队友直奔货运码头。眼前意外的情景让所有人震惊：一艘庞然大物足有 200 多米长，像受了伤的蓝鲸，疲惫地蜷缩在港口，甲板上的钻井设备盐迹斑斑，野营房的门窗不翼而飞。仔细一检查，更让人惊心，所有设备都遭到了不同程度的损坏，更严重的是打井的动力系统——柴油发电机，因浸入海水，有两台发电机的缸体和活塞面被腐蚀，根本无法启动。

“这是怎么回事？”李新民忽地冲上货船，心也随之悬了起来！

“船在南海遇到了特大风暴，为了保人，设备没扔到海里就万幸了。”一个船员不以为然地回答。

看着一船的惨状，李新民万分痛心。

“队长，你看，关键设备都‘趴窝’了，这可怎么打井呀！”

站在甲板上的李新民紧握双拳，暗下决心：没有条件，不能没有精神！“大家不要慌，赶快清点一下。设备丢没丢？损毁到啥程度？”李新民一边安抚队友，一边不断地询问、记录。

正当大家忙着清点设备时，接到了甲方下达的指令：“从即日起停止施工，限 DQ1205 队五日内撤出井场，一切费用自理！”原来，苏丹的雨季再有一个多月就要来临，如不能按设计时间完井，设备就要被困在这茫茫的沼泽。甲方认为按时完井已根本不可能，就果断下令，要他们“立刻撤离井场！”

苏丹的夜晚燥热难耐，李新民思绪翻腾，整夜无眠：前有风暴袭击，后有雨季紧逼，这第一次出国打井怎么这么难啊？

怎么办？

留下？留下，这么短时间能打完这口井吗？

离开？离开，一口井还没打，就卷铺盖卷走人了？那还有何颜面面对家乡父老，有何颜面再踏上大庆那片神圣的土地？

李新民霍地坐了起来：不行，绝对不能撤！撤了，就意味着砸了老队长的梦想、砸了钢铁 1205 队的声誉、砸了中国石油人的尊严。

“开弓没有回头箭，困难吓不倒咱们铁人的后代。”

“设备趴窝了，怕啥？我们就修好它，我们是谁？中国人，是钢铁 1205 队，苏丹的井我们是非打不可了。”李新民的一席话，好似春雷，“炸”醒了所有队友。

“队长说得好，咱们中国人决不能在苏丹丢份儿！”

“对啊，没有条件，咱们创造条件也要上，跟铁人老队长当年一样。”

第二天一早，李新民就向远在首都喀土穆的甲方总部发去简信：“我们有信心、有能力在 20 天之内拿下 3/7 区的这口探井，如果不能按时完成，一切责任由我方来负！”

“跟我上，以最快的速度清关！”他挥了挥血管暴起的胳膊。

李新民和队友 24 小时坚守在货船上，饿了就啃一口又干又硬的阿拉伯饼，渴了就喝一口滚热的矿泉水，困了就靠在设备上打个盹。工服湿了干，干了湿，身上好多地方都被磨破了，汗里析出的盐渍粘在皮肤上，像针扎一样疼。炎热，焦急，劳累，李新民满嘴长满了火泡。一次，队友陈伟毫无征兆地昏倒在了地上。过了好一会儿，他才在队员们的呼唤声中醒过来，他边揉着眼睛边叨咕：“困得都不行了，好不容易睡安稳了，谁又把我整醒了。”

就这样，上百部设备、上千吨钻具，6 个人，6 天，完成了清关！ 17 天，102 车设备运到相距 1600 公里的井场！李新民和队友们，创造了苏丹港同类钻井设备清关人数最少、时间最快的纪录。

在接下来的日子里，李新民和他的队友们把高温当桑拿、汗水当淋浴。天天顶着烈日、伴着星辰，在近 60 摄氏度高温的环境下，紧锣密鼓地安装调试着钻机设备。

没有电机，李新民不顾流弹袭击的危险，驱车几千公里，借来一台正准备大修的发电机，自己动手维修；型号不对，就组织人员自主进行安装调配……

为了抢时间，李新民和队友 24 小时连轴转，每个人眼睛都布满了血丝。晚上，黑压压、密麻麻的蚊虫，像下起了鹅毛大雪，扑得人睁不开眼睛。有一种放屁虫，一旦从领口、袖口钻进去，立刻就在皮肤上留下一串晶莹剔透的大水泡，颤巍巍地挂在皮肤上，随后就是溃烂。每天早晨，井场上光死了的蚊虫就能收上几大桶。就是这样，倔强的 1205 人个个都豁出去了。

4 月 13 日，发电机修好了，钻机启动了！

在技术专家的帮助下，DQ1205 队的钻机设备、各项资料、人员管理等一次通过了甲方和第三方检测，达到了国际 API 标准，获得了钻井施工许可。4 月 30 日，1205 队在海外打的第一口井成功了！从此，DQ1205 队正式揭开了在苏丹钻井施工的序幕。

“功勋井”的诞生

酷烈的太阳仿佛永远不知疲惫，毫不吝惜地灼烧着每一寸龟裂的大地。空气中流窜的阵阵热浪让人窒息，一辆皮卡，飞快地疾驶在法鲁济颠簸的荒漠上，卷起的尘土久久不散。

法鲁济位于南苏丹东部上尼罗河州，源于南部油田的谐音，历经近 50 年的内战，堪称最贫穷的非洲大陆中最贫穷的国家，相当于法国面积的领土，仅有 38 公里的公路。

皮卡“嘎”的一声，停在了法鲁济 3/7 区联合作业公司门前。

看着眼前风尘仆仆的李新民，作业公司经理愣了一下。

李新民这么急匆匆地赶来，是因为刚刚接到了作业公司向 1205 队借顶驱的通知。

原来，甲方要在 3/7 区推广水平井，需要一支钻井队闯路子，打前阵。3/7 区块是中非地区最大的亿吨级油田，油田要上产，怎样去规划，这第一口水平井施工的成败，决定着苏丹石油公司战略决策的走向。这是一次难得的机会，如果 1205 队拿下这口井，对站稳 3/7 区，甚至开辟整个苏丹市场，打

响 1205 队品牌都是举足轻重的。

可顶驱是打水平井的必要设备，要是借出去了，那水平井还会有 1205 队的事儿吗？

李新民开门见山，话题直奔水平井。他递上这口井的分析资料和全队 22 份请战书。“曹经理，您好！这是 1205 队的请战书，我们打水平井技术成熟，这个任务交给我们吧！”

“交给你们？3/7 区有 6 支钻井队，干十年、八年的都有，你们 1205 队来这儿还不到一年……”

“我知道，这口水平井的设计难度非常大，斜深 2005 米，垂深 1307 米，水平位移 974.39 米，地下水平段设计了多处‘阶梯’穿越目标层，而且，3/7 区地质结构复杂，容易出现井斜井塌，也容易发生卡钻和井喷事故。但是，1205 队在国内打过多口高难度的水平井，我们有这个把握！”

“不行，不行，实话和你说吧，这第一口水平井根本就没考虑过你们 1205 队。如果这口井被你们打废了，至少两个人要离开苏丹，一个是我，另一个就是你！”

“这个，我明白！但 1205 队有这个实力，这一年从来没给您掉过链子吧？前段时间顶驱坏了，可为了这口水平井，我们自己动手修好了。”

“什么，你们自己修的？”

“对，是我们自己修的！只要作业公司需要，借顶驱没问题。但请您看看我们的分析资料，再考虑考虑 1205 队吧！”

“你小子！行、行、行，我抽空看看。”

前不久，1205 队的顶驱出现了故障，需要返厂维修，最快也得两三个月。可打水平井迫在眉睫，李新民等不起，1205 队更等不起。经过慎重考虑，他果断决定，自己带领机械师，在众人怀疑的目光中，竟然奇迹般地把顶驱修好了。

真是个“拧”汉子！曹经理的脑海里瞬间闪现第一次见到李新民时的情景……

那是一年前，刚到苏丹不久，1205 队打的井发生了井漏，他十分恼火，命令 1205 队跟他当面解释。

那天，他急着去总部开会，就是这个李新民，居然扛着一编织袋返砂追到飞机场，看着袋子里那些大颗粒的返砂，他全明白了，这是钻速太快，循环不好导致的，显然，是钻井监督给出了不恰当的指令。

想到这儿，曹经理笑了：这个倔强的李新民，这个不服输的 1205 队！

几天以后，作业公司下达通知，水平井交给了 1205 钻井队！

动员会上，李新民动情地说：“铁人老队长说过，干工作要猛如老虎，细如绣花。打水平井我们不差技术，在国内，我们打的水平井质量全优，可这是苏丹，还是第一口水平井，咱是 1205 队，干，就要干出水平！干，就要干出咱铁人钻井队的样子！”

开钻了！李新民几乎 24 小时盯在井场监控指导。一天晚上，加拿大籍的甲方监督来到井场。他拦住一个正在井上忙着的小伙子问。

“哎，你们李队长呢？”

小伙子愣一下，然后笑着说：“在办公室呢！”

“NO，NO！”甲方监督用力地摆着手，“最近我在办公室根本找不到他，你帮我找找。”

“没问题，你看，我不动地方就能给你找到！”小伙子说着摘下了防虫罩，一张满是胡茬的脸露了出来。

“你，你……你是——！”甲方监督迟疑地问。

“怎么？几天不见，就认不出来我了？”

“你真是李新民？看你这满脸胡子，我还以为是当地的非洲朋友呢！”

“如假包换，哈哈哈……”李新民友好地拍着他的肩膀，善意地笑着。

“我走过好多国家的井队，没有一个平台经理不是在办公室里指挥的，你怎么总在井场？”

“这叫现场办公，我是中国大庆的平台经理。”

26天后，1205队成功拿下了这口斜深2050米、最大斜度90.5度、水平段长达670米的水平井，创造出当时苏丹钻井新纪录！

看完完井报告，曹经理拍了拍李新民的肩膀：“1205队果然名不虚传！以后所有水平井，都优先考虑你们！”

这口优质的水平井，成为“铁人”品牌叫响海外的丰碑，被誉为“功勋井”。

在随后5年多的时间里，李新民率领钢铁1205钻井队，先后打了37口水平井，质量全优，刷新苏丹23项最高纪录。1205队叱咤风云，两次获得苏丹政府授予的最高荣誉——“钻井杯”。

争气井

“这口井打得真漂亮，绝对是口争气井！”李新民带领DQ023队打完HF001—M267井后，显得十分激动。因为他们不仅创出了伊拉克哈法亚地区的钻井新纪录，而且用实力赢得了钻井生产的主动权。

2010年9月，李新民被选派去中东伊拉克，担任哈法亚项目负责人。哈法亚，阿拉伯语意为水草丰茂之地。然而，来到伊拉克的当天，李新民和队友就被来了个下马威。

一出巴士拉机场，大家的心一下子就悬了起来。一群荷枪实弹的士兵整齐列队，清一色的防弹车一溜排开，不容分说，每个人都被套上10多公斤的防弹背心，扣上七八公斤重的钢盔。一路两个半小时的颠簸，满眼是烧毁的坦克残骸、炸飞的汽车碎片，这哪儿还有巴比伦空中花园的影子？

经过了7道封锁线的严格盘查，车驶进了驻地。望着四周严密的双层铁丝网，大家总算松了口气。

李新民有一个习惯，每天晚上睡觉前，他都要到驻地各处走一走，各个营房转一转。

刚一进营房，他吓了一跳。只见几个五大三粗的汉子，直挺挺地躺在床上，每个人脸上盖了一条白毛巾，一动不动。

“你们作什么妖？”李新民用手推了推躺在床上的队友。

几个人一跃而起，七手八脚地把李新民按到了床上。

“来来来，给你贴张‘阿拉伯面膜’！”说着一张湿毛巾糊在了李新民脸上。

“都是大老爷们，你们臭美啥？”说着他起身把毛巾扔到了一边。

“别扔，老李！”“明天早晨睡醒了，你就知道它的妙处了。”大家七嘴八舌地说。

原来伊拉克沙尘暴特别厉害，来的时候，铺天盖地，就像是一堵墙拍过来，而且时常发生，特别是每年的3月到5月，黄沙满天。虽然营房是密封的，但每天睡觉还是会被呛醒，早晨起来，嘴里、鼻子里也都是沙尘。

2010年12月12日，在危机四伏的哈法亚，第一口井开钻了，其中充满了无尽的艰难。3个世界级难题像拦路虎一样横亘眼前。大片水域沼泽丛生，积雷区有很多未爆弹药，60多个部落民族关系错综复杂。

此外，哈法亚油田30多年未曾开发，只有8口井的地质资料，还不完整。资料散乱混杂，有的文件打不开，有的需要重新翻译，光资料甄别就要费一番功夫。同时，固执的甲方监督还一次次地否决李新民的正确建议。后来，这些建议都在打井过程中一一得到了证实，虽然甲方最终以主动妥协收场，但其频频指挥失误，致使井队花费大量时间来处理复杂状况，让队员们的士气很受影响。

重重难关，让李新民他们在伊拉克打的第一口井并不顺利，大家心里憋着一口气。李新民鼓励队友说："第一口井我们没拿第一，但是从第二口井开始，第一，就一定要属于中国大庆！"

第二口井开钻了，李新民参照第一口井的地质资料，制定了详尽的攻坚方案，所有队员都像下山的猛虎，憋了一口气：一定要打个翻身仗，全力打它一口争气井来！

钻井进程在顺利地进行着，可李新民的心却从未有过一刻的放松，他知道，在战争连连的伊拉克，危险无处不在。为了预防突发的危险，李新民把一个大集装箱改成"避难所"，里面准备了充足的食物和水。又用 10 毫米厚的钢板把宿舍的窗户都焊死，只在自己的窗口留下一条窄缝，便于向外观察。李新民把希望留给了队友，把危险留给了自己。

一天深夜，正躺在床上的李新民突然感觉到了一丝异样。"不好！"他冲到窗口，透过一线缝隙，看到一队全副武装的匪徒在夜色的掩护下，向驻地摸了过来。李新民迅速向队员发出信号，大家以最快的速度躲进了"避难所"。匪徒们操着气急败坏的阿拉伯语在集装箱外不停地叫喊，各种砰砰的声音敲打着每个人的心，铁制的集装箱仿佛瞬间被这恐惧的声音劈为两半，几个第一次出国的小伙子紧紧地贴着李新民，惊悚的气氛弥漫在整个集装箱里。时间仿佛在这一刻凝固了……匪徒们见无所获，悻悻撤离。

越是艰险越能成就伟大的事业，这就是大庆石油人！参照第一口井的地质资料，李新民建议增加 600 米时的短起操作，甲方监督认为增加短起会影响进度，拒绝采纳建议，坚持钻进到 1000 米时再进行短起，可在 920 米时就钻遇了粘泥地层，司钻明显感觉钻头被泥包裹死，进尺也非常缓慢，而且尝试短起还有明显遇卡显示。面对这种状况，甲方监督毫无办法！李新民随即带领队员果断短起，经过 20 多个小时处理，终于解决了问题。有了第一口井指挥失误的教训和盲目抢进的不良后果，甲方监督也开始认真考虑李新民提供的各项建议了。经过各方精心协作，HF001—M267 井顺利完钻，比哈法亚钻井记录缩短了整整 9 天，比设计周期缩短了 19 天，仅日费就为甲方节省 60 多万美元！

李新民和队友们成功打出争气井，打了个漂亮的翻身仗，打出了士气，打出了水平。甲方发来了贺信，评价这口井在哈法亚油田上产的关键时刻，快速建成，意义重大。

大庆不是最早进入哈法亚的队伍，但目前，却是哈法亚拥有最多钻井订单的队伍。在李新民的带领下，在激烈竞争的伊拉克，在充满希望的哈法亚，铁人的队伍把根牢牢地扎了进去，成为中石油的一支王牌之师！

钻台过招

“Lee，Good，Good!”甲方监督穆罕默德对着李新民接连伸出大拇指，表达着由衷的敬佩之意。

原来，那天早上李新民在巡视井场时，碰到了刚从钻台上换班下来的副司钻刘希魁，就习惯性地询问起施工进度。

“李队，正要向你汇报呢，753 米……”

“不对呀，也不是钻到硬地层了，怎么进尺这么慢？”李新民马上意识到了问题，三步并作两步快速走上钻台。

到钻台后，他指挥司钻陈伟将钻压调整到 4 吨，然后目不转睛地盯着仪器表。

“扭矩这么大，都到 5500 了，看来钻头要不行了！停下来，再打就要掉钻具了，先循环泥浆……我去找监督……”李新民下达完指令，转身下了钻台。

在甲方监督穆罕默德的办公室，李新民把井上的情况进行了详细说明，并建议出于安全考虑，应该立即停钻更换钻头。

“No！ No！ No……”穆罕默德听完之后，严词拒绝，并拿出钻头说明书给李新民讲解，意思是，按照说明书上的规定，钻头的使用寿命根本就没到，完全不需要更换，对李新民的建议不屑一顾，还威胁说，如果更换钻头影响进度，要以扣日费来惩罚井队的“怠工”行为！

李新民还是坚持自己的观点：既然这样，那就把钻头起出来，让事实说话！如果确实如你所说，耽误的日费由我们负责；反之，必须全额支付！

在李新民的强烈要求下，穆罕默德最终同意了他的建议，并与李新民一起到了钻台。

两个多小时后，钻头终于被起了出来。起出来的钻头和李新民的判断完全吻合。钻头的牙轮已磨损得相当严重：三个牙轮中有一个已经磨秃，另外两个牙轮也有较大程度的松动掉齿！如果不及时起出钻头，后果不堪设想。

事实面前，穆罕默德震惊惭愧的同时，更佩服李新民的经验和态度，他非常诚恳地对李新民接连伸出大拇指，说：“Lee，Good! Good!”

李新民用过硬的技术征服了甲方监督穆罕默德。从此之后，这位监督对李新民非常信任，每当遇到井上出状况，都放手让李新民去处理，当然，扣日费的说法再也没有提起过。

“钢铁运输线”

2007 年隆冬，首都国际机场人潮如织，几个黝黑的东北大汉每人拖着两个大号行李箱来到托运口。

“对不起，先生，您的行李超重了，请开箱检查。”

行李箱被一一拉开了！只见各种奇形怪状的铁疙瘩满满地挤在每个箱子里。

工作人员一脸惊讶。这国际航线上有带高级化妆品、带名烟名酒、带乡土特产，就是没见谁带这么多的铁疙瘩。

年轻的工作人员看着其中一个箱子里一根根长长的钢管，上边还有一个开关，觉得这事有点蹊跷，苏丹可不太平，莫非……

“班……班长，你过来一下。”她内心一颤，声音有点儿发抖。

看着眼前这个小姑娘紧张的样子，带头的汉子笑了，“我们是大庆油田的，在苏丹打井，箱子里装的是设备配件！”

“这是什么？”一个30多岁的工作人员急匆匆地赶了过来，他拿起一根钢管问道。

“测斜仪内筒。”带头的汉子说着从箱子里拿出了一张材料清单，递了过去。

看到清单上面印有大庆油田的字样以及详细的配件名录，工作人员点了点头，笑着说：“真是抱歉！耽误你们时间了！大庆油田我知道，工业学大庆嘛！但有一点我不明白，这些配件还需要你们自己背？”

带头的汉子的回答打消了大家的疑虑：“我们的运输保障是没问题的，可有些高耗易损件，急着用，我们就自己背点，省点钱嘛！”

原来苏丹长年战乱，好多急用的配件买不到，即使个别配件能买到，也要比国内贵好几倍。李新民总觉得好不容易赚点钱，又让苏丹人赚走了很心疼，后来他就想出了这个主意。队友们还给自己起了个时髦的名字“背包客”。

“明白了，你们可真不容易啊！不过超重了，随我去办一下手续吧。”

“不用了，把超重的部分算在我们头上。”排在身后的几个热心乘客看此情景，纷纷向工作人员递上了机票。

就这样，1205 人用血肉双肩，搭起了一座永不停歇的国际“钢铁运输线”。这些沉重的“铁疙瘩”跟随大庆石油人，漂洋过海，在异国的土地上为 1205 队打响钢铁品牌！

兄　弟

苏丹的雨季连个招呼都不打，来得是那么突然。不知名的动植物仿佛一夜之间就冒了出来，毒蛇、蜘蛛、蝎子时不时地到驻地做客，野蜂每天像战斗机一样在井场上空盘旋。

在高温潮湿的雨季里，许多人都得了湿疹。好几天了，李新民总觉得电焊工张福学走路的姿势有点奇怪。

下班后，他来到寝室，正拿着药瓶擦药的张福学看到了队长，便紧张地拉过一件工服遮住自己的下身。

“都是男人，遮遮掩掩的干啥？”李新民一把揭开工服。

这一揭让他大吃一惊！

只见张福学的大腿根溃烂了一大片，像没有皮肤一样赤红，有的地方虽结了硬痂，可因为活动又裂开了血口子。

李新民一阵心疼。这就是 1205 人！流血流汗不流泪！个个都像钢铁战士！

走出宿舍，李新民独自来到电焊间，忙了一个晚上。

当一件焊品递到张福学手中时，他愣住了。

这是一只铁凳子，为了能坐上去舒适些，凳面还结结实实地包上了一个枕头。

“兄弟，别嫌哥焊的水平差，坐着干活，看能不能舒服点？”李新民笑着说。

望着李新民双眼的血丝，张福学哽咽了。

“队长，你……我……谢谢！”

那一刻，暖意的潮水像止痛药一般漫过张福学的心田，这个铁打的汉子没有因为伤痛而流泪，但在兄弟情义面前，激动的泪水再也止不住了……

在张福学这个专业焊工眼中，这的确算不上一件精美的焊品，可这却是一份金子般的手足之情啊！

不论领导，还是队友，都佩服李新民是个有心人。“有心”的背后，是真心、真意、真情。

那是 2010 年 8 月的一天，甲方监督穆罕默德气势汹汹地来到井场。

“你们这是怎么回事？”

周围的人都觉得莫名其妙，诧异地望着这位头发花白、工作了 40 多年的老钻井人。

“你们这是要干什么？怎么把‘密斯特’李这样的人都给裁了！”

大家一听都忍不住哈哈大笑。这一笑穆罕默德更加恼怒了：“Why？Why？‘密斯特李’走了，这井还怎么打？”

队员们赶紧上前解释。“我们李队可不是被裁，他是升职了，去伊拉克当项目经理了！”

在穆罕默德心中，李新民既是让他放心的乙方带头人，也是他为数不多的中国朋友，他实在是舍不得啊！

原来，李新民有一个习惯，无论在苏丹还是在伊拉克，每天早晨都坚持到现场监督住处拜访，和他们聊聊天气、聊聊心情，聊聊一天的生产情况。

有的监督喜欢吃中餐，他就关照食堂每天都特别做几样送去。在苏丹时，穆罕默德喜欢吃西瓜，可旱季根本买不到，为了满足他这点口福，李新民让细心的雇员收集起西瓜籽，竟在驻地种起了西瓜。就这样，他和每名现场监督都建立起了深厚友谊，彼此信任、支持。

穆罕默德后来在 QQ 里跟李新民说："你是给我提意见最多的人，也是我最信任的人——你让我明白了大庆的队伍为什么是 NO.1，我尊敬你！"

李新民的真情厚谊像沙漠里的清泉，无时无刻不温润着身边的每一个人。

每逢李新民轮转回苏丹，他都会采购一批电子表、小工艺品，发给当地雇员。望着他们心满意足的样子，李新民十分欣慰。

想当初，这些雇员前一天还握着羊鞭子，第二天便进了井队，啥活儿都不会干。让他们紧螺丝，能一直把螺丝拧断，让他们擦设备，只要不喊停，能把油漆擦掉了。多让人头疼的事啊，可李新民说："在 1205 队待一天，也是咱 1205 的人。"

李新民安排中方人员为他们培训，手把手地教会了他们打井、干活。年底表彰先进，这些雇员中的佼佼者被请上了奖台，披红戴花，授奖状、发奖金，他们从来没得到过这种鼓励和肯定，一个个激动得像孩子一样手舞足蹈。

在苏丹的 5 年里，李新民把 150 多名毫无经验的当地人带成了合格钻工，有 20 多人还走上了井架工、副司钻的岗位，越来越多的雇员愿意来 1205 队，愿意跟着李新民干。

"开饭喽！"

当队员们走进餐厅，灯突然灭了，随即闪起了点点烛光。

"小骆驼，生日快乐！"

"小骆驼"是当地雇员中的一个，说起这名字，还有个小典故。1205 队一直沿袭着给每名队员过生日的传统，在登记这名非洲雇员的生日时，他却回答："我不知道是哪天，妈妈说，我是和家里的小骆驼一起生的！"

大家都被这话逗乐了。苏丹由于长年战乱，当地人生活贫穷，孩子多，记不住生日是很平常的事。李新民告诉厨师，把进队那天当作他的生日。"小骆驼"随后被大家叫开了。

面对蛋糕、蜡烛，"小骆驼"双目闪闪放光，不停搓动着两只黑黢黢的大手。在汉语、英语和阿拉伯语混唱的生日歌中，他没有去吹蜡烛，而是原地蹦了几个高，张开长长的胳膊，给了李新民一个狠狠的拥抱。

⊙**李新民**，男，1967 年出生，黑龙江省泰来县人。1990 年毕业于大庆石油学校钻井工程专业，1994 年加入中国共产党。曾任 1205 钻井队第 18 任队长，现任大庆油田中东分公司经理、党总支书记，大庆钻探工程公司国际事业部哈法亚项目部经理。李新民践行铁人精神，"宁肯历尽千难万险，也要为祖国献石油"，带领 GW1205 队成功开拓国际市场，在海外叫响中国石油品牌，创下了一系列奇迹，被誉为"大庆新铁人"。曾荣获中央企业劳动模范、全国劳动模范等称号，被中宣部定为全国重大典型——"新时期产业工人实现中国梦的优秀代表"。

《冬季施工》（油画）陈默

第二章 传家之宝

CHUANJIA ZHIBAO

身在铁人战斗过的热土，汲取铁人精神的力量；
优良传统代代延续，执着在钻塔上闪闪发光；
心中有阳光、脚下有力量，大庆精神、铁人精神激励新一代石油人在成长！

三点定乾坤

这是一场真正军事行动式的“火力侦察”，更是石油史上浓墨重彩的一笔。

1959 年 9 月 26 日，位于黑龙江省大同镇高台子村的松辽盆地第三号基准探井（简称“松基三井”）喷出工业油流，昭示着大庆油田的被发现。这个油田到底有多大？石油工业部领导决定，以松基三井为中心，在高台子和葡萄花构造上，继续扩大勘探范围。

1959 年 12 月，余秋里从北京来到大同镇实地考察葡萄花地区的石油勘探情况。

“同志们，这些天来，我跟大家一样高兴，看到松基三井出了油，谁不高兴？要说高兴我是最高兴的一个，但我又是一个最高兴不起来的人！为什么？”土坯房子里，正当前线将士和技术人员都在为眼前的光明前景喝彩时，部长余秋里竟然问了这样一个问题。屋子里的气氛一下变得紧张起来，连翁文波这样的大地质学家都感到惊愕。

“是啊，为什么呢？”余秋里抬起右胳膊，摸了摸自己光秃秃的额头，神情凝重而又严肃地扫了一遍屋子里的所有技术人员。突然他的右臂从空中猛地落下：“因为在大家一片喝彩声中，我要提个反面的意见，这个意见就是过去石油勘探的经验和教训告诉我们的：一口井出油并不等于是一个构造的出油！几个构造有油并不等于连片有油！一时高产并不等于长期高产！”

余秋里收回锋利的目光，诚恳地说道，“所以，同志们务必保持清醒的头脑，继续做更加深入、更加细致的工作！”

“按照世界上找油的基本规律，一个大油田从发现到搞清它的储量至少得三五年。这也是发达资本主义国家才能做得到的。”翁文波说。

“三五年我们哪受得了？”余秋里“噌”地从炕上跳下来，把手中的烟蒂往脚底下一踺，然后在烟雾腾腾的低矮的小坯房里来回走动起来。“同志们，你们都是专家，我们能不能采取些打破常规的勘探方法，争取以更快的时间完成勘探任务，摸清这个‘敌人’的底细？”

不过这回有人把皮球踢给了余秋里：“比如呢？”

“比如，我们能不能将所有布下的勘探井分为三类：第一类井只管往下打，不取芯，把电测、综合录井的资料搞好，争取用最快时间掌握控制含油层；第二类井则在油层部位全部取芯，以掌握油层特征，为计算储量取得可靠资料和数据；第三类井是在构造的边缘打深井，以便通过分组试油等措施，确定油水的边界到底在哪里？最后再把这三类井所取得的各种资料合在一起，相互验证，这样是不是也可以达到你们地质勘探教科书上的技术要求，从而实现了解这一地区的油层和圈定含油面积之目的？”

翁文波站起身道：“余部长，你的意见不仅可以，而且非常好！”

第二天，余秋里又是一整天的跑野外、转机台、找人谈话，在冰天雪地里与工人和技术员们一起摸爬滚打。

“余部长！余部长！”余秋里刚刚从井台回到大同镇那个“豪华”招待所，张文昭和杨继良兴冲冲地揭帘而进。他们一边哈着寒气，一边迅速展开手中的图纸，异常兴奋地说：“快来看看地质部长春物探大队的同志刚刚送来的大庆长垣地震构造图！”

一张 1/100000 比例的地震图纸在余秋里面前展开。张文昭道：“余部长，图上现在除了南部构造这一块外，我们通过这图可以清晰地看出北部杏树岗、萨尔图和喇嘛甸这三个高点，它们不但和重磁力、电法显示的轮廓和高点吻合，而且这些构造的范围和高点的位置也清清楚楚。”

“北边的构造显示告诉我们，那儿值得去大干一番。因此我考虑把咱们原来的勘探作战方案做些调整，在北边三个构造的高点上各定一口井，立即着手进行‘火力侦察’，彻底把这王八盖子底上的储油情况弄个明白！你们看怎么样？”余秋里说话像扫机枪似的，用的也是一串串军事术语。

“李德生！你看呢？”余秋里喜欢这位他曾经批评过的年轻人。

李德生说：“余部长，这回我一百个赞成你！”

余秋里的右巴掌一下重重地落在年轻人的肩上，不无信任地说：“谢谢。”又说，“既然这样，我把这三个井的设计任务交给你了，得用最快的速度搞出来！一会儿就去！张俊院长你看可以吗？”

张俊说：“可以。”

“是！部长你放心！”李德生道。

漫漫风雪里，李德生和邓礼让带着一个测量小组，驶车从大同镇出发，一直向北边大草原穿越。那一望无边的雪地里，他们连口冰水都顾不得往嘴里灌。第一口萨尔图高台子上的探井很快确定，当时定名为萨一井，后重新排序叫“萨 66 井”，该井定在萨尔图镇以南、大架子屯北一公里左右的草原上。李德生刚把井位确定，邓礼让就调来 32149 钻井队。而李德生则带着测量小组，继续沿着冰天雪地向北前进，目标是安达县义和乡大同屯南 1.5 公里的杏树岗构造高点，又在这儿确定了第二口——杏 66 井位。随即他们又继续向北边，到达喇嘛甸构造高点的那处距卅嘛甸镇红星猪场北一公里半左右的地方定下“喇 72 井”。紧接着邓礼让又先后调度两次钻井队奔赴后面两个井位……这是一场真正军事行动式的“火力侦察”，更是石油史上重墨的一笔。因为最早的松辽普查勘探工作一直是在原长垣构造南部地区的葡萄花高台子上，松基三井就在这个构造上。按照一般的勘探程序，一个地区打出见油井后，都是采用十字剖面布井办法，以两公里左右的井距依次向左右展开勘探，以其方法一面扩大侦察地下储油面积，另一面探明油水边界。现在余秋里完全打破了常规，他让李德生、邓礼让定下的三口井，从松基三井所在的大同镇一下甩到“王八盖子”构造的北边 150 多里外的萨尔图和喇嘛甸子。这在石油史上是没有的，这也是只有余秋里这样气吞山河的军事战略家才能想得出的决策。

之后，在三口井分别获得了高产油。第一口“萨 66 号”井，于 1960 年 2 月 20 日开钻，3 月 13 日完井，初试日产量达 148 吨。如此高产量油井，如此厚的油层，如此好打的油井，在中国石油勘探史上也是第一次。出油那天，工人们简直发狂了，他们说自己真的掉进油海了！喜讯传到石油部时，六铺炕的石油大楼里一片欢呼，人们都在感叹道：“没想到！没想到！”似乎说一百个、一千个“没想到”都不过瘾。

继“萨 66 井”采到富油区后，在杏树岗构造上的“杏 66 井”也于 1960 年 4 月 19 日喷油，日产 27 吨。最北边的喇嘛甸子构造上的那口“喇 72 井”更是让余秋里和石油部上上下下美滋滋了好几天，因为那口井日喷油高达 174 吨！

至此，大庆长垣构造正式被确认是富油区，而且是个世界级的大富油区。

这是一个让余秋里激动不已的大“金娃娃”！这是一个让全中国人民激动不已的大“金娃娃！”

三老四严

三老：对待革命事业，要当老实人、说老实话、办老实事；四严：对待工作，要有严格的要求、严密的组织、严肃的态度、严明的纪律。

1962 年是大庆油田会战的第三个年头。在那个特殊时期，大庆油田的开发对外正处于保密状态。但在会战现场，到处都热火朝天，斗志昂扬。会战职工通过学习毛泽东的《矛盾论》《实践论》，科学开发油田成为大家的共识。

进入九月，天气渐渐转凉。气温的降低，让原油结蜡的速度更快，采油工清蜡成为工作中必须重视的一环。由于大庆原油含蜡高，在原油从井底往上升的过程中，随着温度的下降，蜡便从原油中逐渐析出、凝固，并不断附着在油管内壁上。若不及时清除，油管内壁直径就会逐渐变小，甚至造成蜡堵，使油井不能正常出油乃至停产。会战初期，油井清蜡普遍采用机械清蜡法，就是用清蜡钢丝把刮蜡片下到井里后，靠油流的冲击使它旋转，刮掉油管内壁上的蜡。这种方法有一个问题，就是在用绞车往上起刮蜡片时，容易把它挤扁、变形，甚至掉进井里去，造成关井停产事故。所以每次清蜡前后，都要进行严格细致的检查，以保证每次清蜡都十分彻底，不出事故。

一天上午，采油指挥部第三油矿采油四队队长辛玉和到这个队负责的西六排2号井去检查。途中，他看到新来的徒工小孙急匆匆地往井上赶，小孙手里拎着一个崭新的刮蜡片。辛玉和有点纳闷：小孙手上的那个刮蜡片是前几天刚领的，怎么又坏了？于是，他返身回到队上，来到材料库。

“队长。”材料员见队长来，迎上来打招呼。

“我刚才看见小孙拿个刮蜡片急匆匆上井。前几天他不是刚领过一个吗？”

“队长，是这么回事——”材料员拿出一个变了形的刮蜡片说，“小孙今早清完蜡，也没有注意检查刮蜡片是不是起到井口，就赶紧去关清蜡闸门，结果，把刮蜡片挤扁了。为了不耽误清蜡，就跑回来找我，还让我替他保密呢！”

走出库房，辛玉和的心情久久不能平静。一个小小的刮蜡片本身不算什么，但小孙刻意隐瞒事故，缺乏一个石油工人起码的老实态度，这样下去，会出大问题。此时他又想起不久前的一天，他到一口井上检查工作，值班工人正用卡尺测量刚从油井里起出来的一个刮蜡片，他站在一旁仔细看他操作。当这名工人量完刮蜡片下端时，他凭着多年的工作经验觉得有误差，当即接过卡尺重量了一次，果然发现误差0.1毫米，于是马上将刮蜡片扩到规定要求的尺寸。他严肃而又耐心地对这名新工人说：“0.1毫米虽然是个很小的数字，可是咱们却不能小看它，有时一丝一毫的差错，就会造成重大损失。今天直径小0.1毫米，明天再小0.1毫米，时间一长油管内壁就会结很厚的蜡，不仅会影响油井产量，而且很可能造成蜡堵。”这名工人听完他的话心悦诚服地连连点头。今天又出现了小孙这件事，这反映出这一段时间以来，队里只忙着新井投产，放松了思想建设，对职工没有提出严格的要求。

想到这儿，辛玉和决定找小孙谈谈心。他骑上自行车向小孙负责的油井奔去。来到井场，小孙正在擦洗井口设备。见到队长，小孙的表情有点儿不太自然。

辛玉和问："这口井清完蜡了吧？"

"清完了，队长。"

"含蜡情况有变化吗？"

"比夏天热的时候结蜡多了。清蜡的时候能感觉出绞车吃劲了。"

辛玉和开门见山地问："刚才我看见你拿个刮蜡片上井。前几天你不是刚领过一个吗？"

小孙感觉今天队长是有备而来，自己可能隐瞒不了啦，就如实进行了汇报。

辛玉和没有生气，而是心平气和地说："这么大个油田，我们开发没有现成的经验，所以会战工委号召我们学习毛主席的《矛盾论》《实践论》，要抓主要矛盾，要边实践边总结边完善，但前提是，必须建立在科学求实的基础上。"

顿了一下，辛玉和说："科学求实是什么？就是不能弄虚作假。干好工作，没有一个老实态度是不行的，对任何事情，丁是丁，卯是卯，对就是对，错就是错。"

小孙也认识到了自己的错误。他检讨说："队长，我错了！当时自己想，反正刮蜡片没掉到井里，换一个算了，别人也不知道，以后在工作中自己注意一点儿就行了。没想到这种说假话的行为欺骗了组织，欺骗了领导。"

一般而言，因工作疏忽挤扁了一个刮蜡片，领导批评了，本人承认了错误并做了思想检讨，事情也就可以过去了。但为了用这件事教育全队的职工，辛玉和和党支部书记李忠和商议后，于第二天在小孙管的那口井上召开"事故分析现场会"。李忠和重点讲了事故原因及对待事故的态度问题，他说："采油工人的工作特点是单兵作战，没有老老实实的态度、严格的要求，是管不好油井的。"小孙越听越坐不住，当即站起来，激动地表示："指导员、队长，我要把那个变了形的刮蜡片挂在自己管的油井上，我要天天上井看到它，时刻不忘这个教训。”

辛玉和说：“干部是带队伍的人，我们怎么带，队伍就怎么走。我们不能严格要求自己和别人，队伍就不可能具有高度的革命自觉性。事故出在小孙，可根子在我身上，我这个队长只顾埋头抓生产，放松了职工的思想教育工作，我也有责任。”

职工们纷纷表态说：应该把那个变了形的刮蜡片挂在队上，让全队的人天天看到，时时想到，小孙的教训也是大家的教训，要说老实话，要办老实事，要做老实人，对每一件事要严格要求自己，这样才能管好油井。

队党支部因势利导，在全队开展了一个“当老实人，办老实事，说老实话，严格要求，严明纪律”的活动。同时党支部还制定出了“干部上岗，工人监督，要求工人做到干部首先要做到”的制度。从此，在三矿四队，法兰不能缺一颗螺丝，阀门不能有一滴渗漏，报表不能有一处涂改。严细认真干工作的风气在全队逐渐形成。

1963 年 9 月 12 日，战区召开工作会议，总结会战以来加强基层建设、培养队伍作风的经验，形成“三老四严”。同年 10 月 9 日，《中华人民共和国石油工业部条例》对“三老四严”的内容进行具体阐述，并要求在全国石油系统贯彻执行。1964 年 2 月 24 日，会战工委作出“关于开展向采油三矿四队学习的决定”。全战区立即掀起学四队、赶四队、超四队的群众性活动热潮。最终，“三老四严”不仅成为大庆精神的主要内容，也成为今天石油精神的重要传承内容之一。

四个一样

四个一样：对待革命工作要做到黑天和白天一个样，坏天气和好天气一个样，领导不在场和领导在场一个样，没有人检查和有人检查一个样。

1961 年 7 月，采油指挥部第二油矿采油五队成立了 5 排 65 井组，由李天照任井长，杨正培任副井长，带领全井组 11 名职工管理 3 口自喷井，值班中心岗设在 5 排 65 井。后来人们把这个井组称为李天照井组。

一个夜晚，草原上一团漆黑，伸手不见五指。半夜 11 点半，采油队长白荣岗来到李天照井组检查工作。这天夜里，副井长杨正培值班。杨正培和白荣岗一同来到 5 排 65 井组，检查夜班工人交接班情况。他们没有声张，就在暗中看工人怎样交接班。只见两个同志正逐个检查井口设备上的 46 个点。在分离器房前，接班的工人李润纪用手摸摸量油玻璃管，摇摇头说："不行，上边有油渍，你擦干净了我才能接班。"交班工人二话没说，拿起一片毛毡把玻璃管擦得亮晶晶的。

第二天早上，白荣岗队长在职工大会上讲述了他夜查 5 排 65 井组的事，表扬了交接班工人的做法。他说："我们要把黑天和白天干工作一个样，作为全队各井组的一条准则，自觉遵守。"

7月的一天中午，瓢泼大雨倾盆而下，65井组的井场周围积满了没脚深的水。一小时一次的检查时间到了，可雨还是下个不停，学徒工刘玉智从值班房里探出头来，看天露出了一线亮光，连忙对井长李天照说："井长，这雨下不长，等雨停了再去检查吧！"李天照望着外面大风裹着豆粒大的雨点，砸落在地上溅起的一层层水泡，这么大的风雨，水套炉能不能呛风倒烟呢？他斩钉截铁地说："不行！"说着，李天照操起工具冲进大雨中，刘玉智紧跟其后。他们仔细检查了采油树、分离器后，沿着干线堤去检查加热炉。在风雨交加中，两人几次跌倒了又爬起来，走近加热炉时发现，加热炉底部已经进水了，火苗挟着黑烟呼呼地从炉口往外喷，炉火眼看就要被呛灭了。李天照拿起铁锹，挖了3条小沟，排出积水，重新调好合风，然后一直站在雨中等到加热炉燃烧正常后，才和刘玉智回到值班房。他对刘玉智说："小刘啊，越是坏天气，越是容易出现问题，干工作，要坏天气和好天气一个样。"

刘玉智仔细想着井长的话，并且把"坏天气和好天气干工作一个样"一字一句记在工作记录上。

一天夜晚，李天照冒雨来到井场检查工作，距离检查时间的20点还差3分钟时，井场上的照明灯亮起，值班的张加祥拿着一把管钳，走进井口房，仔细检查着采油树上的每一个闸门，而后沿着管线向前检查去了。等张加祥回到值班房，李天照说："你今天检查得挺严格呀！"张加祥没想到自己的井长冒雨上井，心里热乎乎地答道："井长，你不用操心了，干活嘛，领导在不在，咱都是一个样。"李天照一拍大腿说："你说得太好了，领导在不在，干活都一个样，这一条也定为咱们井组的一条纪律吧。"

李天照井组执行设备挂牌制度，凡是启动的设备，开着的闸门都挂着"开"字牌，停运的设备、关着的闸门就挂上一个"关"字牌，以便大家随时掌握设备运行情况。一天夜里，零点刚过，李天照悄悄上井，把套管闸门上的“开”字牌换上了“关”字牌。第二天一大早，他又去检查，看到夜班工作记录本上写着：接班时，套管闸门开着，挂着“开”字牌，夜里一点检查时，套管闸门开着，却挂错了牌，不知何人把“开”字牌换成了“关”字牌。

李天照看完就笑了，夜班工人于贵业问道：“井长，是不是你动了我们的牌子？”

李天照笑着说：“对了，我就是想检查检查你们哩。”

于贵业严肃地说：“那还有啥含糊的，查不查俺都是一样干工作。”

李天照听完这句话，沉思了一会儿，就把“查不查都一样干工作”这一条也记入井组的纪律中去。

李天照井组就是这样凭着高度的自觉性，兢兢业业地干好采油工作，在全战区被评为五好红旗井组。从 1961 年建组到 1964 年，井组管理水平达到“十过硬”、管井工人达到“十能”。1964 年初，新华社记者来到井组，把他们井组的做法总结归纳为“四个一样”，以长篇通讯形式发表在《人民日报》和大庆《战报》上。会战工委多次到他们井组召开现场经验交流会，“四个一样”很快传遍了全战区，成为会战职工的自觉行动。

《奔向新井场》（中国画）邵国生

五毫米看作风

自觉从严，好字当头，铲掉的这5毫米混凝土，就是马马虎虎的低标准思想和凑凑合合的坏作风。

1964年2月28日，油建指挥部的领导，各大队、中队的干部以及机关干部、工程技术人员和工人共604人，在总机厂的建筑工地上召开现场会。走进会场，首先映入眼帘的是一堆长长的钢筋混凝土大梁，这些材料放在会场里实在是让人觉得突兀和难以理解，人们不禁在心里暗自揣摩起来。

会议开始了，油建指挥部指挥的一番话终于让人们明白了那堆东西的特殊作用。这位指挥在会上没有作报告，也没有作指示，却代表领导首先在会上作了检讨："由于我们思想里缺乏高标准，工作不深入，检验不严格，这些大梁的少数地方比规定的质量标准宽了5毫米。这是我们的责任。"人们的目光再次投向这10根10米长的钢筋混凝土大梁。可看了半天，人们发现这些大梁表面光滑，根根粗细一个样，即使最能挑剔的人也难以找出毛病来，不由得在心里嘀咕：5毫米不过一片菜叶，值得为它兴师动众地开一次几百人的现场会吗？

"开这个现场会很值得！"党委书记的话掷地有声，他说："好作风必须从小培养。只有抓住微不足道的小问题，才能防微杜渐，避免发生大问题。”

领导带头检讨，大家坐不住了。负责施工的二大队六中队的职工检讨了他们没有做到“人人出手过得硬，道道工序质量全优”；工程技术人员检讨了他们没有严肃认真地执行验收标准，质量关把得不严。

检讨完之后，指挥部领导抄起榔头、扁铲等工具，冒着寒冷，光着手把大梁上宽出的 5 毫米铲掉、磨光。大家说：“这铲掉的哪里是 5 毫米混凝土，分明是马马虎虎的低标准思想和凑凑合合的坏作风。”

现场会后，自觉从严的好作风在工作中处处体现出来。以“自觉从严，好字当头”而闻名的油建十一中队，在看距中总结到：看别人的成绩，要用放大镜，点滴不漏，发扬光大；找自己的缺点要用显微镜，不放过一个低标准；前进中要用望远镜，站得高看得远；解决问题要用聚光镜，抓住主要矛盾，从根本上改正。

从此，油田上下狠抓这四面镜子，天天照、人人照，照出了高水平，照出了高标准，照出了前进的方向。

一把火烧出岗位责任制

事事有人管，人人有专责，办事有标准，工作有检查。

1962年4月1日，大庆油田北二注水站完成投产，罗政钧被任命为第一任站长。全站140多人，管理着13个配水间和全矿的注水井，“点多、线长、面广”，管理难度很大。罗政钧正准备向中一注水站学习管理经验，意外却发生了。

1962年5月8日凌晨4点多，入睡不久的会战副指挥兼采油指挥部指挥宋振明被一阵紧急的敲门声惊醒。外面有人喊道：“宋指挥，中一注水站失火了，快、快……”宋振明赶到现场时，房屋已经落架，注水站被烧成了灰烬。

宋振明急忙去会战指挥部，向总指挥康世恩汇报：“康部长，中一注水站发生火灾，烧光了。”

“什么？烧光了！”康世恩异常惊讶，吩咐采油指挥部常务副书记王瑞龙把情况汇报清楚。

5月7日夜，风很大，有五级左右。中一注水站三号柴油机排烟管漏出火花，被风吹进房顶的保温层内，保温用的锯末也燃烧起来了。零时十五分左右，值班工人发现从屋顶掉下火星，立即派四名工人上房检查。他们检查发现房顶外已有火苗，立即用灭火器上房灭火，但七个灭火器只有五个能用，灭火器用完还是没能把火扑灭，才想起用消防水龙头。本来这套消防设备是完好无损的，但是他们平时不爱惜，常常用消防带排污水，随用随丢，逐日烂掉。100 米长的消防带到灭火时只剩下 7.3 米，水枪头也早已不知去向。当火起时，虽然消防栓距离起火点只有 20 米，但这套设备已完全失效，只能等消防车来灭火，而等消防车赶到现场时，大部分厂房已经烧着了。

宋振明等人离开后，康世恩立即打电话向在北京主持石油工业部工作的部长余秋里汇报。余秋里立即赶来大庆。此时，采油指挥部已发动群众就中一注水站火灾事故，广泛深入地开展讨论。余秋里查看了火灾现场，听取了采油指挥部领导的汇报，认为这次火灾暴露出来的问题，主要是生产管理紊乱，工人岗位职责不清，缺乏必要的规章制度。正像职工在讨论中所说的："想把生产搞好，就是不知道怎么个搞法，没有门路。"基层干部反映："整天忙忙碌碌，什么事情都管，结果还是出毛病。"针对以上问题，余秋里对采油指挥部领导说："基层的工作是基础，很重要。基层存在严重问题，反映了领导工作的不足。中一注水站的问题说明基层工作薄弱，要通过这件事全面总结教训，加强基层工作，加强生产管理。要同老工人、技术干部研究，把各种规章制度建立起来，完善起来。"

余秋里事后还多次召开会战工委会议，提出 1962 年的工作方针是：加强基层工作，开展五好红旗队活动，大力改进作风，全面管好生产。

5 月 29 日，会战工委组织全油田各指挥部的书记、指挥和职工代表来到中一注水站火灾现场，召开总结教训大会。当天，《战报》全文刊载了这次事故的调查分析情况报告，并发表了《加强基层工作，开展五好红旗队活动，大力改进作风，全面管好生产》的评论。

重大的损失，惨痛的教训，让人们冷静与清醒。会战工委组织群众开展了一个多月的"一把火烧出的问题"大讨论、大分析、大总结。

5 月 29 日晚，北二注水站站长罗政钧和指导员秦时栋带领员工对照事故查找问题，梳理责任。讨论中，大家不但明确了发生火灾的原因，也明确了每个人的岗位责任。大家一致认为，必须建立合理的规章制度。罗政钧开始详细记录北二注水站的 80 口井、13 个配水间、1 个注水站、1 个污水处理站的资料，同时按照每个人的岗位，划分了岗位职责。“岗位专责制”应运而生。“岗位专责制”详细到了谁在哪个岗位、岗位职责是什么，怎么交接班、怎么抓安全、怎么检查设备、怎么填写报表，操作规程是什么等细节，形成了人人有专责、事事有人管、办事有标准、工作有检查的管理模式。于是，岗位责任制开始在全站各班组推广。之后，这一管理制度继续细化完善，形成了“交接班制度”“巡回检查制度”“设备维修保养制度”“质量负责制”等。岗位责任制很快发挥了作用，北二注水站的设备完好率由 25% 提高到了 100%，生产运行也很顺利。

会战指挥部十分重视北二注水站总结制定的制度，并把在钻井队、采油队、施工队和机修车间等试点单位总结出的“岗位练兵制”“安全生产制”“班组经济核算制”归纳在一起，总称为“岗位责任制”。

1962 年 6 月 21 日，周恩来总理到北二注水站视察，看到了墙上的“岗位责任制”。周恩来总理笑容满面地问：“这是你们搞的吗？”听到罗政钧等人的肯定回答后，总理赞许地说：“这样做很好。”周总理的高度评价，鼓舞了工人的热情，也让罗政钧感到无比自豪。

此后，大庆油田在 1471 个基层单位中建立了健全的岗位责任制。国内一些煤炭、钢铁企业也组织人员到大庆油田学习岗位责任制。

人拉肩扛精神

石油工人一声吼，地球也要抖一抖。石油工人干劲大，天大困难也不怕！

1960年4月2日，太阳升起一丈高时，载着1205队钻机的列车徐徐驶进萨尔图站。当工人们看到那写有“玉门—萨尔图，1262队”大红字样的灰色大罐时，齐声欢呼、跳跃起来。刚刚从指挥部回来的队长王进喜用大手抹了一下兴奋的眼泪，在心里说：“老伙计，可把你盼来了！”

日思夜想的钻机是到了，可是怎么卸车、怎么搬运、怎么安装呢？王进喜和工人们遇到了一个从未遇到过的大难题！

我们通常说的“钻机”（有时又被称作钻塔、井架），包括井架、钻台、机泵和井场配套设备几大部分。1205队所用的这部编号“1262”的BY-40型中型钻机，包括一部高38.7米的井架、一个高2.2米的钻台和柴油机、绞车、泥浆泵、变速箱等十几台大小设备，还有发电机房、高架油箱、泥浆罐等配套设施，总重量有60吨，摆在地上一大片。这种钻机在玉门拆散搬一次家要用大吊车4部、大型泰拖拉越野汽车10部、拖拉机至少3台，而且要由专门的安装队来搬，钻井队只能做些准备和配合工作。在老矿搬家安装，这些条件是一样也不能少的。

可是，如今会战来到新区，这些常规条件暂时还不完全具备。刚刚组建不到一周的萨中指挥部，总共只有吊车一台、解放牌汽车十几台，拖拉机还没到位。

王进喜把全队集合到一起，问在朝鲜打过仗的支书孙永臣：“我没打过仗，你说要是在战场上遇到这种情况怎么办？是进还是退？是打还是坐下来等？”孙永臣说：“只能进，不能退，只能上，不能等，就是豁出命来也要上！”

王进喜接过话来说：“对了！我们大会战也像打仗一样，只能上，不能退；只能干，不能等！没有吊车，我们 37 个人就是 37 部吊车，汽车不够，我们有手有脚有胛子（肩膀），蚂蚁搬山也要搬。我们就是要靠我们自己的力量卸车搬运安装，早开钻。你们说行不行？”

“行！”全队齐声回答。

“好。还是那句话，有也上，无也上，天大的困难创造条件也要上！”王队长说完，甩掉老羊皮，在地上抄起一根撬杠，喊一声“跟我上”，就跳上了槽子车，打开了大厢板……

工人们也抄起家伙一个接一个地跃上了火车。

一场人与钢铁的较量、力量与困难的搏斗就这样开始了！粗犷的号子声响彻萨尔图车站。

大家把钻机拆卸成几大件，用滚杠滚、撬杠撬、推的推、拉的拉……棕绳把手勒出了血，肩膀被压得又肿又痛。许多人甩掉棉袄，只穿一件衬衣，全身热气腾腾。从 4 月 2 日早上干到次日凌晨，硬是将 60 多吨重的钻机设备全部运到萨 55 井井场。大家看到自己心爱的钻机全部运到新井位，横七竖八地在雪地上摆了一大片，心里无比高兴，脸上露出了初战告捷的笑容。

这时，安装钻机的难题又摆在了面前。王进喜高声对大家说：“同志们，现在，先到的队已经开钻，大家都在往前抢。我们钻机已运到井场，就要快安装、早开钻。困难这个东西，你硬它就软，你软它就硬。咱们今天要乘胜追击，一鼓作气，不让困难有喘气的机会。你们说好不好？”

“好！”小伙子们高声喊道。

“那就听我说说分工，没意见就按我说的干！”

靠人力安钻机这在1205队历史上是头一回。30多个人和60多吨重的钢铁肉搏，这可是玩命的活。王队长讲完计划布置完任务以后，大家立即分头行动，拴大绳、铺滚杠，拉的拉，抬的抬，撬的撬，生龙活虎地干了起来，号子声也随之响起。

钻台由上大梁、支架和下大梁（也叫船型底座）组成。安装它得先从摆正船型底座开始。这船型底座是整个钻机的“底”，像两只钢驳船一样，又大又沉。每块长10米，重4吨多。正常情况下，用大拖拉机拉也就几分钟的事。可今天没有拖拉机，一个小青年模仿队长的口气说：“没有拖拉机，咱们就是拖拉机。伙计们，上！”队友赵元和等人操起撬杠，一头插在底座下，一头双手握紧，戴祝文高喊一声“一二三”，大家蹲下身一起用劲，沉重的底座就被撬起一头，几个小青年麻利地把废拉杆当滚杠塞进去。挪个位置再一撬，又塞进一根。这就等于给这10米的大“船”安上了轮子，然后拴两条大绳。大家用力一起拉，“船”就滑动一小步……

王进喜站在两米开外，攥紧两个拳头，用他那唱秦腔的大嗓门发出了西北汉子粗犷而又豪放的吼声，他喊一句，大家应一声，“船”就进一步。

“咱们干劲大呀！”　　“嗨—嘿！”
“再难也不怕呀！”　　“嗨—嘿！”
“大家齐用劲呀！”　　“嗨—嘿！”
“底座往前爬啊！”　　“嗨—嘿！”

队长越喊越嘹亮，大家越拉越有劲，很快就把两块底座拉到了指定的位置。

泥浆泵就位是搬家安装的一项重点工作，属关键环节。一是因为两台泵是整套设备中最大最重的。每台长 3.3 米、宽 2.5 米、高 1.9 米，总重 7.5 吨，卸车搬运时“减了肥”，也还有 5 吨多。二是因为它要和钻台上的柴油机、泥浆立管连接，所以摆放位置要精确，差一点都不行。让它就位，常规下都是用红旗 100 号大拖拉机拉。不光是远距离，就是细微调整哪怕是动几厘米、几毫米也是用拖拉机拉，工人只需挥手指挥。因此，在搬家安装中，“对泵”成了要求很高的活。

眼下，没有拖拉机全靠人力搬运，要拉的不是最后校正的那几厘米、几毫米，而是要拉七八米。这又大又笨重的庞然大物硬靠人拉，其难度可想而知。

王进喜指着它对大家说：“我们人做事情，要人降物，不能叫物降人。你别看它大，它可是个纸老虎。动手干吧！”这时，阮建忠、张之贤等抬过一根 3 米长的压杠，通过事先用镐刨好的小坑，把一端插在泥浆泵下，然后垫上一块木头，杨天元等人在另一边也如法炮制插上了木压杠。插好以后，工人们一个接一个压到木杠上，大家使尽全身力气一起压，就把大泵撬了起来。几个年轻人把已经做好的滚杠塞到泵底，压一下，撬起一次，塞进一根……给整个大泵安上了一排滑轮。

滚杠安好了以后，又在泵的前面拴上四条棕绳，人分四排，用手拽着往前拉。剩下的人用劲往前推。王进喜一边喊着号子一边和大家一起拉大绳。

“同志们齐用劲呀！”王队长喊一句。

“哎—嘿！走—啦！”大家应一声。

大泵就在这号子声中，像蜗牛一样慢慢地爬动起来。

“同志们加把劲呀！”　　“哎—嘿！”

“咱们干劲大呀！”　　“哎—嘿！”

“再难也不怕啊！”　　“走—啦！”

“咱们一声吼呀！”　　“哎—嘿！”

“地球也发抖啊！”　　“走—啦！”

雄壮的号子声响彻大地，声震天宇。万斤大泵，就在这西北硬汉的吼叫声中缓缓前行！

大绳断了，换一根。

撬杠弯了，换一根。

这是力量与重量的较量，是王进喜和 30 多位工人用自己的血肉之躯同万斤钢铁在搏斗，是人的意志、决心和大会战中暂时的困难在拼争！

肩磨破了，工人们拿个手套垫上继续拉，继续推。

手出血了，撕块衣服大襟包上，接着撬。

就是在这艰难的拉扛中，两台大泵乖乖地走到了自己的“岗位”上！

人拉肩扛苦战三昼夜，巍峨的钻塔终于屹立在萨 55 井井位上。

后来，宋振明把王进喜人拉肩扛时喊的号子加工整理，变成了这样一首诗：

石油工人一声吼，地球也要抖三抖。

石油工人干劲大，天大困难也不怕！

这就是后来广为传颂的“石油工人一声吼”的诗句，它表达了中国工人阶级的豪迈之情，受到了毛泽东主席的称赞。1964 年，毛主席接见美国记者埃德加·斯诺时，斯诺问毛主席：“对当前反华大合唱，你有什么要告诉世界的？”毛主席回答：“我们先不说什么。我国东北新开发的大油田，有一个钻井工人说‘石油工人一声吼，地球也要抖三抖’。我们一发言，世界就有人受不了。”

干打垒精神

“六个传家宝”之一的干打垒精神是广大干部职工因陋就简、解决居住难题的艰苦创业精神。

大庆油田原是以畜牧为主的嫩江平原，远离大中城市，村落也很稀疏，而且没有公路网，冬季酷寒，最冷时达零下 40 摄氏度。

1960 年 3 月到 5 月，4 万多人的石油会战队伍在短短 3 个月的时间里，一下子集中到荒无人烟的大草原上，居住条件难以保证。

在如此严寒的地区，集中众多的职工和大量的设备，没有可靠的御寒手段，就可能冻伤大批的人，甚至还可能会冻死人，大量的设备也会被冻坏。若遇上当地群众都害怕的“大烟炮”暴风雪，则可能使会战陷入瘫痪。

在这种情况下，有人向会战指挥部提议，如果冬天实在过不去，可以在入冬前，把队伍和设备撤到哈尔滨、长春、沈阳、抚顺等地，来年春天再开上来。

对此，余秋里后来回忆说：“我权衡再三，认为不能走这条路。因为如果这样做，会战的有效工作时间，一年只有 6 个月左右，党中央批准的这场大会战，就会变成拉锯战或消耗战。这势必推迟油田开发的时间，给国家带来更大的困难。”

当时的黑龙江省委第一书记欧阳钦向余秋里和康世恩建议：有一种办法，就是搞东北老乡那种干打垒。这种房子，一可以就地取材，二可以人人动手，来得快，三可以节省木材，四是冬暖夏凉。所谓“干打垒”，就是北方农村都有的、最简便的用土做原料建筑的房子。

会战指挥部为此派出了一批建筑设计、施工技术人员，深入附近的城镇、村落，尤其是找民间木瓦匠，调查居民建筑的用材、设计、施工情况，发现附近城镇除主要公用建筑为砖木结构外，居民建筑大多是砖框土坯房和干打垒。这种土坯房厚墙厚顶，冬暖夏凉，就地取材，施工简单，造价低廉，是最理想的建筑。

经过调查研究，会战指挥部决定采用“干打垒方案”，发挥人多的优势，发动广大职工建造干打垒，渡过难关，并把这一任务交给了参加会战的石油工业部副部长孙敬文同志。

孙敬文先在二探区进行试验并成功盖起了 3000 平方米的干打垒。然后动员全油田各单位从 6 月 1 日开始，采取组建部分专业队伍和广大职工义务劳动自建相结合的形式建筑干打垒。专业队伍主要负责开赴林区拉运木材、加工门窗、制造施工工具、打羊草绺把子。全油田掀起了建干打垒的热潮。

建筑过程困难重重。进大兴安岭拉运木材的运输队，冒着严寒，跋山涉水，自己收集木材，吃冷馍、喝凉水、战泥泞，千里迢迢，拉出了大量的木材；采油、水电、机械加工等工种采取一部分人一人顶两人的岗位，挤出一部分人突击盖干打垒；钻井队伍和各级机关、科研、设计工作人员上班时间干工作，业余时间盖干打垒。当时在现场的部长、司局长、教授、专家也不例外，八小时之外拿起铁锹和木夯，一起加入干打垒会战中。会战职工白天开展夺油会战，晚上下班盖干打垒，每天劳动十五六个小时。

由于群众发动充分，各级领导干在前面，上上下下的积极性都发挥出来了。从6月份全面铺开，到9月底为止，历时120天左右，全油田完成了近100万平方米的干打垒，真正实现了会战指挥部提出的“人进屋、机进房、车进库、菜进窖”的目标。这些干打垒，都有火墙或火炕取暖，用天然气做饭、电灯照明，并装有公用的自来水龙头，基本满足了生活需要，保证了石油大会战的顺利进行。

随着油田生产建设的发展，油田逐渐建起了楼房，干打垒也逐渐退出了历史的舞台，但建干打垒过程中所体现的创业精神、艰苦奋斗精神仍在鼓舞着大庆人。

干打垒精神成为大庆艰苦创业的“六个传家宝”之一，体现了大庆石油会战初期，广大干部职工因陋就简、解决居住难题的艰苦创业精神。

五把铁锹闹革命精神

自己动手，丰衣足食。发扬“人拉肩扛”的精神，扛起五把铁锹走上艰苦创业之路。

1961 年，随着大庆石油会战轰轰烈烈地向纵深推进，一批批职工家属陆续来到油田。时值三年自然灾害，粮食不够吃，生存成为困扰会战职工的大问题。为了度过困难时期，次年 3 月，会战工委专门召开会议，分析形势，经过认真研究，决定把来矿职工家属组织起来，参加集体生产劳动，走“自己动手，丰衣足食，支援石油会战”的道路。钻井指挥部首先响应号召，成立了第一个家属生产队。

1962 年 4 月 16 日，家属生产队的第一批队员吕玉莲、王秀敏、杨晓春、丛桂荣 4 名家属在薛桂芳的带领下，带着一个不满四岁的孩子，扛着铁锹，挑着行李，到离基地 30 公里以外的荒原上去开荒。她们找到一处被人遗弃的破房框子，盖上篷布，抱来干草铺在地上当床，在里边住了下来，开始了被后人称颂为“五把铁锹闹革命”的艰苦创业之路。当时，由于荒原上常常有野狼出没，晚上，为了能放心睡觉，薛桂芳便把四把铁锹插在门口，一把铁锹枕在头下，对四位姐妹说：“你们放心睡吧，我给你们放哨。”天一亮，她们就扛着铁锹，领着孩子下地了。饿了，她们就啃上几口硬邦邦的玉米面饼子；渴了，就喝上一碗凉水。

四月的旷野，仍被料峭的春寒所笼罩，荒芜的土地表面虽已冰雪消融，但里面并没有化透，加上草根盘结，一锹下去，只划破一层地皮，不使出全身力气根本挖不动。五姐妹手上的血泡越磨越多，这个刚刚磨破，那个又鼓了起来，鲜血染红了锹把，但没有一个人叫苦。她们学习铁人王进喜“人拉肩扛”的精神，咬牙坚持挖地开荒。第一天，从早上 7 点开始，一直干到傍晚，全天奋战 11 个小时，才挖出了一亩多地。她们 5 个人 5 把锹，挖了 3 天，开出了 5 亩荒地。

她们在荒原上扎下根的消息很快传到了钻井指挥部，广大家属倍受鼓舞，踊跃参加。到秋后，队伍扩大到 32 人，收粮食 3500 斤。

1963 年，队伍扩大到 71 人，种地 92 亩，收粮食 3 万多斤。参加集体生产劳动的家属按当时的分配政策，每人分粮 400 多斤，菜 600 多斤，支援食堂 4000 多斤蔬菜，还响应党的号召，卖给国家余粮 6000 多斤。

后来，她们开荒种地的地方成为家属的农业生产基地，取名“创业庄”。她们这种壮举也被誉为“五把铁锹闹革命精神”。

1964 年 6 月，周恩来总理第二次视察大庆时，对大庆家属这种自力更生的精神给予充分肯定。

缝补厂精神

没有剪刀，从家拿；没有针锥，用废钢丝磨。160 多块碎布拼成的棉衣里子，温暖了钻井工人的心。

大庆石油会战第一年的冬天，布匹供应严重短缺。供应指挥部在会战工委的要求下找来 23 岁的转业战士、共产党员鄢长松，要他带领两名职工和五名家属办缝补厂。

鄢长松带着大家来到一处曾经喂牛的干打垒前，尽是枯草、残雪，还有一股刺鼻的牛粪味。没有剪刀，家属大嫂从自家拿来；没有针锥，就用废钢丝磨。数九寒天，他们的手被冻得裂开了一道道血口子。

冬去夏至，缝补厂已经稳步发展起来了。厂里成立了党支部，同时，分工为收旧、拆洗、缝补几个组，鄢长松担任厂长和党支部书记。他们把破旧的厂房改为流水作业线，又捡来废砖头，盖起简易的锅炉房，设成洗衣车间。收旧组的同志，每天都去工地给工人现场缝补衣服，然后收回破旧的工服和手套。拆洗组的同志，把回收的旧衣服拆开，洗净。这个活看起来容易，做起来可就难了。一件棉上衣，前线工人领取时才几斤重，穿着干一冬天活，泥糊油浸，收回时足有十多斤重，真是一摸一手油，一抖一阵灰。再加上一件棉衣绗了四十八道杠，被油泥一浸湿巴巴的，拆起来费事，一不小心就撕破了。洗油衣时，衣服一下水，锅里就浮上一层油泥。虽然已是一厂之长和书记，可鄢长松还是和家属大嫂一样，坐在地上一针一线地拆衣服。有时他到煮衣服的锅旁，不停地翻动着油污旧布，待水稍凉，他就跳进锅内手脚并用，连搓带揉起来。

为了最大限度满足前线工人的需要，缝补厂发明了“两旧一新”的棉工服。用比较结实耐磨的新布做衣面，用拆洗干净的旧布拼衣里，把收回的旧棉花弹一遍加点新棉花絮上，做成一套新的工服。在物资紧张的年月，这种办法发挥了很大的作用。

1961 年，缝补厂拆洗缝补劳保用品一万多件；第二年，制出“两旧一新”工服近两万件，还有大批手套。冬季施工时，最艰苦的钻井和作业工人都有了两套棉衣可以替换，再也不用披湿衣服上井了。

1966 年 5 月 4 日，周恩来总理到大庆缝补厂视察，看到用 160 多块碎布拼成的棉衣里子，十分激动。他握着鄢长松的手说：“你们做得好，要继续保持这种艰苦奋斗的精神。”

回收队精神

回收就是为国家创造财富。回收队精神，是大庆精神的重要内容之一。

1969 年 4 月底，铁人王进喜参加中共九大后返回大庆。在传达会议精神的群众大会上，王进喜在上主席台时，发现地上有根大头针，便弯腰拾起，看了一下，然后从上衣口袋里掏出一个折叠整齐的信封，把大头针收进去，又装回口袋。不少人被这个细节触动。

一天，王进喜到 1268 队钻井现场检查。钻台上收拾得规规整整，干干净净。王进喜弯腰从台面上拣起一个圆形的万能垫子，给正在打钻的苗树余看。王进喜说："小苗你说说，这个垫子值多少钱，有多大用处？新新的，加工一个多不易，把它扔了，等用时还找不到！"说完在老羊皮袄上蹭了蹭，装在里边的口袋里。

大庆会战是在特定的时间和条件下开始的，一上手时大家忙着抢时间创高水平，加上荒原交通不便，所以工地上的一些废旧物资和散失器材没有及时回收。1961 年加强了管理，领导一再强调"文明施工，工完料净"，但也难免有少数人把没用完的东西丢在荒原上。你丢一点我丢一点，加起来可不是个小数。“文化大革命”那些年就更不用说了，可以说是东西随便丢，物资器材到处扔。对此，整天在油田上跑的王进喜，看在眼里，疼在心上，他经常琢磨找个什么时间搞一次大规模的废旧物资回收，把那些宝物都拣回来。

机会来了。从北京开会回来，有几名老工人找王进喜提建议，要成立一个回收队，回收废旧物资。他把这个建议向领导做了汇报，又在钻井大会上做了专题研究，最后决定在钻井指挥部管辖下组建一个回收队。大家考虑王进喜年纪大了，身体不大好，又是中央委员，想让别人来分管这项工作。王进喜说：“我跑的地方多，知道哪里有货，还是我来管吧！”

1969 年 8 月，30 多人的回收队正式建立。队址确定在交通比较发达的张铁匠村。没地方住，发扬老传统，支起一顶帐篷；没地方吃，到附近的井队去吃；盖房子没木料，缺砖瓦，王进喜就领着大家到处拆旧房、扒菜窖、拖土坯、拣砖头，拆旧利废盖新房。

这时有人说：“老队长，你现在当领导了，又是中央委员，根本不用你说话，就写张条子，我们到供应指挥部领砖、领料，要啥有啥，何必费这么大劲呢？”

王进喜沉思了一下说：“你说说咱们回收队是干什么的？回收队本身是专门搞回收的，现在哪都有可用的废旧物资，我们不带头用，还要你回收队干什么？小同志呀，这可是关系到我们回收队举什么旗，走什么路的问题！我们不能辜负回收队这个光荣的称号。”

经过一个多月的苦战，回收队用收回的木料、砖瓦盖起了 2 栋土木结构的住房和一处能装 6 辆汽车的大车库，办公、住宿、吃饭、存车、修理都有了地方。

回收，离不了汽车，有的大件还得用吊车。上哪儿要？谁给买呢？王进喜想起了大庆交通监理所有很多一直无人认领的大车、小车，还有卡车；还想到钻井电测站已经报废的仪器车，仪器报废了，但车还是好的。于是，他便和这两个部门联系，把旧车拉回来，七拼八凑，修修补补，修复出八台解放卡车、一台吊车。就这样，第一批工作用车很快投入回收工作中。

回收队一建立，王进喜就和大家一起订计划、立规矩，嘱咐干部们要严格管理。为了做到明码建账、规范管理，王进喜特意从钻井器材库房调了一名技术员专门负责监督记账和器材管理。他给大家立下几条规矩：一是大的小的全都收，不要挑肥拣瘦，只要是散失的东西，哪怕一个小螺钉也要收。野外除了土不收，石头、沙子都要收。二是不光收，还要修复，对那些有用的器材要修整补焊，重新用。缺损的机器要重新修复拼装，实在没用的要回炉，总之要变废为宝，物尽其用。三是回收队每个人只有回收的责任，没有使用、处理的权力。回收的大小器材都要记账入库，最后交给供应部门统一处理。王进喜说："咱们回收是为了给国家创造财富。回收的东西哪怕是一颗螺丝、一粒沙子也要交给国家，谁也没有占有使用的权力。"

回收队很快进入了正常工作状态，干部和工人们每天分五六路早出晚归，把大量的散失器材蚂蚁搬山般地运回张铁匠村。王进喜只要不开会，没别的事，都要来和大家一起干。劳动中，他总是拣最累最脏的活来干。

一次，一个污水坑里露头一根角铁。有的人看见这臭水污油有些犹豫："等水干了再来刨吧！"王进喜说："不能等，搞回收也要抢时间。"说罢，他脱掉鞋子，挽起裤腿，走进没膝深的泥水里动手挖起来。大家也都跳进去跟着干起来。那天王进喜有些感冒，胃也时时作痛。工人们看他干得很吃力，就劝道："老队长，你赶快休息会儿，我们加把劲多干点就行啦！"王进喜说："你们加把劲，再加上我的劲，不是力量更大嘛！"

大家见王进喜总是在泥里水里和大家一起干，非常感动，更加于心不忍："老队长啊，你职务那么高，年龄又比我们大，来到现场，就是对我们的鼓舞，以后就多动动嘴，指点指点就行了。”

王进喜严肃地说：“不管我担任什么职务，我首先还是个工人，工人不干活怎么行，我最看不上那些指手画脚的干部。不动手就要忘本，不动脚就要变质。你们说要是忘了本变了质还算共产党员吗？”

大家很佩服，不仅赞许他这种精神，也称赞他那绝妙的语言。

虽然回收队的工作开始得很顺利，大家也干得热火朝天，但是非常艰苦，也特别累。这时“冷风”又吹起来了，有人嘲讽说“中央委员捡破烂是大材小用”“捡了芝麻，丢了西瓜”。在回收队内部也有人产生了怕苦怕累思想，不安心工作。有的人说“破人破车收破烂，年纪轻轻的干这个真没意思”；有的人则盼望着把计划中的大件收完，赶快散伙。

这时王进喜和指导员张学贵、队长王淦昌等一起研究，要加强队里的政治工作，搞好思想教育，多谈心；同时要合理安排工作，减轻劳动强度，做好队里后勤服务，搞好生活。

一天，回收队召开干部和职工大会，王进喜把大家带到摆满回收物资的料场上，指着排列整齐的像小山一样的油管和钻杆说：“同志们，我们收回来的大量钢铁管材是破烂吗？我们用收回来的钢铁件装起来的井架是破烂吗？不是！这都是建设社会主义的重要物资。这么多宝贵的东西，是自己跑到草甸子去的吗？不是！除了种种客观原因外，还有我们有些人思想里存在着家大业大浪费点没啥的坏思想！我们搞回收不仅仅是把这些东西收回来，更重要的是用行动向那‘浪费点没啥’的‘败家子儿’思想和坏行为开战。”

王进喜的讲话引起一阵热烈掌声，得到全队的欢迎和拥护。

回收队搞回收效果显著。第二年春天，张铁匠村原来那一片空地上，按照规格化的要求，堆满了钻杆、套管、油管和大大小小的各种收回来的器材、设备。

用回收部件装配起的大型钻机的井架，高高地刺向蓝天，顶尖上的红旗随风飘动，发出猎猎的响声。挂在井架上的大标语“自力更生，勤俭建国”向人们昭示：艰苦奋斗的传统不能忘。

在铁人回收队影响下，油田各单位普遍都成立了“回收小组”“节约小组”，增产节约、反对浪费在油田蔚然成风。

后来在总结大庆经验时，归纳出“回收队精神”，它成为大庆精神的重要内容之一。

修旧利废精神

作为“六个传家宝”之一的修旧利废精神，是大庆油田厉行节约、勤俭办企业的创业精神，促进了生产，团结了人心。

早在石油会战初期，大庆人心中就一直坚持勤俭建国、勤俭办企业的原则，十分注意搞好废旧器材的修复工作。

随着油田生产规模的日益扩大，器材和设备的消耗量逐年增加，每年都有很多的废旧器材要报废处理。为了挖掘企业内部潜力，做到物尽其用，给国家减少资金负担，1963 年，供应指挥部率先成立了修旧队，利用废旧材料修建简易厂棚，修复台钳、手钳、焊机等工具，承揽修复那些生产急需而供应又短缺的物料，满足生产建设的需要。

1970 年以后，各生产单位普遍建立了修旧利废车间、修旧小组等，大搞清仓查库、修旧利废，力求做到小材大用、短材长用、优材精用、缺材代用、一物多用，“吃干榨尽”。汽车修理厂的“修旧大院”就是由一个修复组逐步发展起来的，自制各种土设备 20 多台，建立了以焊、补、喷、镀、铆、镶、配、改、校、粘为主体的修复作业线，担负起各种汽车配件修复工作。仅 1970 至 1976 年间，就修复汽车配件 94 种、23 万多件，节约价值 520 万元，其中汽缸体、水箱、工字梁、方向盘、瓦片等 20 多种配件，实现了 10 年不领新料，满足了生产需要。

修旧利废精神成为大庆油田厉行节约、勤俭办企业的创业精神的重要内容，是大庆艰苦创业的“六个传家宝”之一。

《井场工余》（油画）董保臣

第三章

恪守不渝

KESHOU BUYU

高耸的井架上，有力的是石油人与之荣辱的信念；
柔情的抽油机里，有声的是石油人与之俱进的心跳；
石油人肩负使命，坚守责任；
走中国道路，长中国志气，永不畏难，勇往直前！

降伏妄念

对待工作，就像钉子钉在地上，让树木放心长。敢钉钉子的人，一定会有握紧锤子的力道，打消别人的妄念。

村民们放狠话："你们栽吧，栽了我们就给你拔了。"这话，苗木公司经理王丽娟信。"要不是看你是女的，今天就揍你。"听村民们这么说，她也信。

苗木公司没有围栏，周边有一些闲置地，这些年没有使用，个别村民便觉得有机可乘，占为自用，侵害国家利益。

王丽娟上任后，对闲置土地出台了详细的管理制度，设专人进行巡视。周边村民见识了她的雷厉风行。

王丽娟耳朵穿孔的事，村民们肯定不知道。当时正开会，幸亏同事马经理提醒，她用手一摸，吓了一跳，手里黏糊糊的，都是脓水。会是不能开了，大家七手八脚地把她送上车，直奔医院。

检查结果，耳朵穿孔达黄豆粒大小，必须马上做修补手术，就算立刻做手术，也有可能会有后遗症——失聪或口齿不清。

同事们争相给她联系医院，听说北京做这方面手术好，在大家劝说下，她去了北京。

还好，北京医院的手术很成功。

这要是留下后遗症……王丽娟后来想想，还真有些后怕。

从北京回来的她就像上了发条，围着园区转，好像要把失去的工作时间都抢回来。

道理已经说了很多遍，这是国家培育树苗的土地，个人不能想占就占，想开荒就开荒。

她把这些道理掰开揉碎讲了不下几十遍。懂道理的村民早早归还了土地，少数私心重的村民不但不听，还要动粗。

面对强悍的村民，她胸脯一挺，一身正气地怒视着他们，因为激动，脸涨得通红，双手攥得紧紧的。

村民们被她的怒视镇住了，胆小的偷偷遛了，胆大点的也收回凶相，再不敢上前。可还有人小声嘀咕，国家的土地，占点咋的，你管得那么宽干啥？有几个村民互相使眼色，扭头就走。

王丽娟觉得事情不对劲，他们不可能就此罢休，很可能暗中还要搞鬼。她决定组织党员骨干、经保人员护苗，并且在村民强占地域补栽。她要向不法村民“宣战”，用时间这个宝贵的武器打败“敌人”。她想打掉他们的非分之想，让他们知道国家利益面前，就是一个女人也有吓不倒的意志，她要让这些不法村民断绝念头。

王丽娟知道，只有把这些不法村民的嚣张气焰打掉，才能更好地开展工作，今后公司周边的干扰因素才会减少，才能将全部精力投入培育树苗、优化品种上，把更优质的树苗栽到美丽的油田矿区，让它们茁壮成长。

四月天，气温在 10 摄氏度上下，南风还在路上，北风像泼凉水似的。

王丽娟把公司能用上的人力、机械全部调动起来，男女老幼齐上阵，恢复村民占用的土地。她说，我们这是和时间赛跑，与不法村民的妄念比赛。

挖坑、培土、栽树、浇水，干热了，有人就脱下外套，使镐头的、用铁锹的、拎水桶的，有的女同志干脆和男同志比赛，公司上下一心，干得热火朝天。

有村民想过来找碴，看到他们众志成城的样子，走半道就吓回去了，只远远地看。

天黑下来，王丽娟告诉大家夜间巡视比白天更重要，天黑树苗更容易遭到破坏。

果然有几个人趁黑进入栽种区域，被她和护林队员撞见，手电光、大喊声瞬间穿透夜幕，几个人顿时被吓破了胆，趁夜色逃出了林子。

王丽娟这么干，她的老公不乐意了："都 50 岁了，还这么玩命？你不要命了。"听到这话，她笑了笑，没说话。见她不接茬，她老公知道自己媳妇的脾气，工作起来很冲，不怕狼不怕虎，领导让她做园林公司经理，就是看中她这股子冲劲，一般男同志都要让她三分。她老公也明白，面对园林工作，既要细致栽好树苗，又要搞好管理，不是简单的事。所以，也就不再说，任她去了。

但这股冲劲真管用。一周时间，他们栽树 2 万株，没给心存妄念的人丝毫可乘之机。这场与不法村民的争夺战，以他们的胜利而告终。那些人见到无缝可钻，也就放弃了侵占的念头。

望着 2 万株树苗，它们像站在风中的小英雄，又像春天的孩子，王丽娟一周来的疲惫都化作了欣慰。

⊙**王丽娟**，女，1966 年出生，时任大庆油田有限责任公司矿区服务事业部园林绿化公司苗木公司经理，黑龙江省劳动模范。

烈火中淬炼成钢

当火灾突发威胁人民生命财产安全时，第一个冲入火场和险境的是消防队员，他们是百姓心目中最可爱、最可敬的勇士和英雄。

敖包塔，是大庆油田南部的一个外围油田，这个美丽动听、以蒙语命名的地方，就是大庆油田消防支队敖南消防队的驻地。敖南消防队的名字，在这里的百姓心中最美好、最动听。

敖南消防队的队长叫刘海波，他是消防队员的优秀代表，讲述他的故事，能让人们看到一个消防队员是如何在烈火中淬炼成钢，如何成为百姓心目中最可爱的人。

16 年前，一腔青春热血的刘海波踏入消防队员的行列，把自己的生命与火紧紧相连。他要淬火成钢，要以钢的意志去战胜灾祸，去勇敢地保护国家和人民的利益。他十分清楚，要想当好一名合格的消防队员，钢的意志和勇敢的精神，必须要靠最坚实的基本功和过硬的本领作保证。他把训练大纲里的 6 米拉梯要求的 10 秒，压缩为 8 秒；把疏散物资要求负重的 50 公斤，提高到 70 公斤。这是他给自己设定的目标，他要让自己的能力超出训练大纲的标准。当他提高攀登的速度时，时常会从高处摔落下来，身体摔疼了、摔伤了，依然不顾伤痛，坚强地爬起来，向他的高度和速度再次攀登……在负重前行的训练中，他把70公斤的重量扛在肩头，一次次与压在身上的重量较劲，有时，肩头的重量甚至会把他压趴在地。每当这时，他就想今天不练苦中苦，明日怎么能冲锋陷阵，怎么能当救火的勇士呢？他总会咬紧牙关，绷紧浑身的肌肉，再与那重量较劲、搏斗……终于，他练成了自己给自己加压的“8秒”和“70公斤”。

苦练，练就了刘海波一身的硬功夫，还有一身抢险的胆魄和意志。

2013年12月20日，敖南消防队所辖地的一个牧场发生火灾，接到报警后，已经成为副队长的刘海波，带领消防队员火速奔赴事发地。火灾现场着火面积达500多平方米，有人被困在其中，并且附近还存有爆炸品，被困的人随时都有生命危险。刘海波二话不说，箭一般地冲进火场，他知道自己的速度是在与随时被火势燃爆的爆炸物抢时间，是在生与死的时间差上抢救生的希望。很快，刘海波找到了那个已经神志不清的被困人员，迅速将他背起，冲出火场。

被困人员得救了，大火也被消防队员们扑灭了。当一场火灾被扑灭，生命和财产都得到最大限度的救护后，消防队员们又一次成为人们心目中的英雄，而战胜一次又一次火灾，对消防队员而言，是责任，是天职，是下一次的严阵以待。

刘海波说，消防队员不仅仅是火灾现场的勇士，凡是百姓遇到有生命危险的地方，他们都会挺身而出。2014年深冬，一女子因情绪失控，爬上高压线铁塔，生命岌岌可危。刘海波带领一名队员火速赶到现场。当时天气异常寒冷，刺骨的寒风吹得人瑟瑟发抖，铁塔上的女子在寒风中情绪很不稳定，随时有触电或滑落的危险。刘海波冒着寒风爬上铁塔，一边稳定女子的情绪，一边展开营救。为了防止女子从结霜的塔架上滑落，刘海波让随行队员用手托住女子的双脚，他奋力爬到女子身旁，把安全绳索绑在她身上，小心翼翼地守护她离开高压线，离开铁塔。

经过两个多小时的营救，女子成功脱险，刘海波和他的战友双脚都已被冻伤，他们忍着疼痛，默默地消失在寒冷的归队路上……

16 年来，刘海波共参与灭火抢险救援 500 余次，挽救财产损失上亿元，营救遇险人员百余名，他还以一身过硬的本领，夺得 2016 年第二届全国危化品救援技术大赛个人全能第一名。在消防队员这个高危的救援岗位，刘海波一次次经受生与死的考验，精神和意志早已淬炼成钢。

⊙**刘海波，**男，1982 年出生，现任大庆油田有限责任公司消防支队葡萄花消防队队长，全国五一劳动奖章获得者。

《情系荒原》（中国画）陈利学

“星火”忘年交

“聚是一团火，散是满天星”，一代代星火人接过前辈手中的火炬，精神不倒，一路领跑。这位新任党支部书记，在与星火老人的交往中，更加懂得“星火精神”的真谛。

星火一次变电所党支部书记浦秀双刚上任没几天，就接到一位老人的电话，对方自称是林子成。

浦秀双是变电所成立以来的第十一任党支部书记，虽然是刚刚上任，但对 30 多年所史的人物和事件都了如指掌。一听到林子成这个名字，就惊喜地喊了一声：“林老！是您？”

原来这个林子成是星火一次变电所第一任工程师，当年搞培训很有一套，他的口头禅“整直溜”深入人心，成为只有星火人才懂的“方言”。他以“教不会不出手，学不会不撒手”的执着精神，让员工在技术上学会弄懂，就像电流通过一样，统统“直溜”。可以说，当年因为有了林子成这样第一代人的创业，星火这颗种子才长成了参天大树，所以说林子成是“星火精神”的缔造者一点都不夸张。

80 多岁的林子成虽然退休多年，但对于星火一次变电所的发展，一直非常关注。这天，他听说浦秀双当了新书记，很是高兴，想表示祝贺，同时也想跟她说几句话。

电话里几句寒暄过后，林老就说："小蒲啊，你现在是星火的书记，担子不轻啊。我要叮嘱你两句，只要你做好两件事，书记就能当好。"

"林老，我听着呢，特别感谢您，快告诉我哪两件事。"浦秀双急不可待地说。

"一是懂生产，二是暖人心。"林子成一字一句地说。

浦秀双虽然之前看过很多管理书籍，但都没有林子成总结的这两条来得实在。特别是自己干党群工作多年，对生产知识早就生疏了，林老提醒的正是时候。

接下来，林子成在电话里还讲了许多星火历史上不为人知的故事。老人的谆谆教导让浦秀双很感动。在以后的日子里，每当遇到困难，她都会打电话向林子成请教，时间久了，他们便成了无话不谈的忘年交。在林子成的鼓励下，她提升很快，少走了很多弯路。

2016 年春节，浦秀双和所长一起去拜访林子成，自费买了一些水果和牛奶，结果林子成无论如何也不要，但愿意跟他们唠嗑，他们也愿意听老人讲过去、谈人生。

浦秀双知道老人年龄大了，身体又不好，应该多来陪陪他。可是接下来的几个月，由于准备集团公司会议参观，工作实在是太忙，就没倒出时间跟老人联系。一直到了 10 月份，才抽空打个电话问候老人。

电话里并不是林子成的声音，浦秀双感到一丝不祥。

接电话的人是林子成的儿子，当他知道是浦秀双的时候，停顿了几秒钟以后，才用平静的口吻说："我父亲，已经走了……"

听到这个消息，浦秀双感到一阵恍惚，泪水不知不觉地流了下来。

放下电话，她想：老人一生心系星火，他帮了我那么多，我却没能在他生病的时候去探望，给予安慰，更没有送老人最后一程，真是太对不起老人家了。然而老人家却在临终前特意嘱咐儿子，不要把自己去世的消息告诉星火人，他是怕给大家添麻烦……老人处处为别人着想。想起这些，浦秀双感到更加愧疚。

老人的离去，对浦秀双是一个不小的打击。在以后的日子里，每当身心俱疲，工作压得喘不过气的时候，她就会把老人亲笔写的《谈谈我是怎么工作的》这篇文章拿出来看，摩挲一阵。这份手稿她会永远珍藏，看看它，想想星火往事，胸中就会重新燃起一团火焰。她想，尽职履责应该是对林老最好的告慰。

浦秀双没有让老人失望。上任几年来，她牢记林老的“两句话”，创造性地开展系列基层党建活动，使这个老典型不断焕发出新光彩，星火之“火”在油田越燃越旺。

⊙**浦秀双**，女，1977 年出生，现任中国石油集团电能有限公司供电公司变电运行部党委副书记兼星火一次变电所党支部书记，中央企业劳动模范、全国五一巾帼标兵、黑龙江省优秀党务工作者、大庆油田有限责任公司功勋员工。

铁的品质

把“铁人”放在心中，就是把金属的品质注入血液，让一种豪情和一种信仰穿过钢的灵魂，走向刀刃。

2009 年从中国石油大学（华东）毕业，张顺放弃天津三家国企，选择大庆油田，就是奔着“铁人精神”来的。

刚分到 30125 钻井队，队长说：“小伙子，钻井可苦啊！”

“没事，我不怕吃苦，当年油田大会战比这苦。”张顺有股不服输的劲儿。

真登上钻井平台，他才感受到“铁人”这个称号的含义。不论烈日当空还是三九严寒，有些吃不消的时候，他就自责：“还想不想当铁人式的男子汉？”

2009 年冬季的一天，完井后看井，队里安排他刨出下口井的循环沟。地上布满沙石，硬得像花岗岩，一镐头下去，震得手发麻。汗水浸透内衣，风一吹像有人往身上泼冰水，手上起泡了，他就咬牙挺着。镐头锛了，镐把也折了。他自嘲：“这镐，咋还没我结实。”

刨了一宿，他硬是刨出了 10 米长的循环沟。任务提前完成，第二天开钻如期进行。大家很惊讶，不可小瞧这个小伙子呀！

张顺很高兴，仿佛听见铁人夸他：“好样的，小伙子！”

山东汉子都倔，张顺的倔强全用到了工作上。他利用每次完井的空闲机会，反复练习操作液压大钳。师傅看他如此用心，就利用休息时间，把他带到机修厂，把一台报废的液压大钳拆开，指着各个部位，手把手教。

他很感动，全神贯注地听师傅讲，用笔在事先准备的结构图上记录，时而还会提出疑问，然后再记下来。师傅也被他感动了，拍着他的后背说：“顺子，平时多努力，关键时候就是考验你的基本功，好好干，你一定会有出息。”

张顺抹了一下脸上的汗水，只是憨憨地笑。

考验说来就来，一次下套管，需要有专人扶，他自告奋勇。

那天天冷得像下刀子，从高空中往下瞅，头发晕腿发虚，累了只能动动脖子望望远，或者抬一下脚，他一刻不敢放松。有人要换他，他说：“你们还有更重要的工作，这个我来就行。”三个多小时过去了，施工结束，他的双腿已经被冻僵，几个脚趾甲最后坏死脱落。

2011 年，他当上司钻，同年 6 月，他被破格任命为 30125 队副队长。

他把自己扔进井场、书堆、网络，琢磨钻井液性能随地层变化一定有规律可循，熬了二十多个的夜，他把钻井液各项性能指标都调整到了最佳水平。面对别人的夸赞，他说：“我先睡个回笼觉。”

2012 年 4 月，中国石油天然气集团公司举办首届钻井液工技能大赛，他脱颖而出，“首席”走入复赛，进入 120 天准备期。

准备期他就做了三件事，看录像、查资料、反复操作，把脑袋、眼睛、手绑在一起，让它们折跟头。

在中石油赛场，历时三天七轮比赛，他击败全国石油六大钻探企业的选手，取得第一名，仿佛得到了地层油流的奖励。

2013 年 6 月，渐渐成熟的张顺，从青年干部选拔考核中，以第一名成绩，接过 1202 钻井队第 25 任党支部书记的重任。

平安夜要到了，张顺提前把苹果买回来，要给同志们一个惊喜。两箱红富士苹果他一一检查过，苹果都一样大，又红又圆。他又买了厚厚一沓玻璃包装纸和一把彩带。除了管理员，张顺没让任何人知道。他俩给每个苹果穿上了“新衣”披上“丝带”，张顺还在每个苹果袋里写上“幸福平安”“平平安安才是真”。

平安夜，队里的同志都得到了一个平安果，40 多岁的老师傅心头一热，20 多岁的小伙子，脸也被苹果映红了。

张顺没有忘记为他们服务的双化人员，这些女同志手一握住苹果，心就融化了，有的眼里泛出了晶莹的泪花。

“别看小张书记岁数不大，办事特周全，特别有人情味。”“就像绵里裹铁。”同事们这样评价他。

刚过而立之年的张顺深知，要认真回报生命中遇见的每一个人。他们给予的支持、鼓励，让这位崇拜铁人的汉子，激动与感动并存，热爱与可爱同行。

⊙**张顺**，男，1987 年出生，现任大庆油田有限责任公司钻探工程公司钻井二公司团委书记，中央企业青年岗位能手。

亲爱的，对不起

他有一份柔软，却只是偷偷埋在内心深处；他有一万句对不起，最终都化成了动力；他扎根一线，以一流的业绩成长为油田先进基层站库管理者；他勤勤恳恳，以优秀的业绩回报所有爱着的人。

"我告诉你，田宇，明天后天家里会连续两天停电，包括电梯，咱家是29楼，我一个女人自己在家带孩子，你看着办！"妻子在电话里只说了这一句话，就直接挂断了，连个答话的机会都没给留下来。

挂断电话，田宇走到窗前，叹了口气。他不怪妻子，他知道妻子的难，一个女人自己带着不满两个月的女儿，起早贪黑地忙里忙外，洗洗涮涮，实在是难为她了。尤其是为了这次检查，他已经连续几天没回家了，妻子有些怨言再正常不过了。

其实在田宇心里一直对妻子有内疚感，从交朋友开始他就总是因为工作一而再地忽略妻子，就连结婚都没例外。他跟妻子结婚的时候正在做矿生产办抽油机井专业路管理工作，结果他们选定的婚期正跟油田公司三牌队检查验收同步，忙得他别说筹备婚礼，就连节假日都没法儿休息。妻子不止一次抱怨："这结婚是我一个人结还是咱们两个结啊？怎么感觉着好像跟你没啥关系似的。"他除了"嘿嘿嘿"地笑，就只能装傻充愣了。有几个女人能这样自己一个人一边张罗婚礼进度，一边挑选采买所有结婚所需要的东西呢？田宇暗暗地在心里盘算着，祈祷着检查验收工作能如期进行，这样至少能空出些时间去蜜月旅行，也算是弥补他对妻子的亏欠。可怕什么来什么，检查延迟了，不但蜜月旅行泡汤，而且在婚礼的第二天他就跑到单位上班去了，连婚假都没休成！妻子是个懂事明理的女人，对此没有太多的抱怨，可是田宇知道，她心里还是有很多遗憾的。

田宇是采油工的儿子，大学一毕业就回到油田。一个学管理的高才生，却做了一个整天拎着油桶上井取样平井场的采油工，田宇的心里也曾经有过不平衡，可他的不平衡却是“我一个大学毕业生，如果连采油工都干不好，我还能干成点啥”。

在这种心理的促动下，田宇以看得见的速度成长着，工作岗位也在不断地变动着，从采油工到班井上，再到生产办抽油机和计量间管理岗，直至现在的南八联合站站长。田宇每一步都走得稳稳当当，无论做哪一项工作都能留下骄人的成绩。唯独对妻子和刚刚出生的女儿，他总是免不了愧疚，工作越出色，他的愧疚感越强。他非常清楚地知道，自己每一点工作成绩都是从忽略她们母女开始的，他的成绩越多，妻子受的委屈和辛苦就越多。

不知道是不是对他的考验，田宇刚刚接下南八联合站站长这个职务还不到两个月，就接到了南八联合站要代表油田公司迎接国务院安委会督查组检查的通知。这是一次全国性高级别的检查，他在领导和员工面前立下了军令状，必须要拿回好成绩，绝不给大庆油田这块牌子抹黑！

田宇是个重承诺的人，话说出来了，就一定要做到。他带着全站干部员工对站内设备设施展开拉网式排查。所有人都上紧了发条，逐点逐项地对站内 72 个可燃气体报警器、188 套配电屏、246 套机泵、321 套消防设施、26000 个动静密封点全部检查到位，绝不允许有分毫遗漏。为了配合工作，作业区就在南八联设立了现场办公点，任何问题都能做到随时发现随时汇报随时解决。

别说回家，田宇就连每天的睡眠都无法保证。其实他多想好好陪陪妻子，帮她分担些家务，多想好好看看刚出生的女儿，可是检查验收的时间越来越近，不到验收合格的那一刻，他的心永远也放不下，要知道在一线生产岗位，随时都有发生状况的可能。只是他没想到这一次妻子真的发火了，两人认识了这么久，妻子发火的次数屈指可数，这一次她是真的生气了吗？想到这儿，田宇下定决心，无论多晚，今天忙完一定要回家看看。可这一忙就到了晚上十点多，回到家时妻子早已搂着孩子睡下了。望着妻子眉宇间隐含的委屈，田宇心疼地叹了口气，轻轻地替妻子掖了掖被角，关上灯，自己躲到沙发里睡下了。

第二天，田宇早早地下楼帮妻子买来一天所需的食材，然后在妻子起床前悄悄地走出家门，只在床边留下一张纸条："亲爱的，对不起。又扔下你一个人照顾女儿了，可是你知道吗？对你的亏欠让我觉得自己必须要做好接下来的工作，不然你跟女儿的委屈都白受了，等我，今晚我一定早点儿回家。"

⊙**田宇，**男，1987 年出生，现任大庆油田有限责任公司第二采油厂第六作业区副经理，大庆油田有限责任公司十大杰出青年。

《寒夜》（套色木刻）马金明

一朵美丽的葡萄花

她爱采油工这个岗位，她的爱容不得有一点缺陷和不足；她的青春与她的岗位一起升华、一起亮丽、一起灿烂如花。

这朵美丽的葡萄花，成长的沃土是葡萄花油田。

葡萄花油田是大庆油田采油七厂的另一个名字。曾经，在大庆油田南部的这方草原上，一定有过野葡萄花开遍原野的景象。当这里变成油田后，人们依然怀念美丽的葡萄花，把这里的油田叫作葡萄花油田。崔晶，虽然是采油七厂四矿肇212队的一名普普通通的采油女工，但她却是葡萄花油田一朵格外艳丽的葡萄花。

崔晶是一名“85后”女青年，她的美丽不仅在于沃土的滋养，更在于她扎根葡萄花油田，让青春与采油工这个岗位一起升华、一起开放出美丽的花朵。刚当采油工那会儿，原野深处的采油队和采油井，让她感到陌生和不适应，她想当一名合格的采油工，却干什么都比别人慢，处处发蒙，还闹过一个大笑话：她戴上胶皮手套去打丝杠，犯了一个常识性的错误，这让她羞得偷偷掉眼泪。但崔晶是个有心劲儿、有上进心的青年，她认认真真、老老实实和师傅学，干起活来踏踏实实，抛开女孩子的娇气，主动钻到设备底下，躺着刷漆。狭小的空间里，漆味刺鼻，手酸背痛，她都挺了过来。

崔晶用一个女孩特有的细心，把自己的岗位呵护得几近完美。一次，在日常巡检中，她发现一口井刹车刹紧将电机烧坏了，她很快和师傅张勇沟通了情况，在张师傅的帮助下她完成了自己的第一个革新成果《抽油机安全启动刹车控制器》，实现了直接切断电源后，抽油机仍能停稳的成效。这项革新成果得到了广泛应用，获得了采油七厂技术革新一等奖，崔晶也由此迈上了技术革新之路。

崔晶常去聆听油田公司开办的技术大讲堂。一次师傅问她："怎么样，你也在这里讲讲？"崔晶被师傅问得有点忐忑，她说："那么多人，我有点怕。"师傅说："凭你掌握的技能，只要敢走上台一讲，就什么也不怕了。"在师傅的鼓励下，崔晶争取到一分钟的宣讲机会。崔晶利用这短短的一分钟，把自己在井上琢磨出的"小转移"新功能、"小发现"解难题、"小工具"巧组合、"小现象"多用处，结合鲜活的实例讲得生动有趣、活泼新颖、通俗易懂，博得了一片掌声。也就是在这次"一分钟"的试讲中，大讲堂的负责人决定聘崔晶为大讲堂讲师，由此崔晶也成了大讲堂最年轻的讲师。

成为四矿创新创效工作室的负责人后，她更加自信，积极申请将革新成果应用到一线，让一线工人反馈情况，进行有的放矢的改进。她经常和伙伴们分享创新金点子，和其他技术能手进行内部赛课，先后完成了 15 项技术革新，参与完成的《烟筒绷绳拉力检测调整器》获得了油田公司重大技术革新二等奖。2015 年，她和师傅张勇获得了油田公司"十大金牌师徒"称号。

如今，崔晶这朵葡萄花，因为有沃土的滋养，因为深深植根于采油工岗位，更加鲜艳地开放在葡萄花油田。

⊙**崔晶，**女，1987 年出生，现任大庆油田有限责任公司第七采油厂第四油矿肇 212 采油队采油工，大庆油田有限责任公司优秀共产党员、十大杰出青年、十大金牌师徒。

修井队里军歌嘹亮

“英勇善战的修井铁军”107 队，更加激荡起一个退伍军人的战斗情怀，他在这里把军歌唱得更加高昂嘹亮。

目之所及是一片茫茫的绿野，夏季的热浪浮动在草原上，他擦了擦头上的汗，向远处看去：那片原野上有高高的井架子，有围成方形的野营房，有穿橘红色衣服的人。他知道前面就是他要去的修井队了，他极其兴奋，整理一下已经没了军人标志的军装，紧一紧背在身上的行李，迈着军人的步伐走向修井队的营地。

他叫王志群，刚刚从部队退伍，去修井队报到。那年是 2013 年，他刚刚 24 岁，是带着三等功，满怀军人气概，走进修井队的。当他听说自己被分配的 107 修井队，是一支被誉为“英勇善战的修井铁军”时，抑制不住内心的激动，挥拳蹦跳起来，他想，修井铁军正是一个退伍军人的最好去处。

成为一名修井工人后，王志群感受了修井队野外作业的艰辛和劳累，也把退伍军人的品质融入修井队的艰苦生活中，他热切地盼望着能在 107 队有更大的用武之地。很快，机会来了。107 队里有近一个班的退伍军人，根据这个情况队里组建了一个“转业兵班”，班长由王志群担任，这也是他在修井队里经过半年多时间考验和历练赢得的。宣布他当班长时，王志群一时间又激动起来，差一点又挥拳蹦跳。然而，当他想到班里的人都是比自己年龄大的老兵时，一下子冷静下来，这些老兵能服自己吗？怎么样才能带好他们呢？那一夜，他辗转反侧不能入睡，他走出野营房，在营地外望着满天的星斗，望着星光下的原野，反复地想着能用什么办法把这个班带好……一颗流星像军队里的信号弹一样划过夜空，随着那道流星的闪亮，他突然间想到，对待军人只有用军人的办法，才能焕发起军人的力量，才能带好这个班。于是，他在班里和大家一起回忆他们的军旅生涯，一起唱军歌。军人的共同经历，让大家的心靠得更近，高昂嘹亮的军歌，让每个人又燃烧起了军人的斗志。

不久，转业兵班投入一次十分艰巨的修井任务中。那是施工一口取套井，井内情况特别复杂，连续干了 17 个小时，直到凌晨 1 点，施工任务还没完成。王志群看到大家都很疲惫，一个个熬得脸色灰突突的，他让大家停下来，回去睡一觉，可是自己却留在井口不动，他在想要是一鼓作气干完，就能为下道工序抢回更多时间，但是大家太累了，他实在不忍心再让大家干下去了。一位老兵看出了他的心思，走到他跟前，拍了一下他的肩膀，坚定地说："志群，不就是还有几根钻杆了吗，我们都是当过兵的人，只要你下令，咱们干完再睡觉！"深夜里，井场上，老兵的这句话，听上去是那么响亮。月光下，王志群看到全班人都挺着胸膛站在他面前，每个人的眼睛里都闪动着坚毅的光芒，如同战士那样等待他的命令。王志群平静了一下激动的心情，以军人的气概激昂下令："干！"

修井队里，王志群带领转业兵班干得风风火火，他处处冲锋陷阵的精神也让队里的人更加钦佩。那是 2015 年 3 月的一天，王志群刚刚下夜班回到家，饭还没吃，队长突然打来电话，说龙 2-6- 平 11 井发生井喷起火事故，让他马上赶赴现场。撂下电话，王志群便冲出家门，火速赶到现场。起火的那口井，火焰蹿起 20 多米高，险情十分危急。王志群看到队长已经冲向井口，他想在这个紧急关头队长不能有闪失，全队的抢险需要他指挥，不能让他去冒险，他大步上前，一把拽住队长，大声说道："队长，我是军人，我上！"队长先是一愣，然后盯着他的眼睛，王志群看出了队长的眼神里有嘱托，更有信任。他松开队长紧握的手，在消防水枪的掩护下，纵身冲进火势熊熊的井场，双手紧握套管阀门，瞪圆了充血的眼睛，在生死之间与险情抢时间，现场的人把心都提到了嗓子眼，时间在一秒一秒地过，阀门在一圈一圈地扭动……一分钟后，火灭了，压井成功了。那一刻，井场上的人还处在紧张状态，当有人喊"压井成功啦"！大家才反应过来，像井喷一样，井场上一片欢呼声。

自从退伍来到 107 队，成为"英勇善战的修井铁军"一员，王志群这块具有军人品质的好钢，被磨炼得更加有质感，更加坚毅强悍。2015 年，王志群走上了修井 107 队副队长的岗位，这时他 26 岁。他说，是 107 队让他这个退伍军人有了用武之地。

⊙**王志群**，男，1989 年出生，现任大庆油田有限责任公司井下作业分公司修井一大队副队长，大庆油田有限责任公司十大杰出青年。

《律动的金秋》（中国画）邵国生

根深蒂固花芳艳

> 20 多年，她扎根库房，从一个 17 岁的少女，历练成一名本领过硬、技能超群的保管员。唯有扎根，才使她走向优秀；唯有扎根，才使她如花开放。

“春雨是个有心劲儿的孩子。”这是王春雨走上保管员岗位后，师傅们对她的评价。

不爱说话，闷头干活，心里藏着一股要强的劲儿，这的确是王春雨的性格特征。1997 年，17 岁的王春雨到萨尔图仓库金属材料库参加工作，当上了一名保管员。那时被誉为“活账本”的全国劳模齐丽丽，就是在萨尔图仓库成长起来的。从上班那天起，王春雨就立志要成为像齐丽丽那样的保管员。

王春雨还记得，上班前夕，妈妈领她来到萨尔图仓库转了一大圈，当时她被大大的库区和库区里满满的物资震撼了，她为自己将要在这里上班感到自豪。王春雨知道，妈妈领她来库区，一定是要嘱咐她点什么。妈妈拉过她的手，深情地说出了她的嘱咐：“春雨呀，过去你爸爸在这里工作过，他走得早，在这个仓库里有许多的愿望没能实现哪。你上班后，一定要好好干，替你爸爸完成好他没做完的事。”王春雨眼里噙满了泪水，冲妈妈用力地点着头。

从此，就像一粒种子，王春雨把自己深深地植入这片库区。

王春雨的成长离不开岗位练兵。这里不细说她如何披星戴月刻苦学业务，只看她记下100多万字的笔记，就足以令人叹服她的用心；也不细说她如何耗尽心力全面掌握保管员岗位的所有技能，单说她扮作买家去商家店铺细心打探、了解五金物资性能的故事，就可窥见她苦练基本功、学成一身硬功夫的虔诚之心。有一天下班后，王春雨突发奇想，来到萨尔图五金市场，一家一家地探问弯头、三通等五金物品的质量、性能、规格，还详细探问其区分的方法和技巧。商家以为她要买货，样样物品都介绍得认真细致。五金物资的细枝末节是很难掌握和识别的，通过这样的询问王春雨都弄明白了，并牢记在心。

作为保管员的王春雨，每天和拉料的用户接触，为用户提供热心优质的服务。有天，太阳火辣辣的，王春雨在料场上为用户指挥装车，两个多小时，装了5车钢板，王春雨的工作服被汗水溻得像淋了一场大雨，用户看在眼里，感动在心里。王春雨在开出门证的时候，找不到合适的地方，就趴在一垛钢板上写。这时正值中午，太阳在钢板上反射的热量，再加上头上的烈日，一时间王春雨被热得有些晕眩，她咬了咬牙，想再坚持一下，开完出门证就好了。就在她低头写时，一片阴凉出现在头顶，她抬头一看，眼前的情景顿时把她惊住了。原来提料的人正打开一个笔记本，举在她头上为她遮阳，怕阴凉不够，还腾出一只手，用手掌扩大阴凉。这一幕，让王春雨热泪盈眶，也让她更加坚定了为用户服好务的信念。

王春雨热爱自己的岗位，时刻都想着如何把库房管理做得更好。一天，她看到女儿装在书包里的书，分别在书的侧面涂上了不同的颜色，她问女儿，这是为啥呀？女儿说，一种颜色代表一种书，省的拿错呀。王春雨眼睛一亮，然后激动地抱住女儿，连连说："我的好闺女，你告诉了我一个好办法。"很快，王春雨就在库房里的水泥垛四角标注上“供应商、规格型号、到货日期、数量”等数据。她把这个方法叫作“四角标注法”。由此，她又琢磨出“油漆封垛法”“单重速算法”等库房管理创新法。有了这些方法，保管员在收发物资的时候，更加心明眼亮、准确快捷了。

萨尔图仓库有一个地方是王春雨成长为一名优秀保管员的最好标志，这就是大庆油田以她的名字命名的“王春雨劳模创新工作室”，这里有她多年来创新库房管理的新方法，有她以蒙目摸料、熟记各种物资规格、优质服务为主的技能和本领，也有她持续引领库房管理创新的新思路和新作为，每年都有很多人来这里学习交流，在这里王春雨总是以她过硬的技能和本领绽放出耀眼的光芒。

如果说 20 多年前王春雨像一株幼小的花儿栽种在萨尔图仓库，那么如今这株小花早已在库房里根深蒂固，开得鲜艳夺目。

⊙**王春雨**，女，1978 年出生，现任大庆油田有限责任公司物资公司萨尔图仓储分公司机电设备材料库主任，龙江工匠。

生命的守护

她是一名白衣天使，从事着以心灵沟通心灵、以生命温暖生命的崇高事业。在她的身后，站着一个群体，她们是油田人民健康生活的强有力后盾，为百姓输送着生命不息的福音。

“作为一名医护人员，我体验过太多患者面对病痛的无奈，也目睹了无数悲欢离合的场景，因此，我的手必须永远温暖，我的微笑必须永远真诚！”爱心与微笑，是矿区服务事业部油田总医院心内科六病区护士长夏丽娜送给患者的最好礼物。

69 岁的董凤英老人，因突发心脏病住院，老人怕花钱，死活不肯做手术。儿女们来找夏丽娜。夏丽娜握着老人的手又举病例，又讲危害，老人最终同意做手术了，但有一个要求：“除了夏护士长，我谁都信不过。有她陪着，我心里才踏实。”夏丽娜爽快地答应了。手术当天，她亲自将老人推进导管室，并一直守候到手术结束。

一名患者住院时，由于病房已住满，只好在走廊临时加床。夏丽娜看到后宽慰患者别急，怕他冷，又拿了一床被子。然后去其他病房做患者工作，合并了房间，终于把这名患者安排进了病房。

夏丽娜的手机里患者的号码比亲人朋友的号码还多，为了更好地为患者服务，她的手机号从不保密，慢慢地，她的手机号成了咨询热线，有些已经出院的患者有事，也会找她帮忙。

“护士长，我妈最近状态很差，我转了一圈也没找到合适的人帮忙，你说可咋整啊？”病区已经出院的患者杜凤兰老人的儿子给夏丽娜打来电话。老人住院期间，夏丽娜就了解到这家人的拮据，放下电话后，便去了他家。推开低矮、简陋的房门，老人瘦得像一团揉皱的纸片，虚弱地蜷缩在床上。因为糖尿病多年，老人的脚趾溃烂发黑，脓血外溢。夏丽娜按照医学程序小心翼翼地处理着伤口，轻声地抚慰着，让老人得到了这世界上最后的温暖和关怀。临终前，老人这样评价夏丽娜，她说：“夏护士长，不是亲人胜似亲人。”

一天，一位老患者的家人给夏丽娜打来电话。“闺女，我老伴儿的褥疮遭老罪了，这两天疼得都不想活了，可咋整啊？你……能不能来我们家帮忙看看？”电话里老人颤抖的声音显得那么无助。夏丽娜不忍拒绝，乘了一个多小时的公共汽车来到老人家里。因为生鸡蛋内膜对褥疮十分有效，夏丽娜便经常去给老人帮忙，没承想，这一剥便是 3 年。3 年里，夏丽娜成了老人一家最信任、最亲近的人。那一年，大庆评选“文明之星”，一直觉得无以回报的老大爷亲自走上街头，向来往的行人宣传夏丽娜照看老伴儿的事迹，说到动情之处，已是泪水盈眶。当事人的真情述说胜过任何华丽文字撰写的事迹，经过市民手机短信、电子邮件、热线电话的投票，夏丽娜最终成为市民心目中的十大“文明之星”之一。

一次，夏丽娜为一名气管切开的患者做吸痰，由于体位改变，患者呛咳了一下，套管内的分泌物瞬间喷出，溅了夏丽娜满脸，浓烈的腥臭味儿让她一阵反胃。她急忙转身整理，可回头的一瞬间，夏丽娜看到病人眼中闪过的紧张和不安。“没关系，我们只要换一下床单就可以了，您现在都能自己将分泌物咳出了，这是好现象，我相信您很快就会拔管好起来的。”夏丽娜的大眼睛里充满笑意，看不出半点怨言和不满。患者康复后找到夏丽娜说：“知道吗？我能发声后，第一句话就想对你说，谢谢你，谢谢你的鼓励，你的笑容真美！”

福利院的乔大爷是病区的“常客”，几乎每年都住一次院。对于这样的患者，夏丽娜总是给予更多的关注。打饭、喂饭、接尿、倒尿、翻身、拍背，只要老人的儿子不在，夏丽娜都像老人的女儿一样，让老人感受着亲人般的温暖。一次，乔大爷一周之内两次住院，夏丽娜带着护士们查房时，一进病房便开起了玩笑：“乔大爷，您老怎么又住院了？是不是想我们了？可不要总来医院啊，我们可以去看您。”夏丽娜的温情笑语抚慰了老人风烛残年的哀伤，让老人体会到了暖意。老人感慨地说：“社会上个别人对医护人员有些误解，看到夏丽娜我体会到什么是天使，这身洁白的衣服穿在她们身上真是太美了，我感谢油田总医院培养出这些优秀的医护人员，看到她们的微笑，我这病似乎都好多了！”

这些事，在医院里几乎每天都在发生着，夏丽娜却从未改变和减少过一点点对患者的真情，从事医护工作多年，夏丽娜收到了无数患者送来的锦旗和感谢信，在患者眼中，他们的夏护士长，既是医者，也是亲人，是可以信赖和托付的人。

⊙**夏丽娜，**女，1979 年出生，现任大庆油田有限责任公司矿区服务事业部油田总医院门诊部副主任兼心脏神经中心大专业护士长，中国石油天然气集团有限公司劳动模范。

寻人启事

在平凡的工作岗位中她以饱满的工作热情来温暖每一位职工的心。以小见大，如涓涓细流，滋养着万物花开。

“书记，您知道是什么事让我下定决心安心工作的吗？有一天下雨，我走路上井的时候摔倒了，身上全是泥巴，是您拿着毛巾一点点帮我擦洗，那一刻我强忍住泪水不让别人认为我娇气。有像妈妈一样的书记关心爱护我，在这样的单位工作我觉得踏实……”这是女工张雪媛写给书记李苹信中的一段话。

张雪媛，2013 年毕业于天津工业大学，从繁华的都市来到荒凉的油田，她一下子无所适从。到队第一天午餐时，吃了几口就放下了筷子，一个人在院子里发呆，李苹前去询问，她只是摇头，不作声。

从此，张雪媛的心事成了李苹书记的牵挂。

张雪媛的家在吉林，李苹书记经常打电话和她父母沟通，找机会跟她聊天、想方设法开导她，慢慢地，张雪媛脸上的笑容多了，饭量也大了，没事的时候像个孩子一样和李苹搂脖儿抱腰，说些悄悄话。

女工陈艳丽的母亲患心脏动脉肌瘤多次住院，花光了家里的积蓄，亲朋好友能借的都借遍了，可母亲还在病床上等钱治疗。李苹书记知道后带头捐款，在全队发起爱心救助，一共筹集了一万六千多元。当陈艳丽接过这些钱时，哭得像个孩子。

老员工孙凤红由于患病导致记性不好，队里有什么事情，李苹书记都主动与其家人联系，即便一时通知不到家人，她也会及时写成纸条，再三叮嘱孙凤红转交。

像这样的故事还有很多，这一件件小事儿几乎每天都发生在李苹书记工作八小时之外的时间里，“让这个家蒸蒸日上是我最大的心愿！”在李苹书记看来，“家里人”的事儿还分什么八小时内外呢。

我的同事李姊桐采访李苹书记回来之后和我说了一些细节，我想了很久，觉得还是不够丰富，于是打电话给她，想再挖出些材料，没想到电话那头的她快要崩溃了，说：“白老师，您饶了我吧，不是我不干活，是这活没法干啊？”

李姊桐的委屈我十分诧异，只是让你下基层去采访，又不是让你去搞原子弹，你至于这么叫苦连天嘛！然而让我没想到的是，原来采访过程中压根儿就没有见到李苹书记。李姊桐说：“她根本就不在办公室，我溜溜地找了一天，她就像和我捉迷藏一样，我到了一个地方人家说她刚走，到了另一个地方她又刚好离开，走了小半天腿都抽筋了也没看到人影……”

李姊桐的回答让我哭笑不得。找一个基层书记，一个大活人，就生活在我们身边的人，她还能长翅膀飞了？

我不信，于是决定亲自去看看。

那天下着小雨，这样潮乎乎的天气也让我备受煎熬，但正如李姊桐所说，李苹书记就像个影子，真是“神出鬼没”。我甚至开始怀疑李苹书记是不是老八路出身，游击战术出神入化……

也许有人会问：兄弟，你是不是有点太夸张了？你还别说，连我自己都纳闷，找个人咋这么难！

李姊桐也出来笑话我，“白老师，找到李苹书记了吗？”我再一次哭笑不得了。

后来我想了想，其实事情没有那么复杂。我们找不到李苹书记原因很简单，一是她真的很忙，二是她太低调，她只是默默地做着自己认为的小事，不想我们去宣传报道。

但我这次出行还是有收获的。

在第三采油厂第一油矿采油 206 队，在和许多员工交流时，一提到李苹书记大家都来了精神，几乎是抢着回答，我记录的速度根本跟不上节奏。当我问到，找她本人咋这么费劲呢？有的员工笑着说：“你要是我们单位的就简单了，不用别的，只要在家里假装生病，李书记一准来看你……”

突然之间我的心里火热起来，这是一种你看不见却能深深感受到的温暖。我虽然没有见到李苹书记，但员工们的笑脸，以及员工们对她如此爱戴和尊敬，如此的好人缘，还用我们面对面去采访吗？

我觉得不用了。其实李苹书记已经站在我面前了。

⊙**李苹，**女，1971 年出生，现任大庆油田有限责任公司第三采油厂作业大队工会主席，大庆油田有限责任公司功勋员工。

一条线一路情

专注，是一种态度，是一种忠诚，是一种精神。她24年专注一条公交线路，把平凡的八米车厢专注得情意绵绵，业绩非凡。

在一条线上开公交车一开就是24年，并且还继续着，开车的人已把自己从青年开到中年，这真是忠贞不渝的一条线。

这条线，是公共汽车公司东风分公司九车队33路线，开车的人叫宋玉萍。在使用自动购票机后，她既是司机，也是乘务员，不管是开车还是乘务，宋玉萍都为乘客做得认真，做得贴心。夏天，她怕座位热，乘客坐上不舒服，自己花钱买了30多个凉席铺在座位上；冬天，她怕乘客冰手滑倒，把暖心套套在扶手上，把防滑毯铺在车厢里，还有爱心伞，还有一次次主动搀扶行走不便的老人上下车……

宋玉萍驾驶的这趟车，在东风新村里每天单车次线长15.5公里，全天行驶6个车次，共110公里，每个车次途径22个站点：8个灯岗、4个学校、9家医院、3家商场以及10个转弯车道，平均每天挂挡800多次。宋玉萍对这些都烂熟于心，这也都是她日复一日的重复，日复一日的坚守。

想想，24年，9000多天，宋玉萍的坚守是多么的真诚和可贵。在这漫长而平凡的日子里，宋玉萍紧握方向盘，把公交车开得平平稳稳，情意绵绵。

还记得，几年前，33 路车经过的一个十字路口，因为有楼盘施工，常有拉物资的大货车不遵守交通规则，随意闯红灯。一个下雨的傍晚，宋玉萍驾车行驶到这里，虽然那个路口是绿灯，但她没有马上通过，放慢车速，习惯性地左右瞭望，雨越下越大，她的视线在雨中穿梭眺望，当看到路口右方开来一辆疾速的大货车时，她停下车，等待那个大货车通过。这时，车上有不了解情况的乘客不满意了，发起牢骚来，大声说："绿灯停什么车，大雨天的，这不是耽误事儿吗？我还要赶路换坐下趟车呢。"说话间，那辆大货车闯了红灯，在他们车前呼啸而过。车上的人看到这一险情后，纷纷谴责那个大货车司机。有一个老同志激动地和大家说："今天回去得好好喝两口，是这位女司机让我们躲过了一场灾难，我们要感谢她呀！"顿时，车厢里响起了一片掌声，有人在掌声中高声喊道："女司机，好样的！"

那掌声和夸赞声，让宋玉萍的心一阵温暖。

还记得，那是一天的雨后，宋玉萍驾驶公交车行驶在积水的路上，行进中，有一个身着白色连衣裙的姑娘，走在积水很多的路边，宋玉萍的车正好与她并行。姑娘怕公交车把雨水溅到身上，躲躲闪闪。其实宋玉萍早已放慢了车速，把车开得一点也溅不起水花，直到通过那段积水，看着姑娘远去后，宋玉萍才放下心来，加快了车速。

多日后，白衣姑娘恰好乘坐了宋玉萍的车。上车后，她来到宋玉萍身旁，亲切地说："姐，我认识你。"姑娘没穿白色连衣裙，宋玉萍认不出她，被她的"认识"弄得有些发蒙，正一头雾水时，姑娘又说："那天我去参加同学聚会，要不是你有意为我把车开慢，我的裙子就弄脏了，谢谢姐姐了。"宋玉萍忽然想起那天的事，心里一阵欣慰地说："不用客气，这是我应该做的。"姑娘又认真地看了一会儿宋玉萍，说："姐，你的心灵和你的外表一样美丽。"

姑娘的话让宋玉萍的心里热乎乎的，也有点美滋滋的，脸上露出了难以抑制的笑容。公交车载着她的感动、她的幸福，还有她天天装满车厢的热情和温馨，在她 24 年如一日的公交线上继续稳稳地前行……

24 年来，宋玉萍一直在 33 路这条线上开公交车，一条线一路情，她把 33 路公交车开成了油田“青年安全生产示范岗”和黑龙江省“青年文明号”。

⊙**宋玉萍，**女，1971 年出生，现任大庆油田有限责任公司矿区服务事业部公共汽车公司东风分公司机关稳定房产计划生育干事，中国石油天然气集团有限公司劳动模范。

管理“智多星”

> 作为一名中层干部，在他眼里，管理是门艺术，要用心去揣摩。所以在各种难题面前，他总能想出最好的办法。

在采油七厂，作业大队大队长吴俊海在人们心中可不是一般的人物。他不仅技术精、生产通，在管理上还特别有一套，被人称作管理“智多星”。他任职的四年时间里，业务从单一的作业施工拓展到集作业、洗井、管焊、修旧、车辆修保等多工种于一体的管理格局。

凌晨 1 点了，躺在床上的吴俊海一点睡意都没有。“今天，洗井任务又下来了 50 口、引进的液压锚道还得催催、管焊队员工的更衣柜也得抓紧配上”，一件件事像过电影似的在他脑中闪过。这就是他作为一名中层干部的生活常态。

这天，吴俊海上井查看各队的施工情况，到了作业九队，远远地就看到修井机没有运转，吴俊海感到奇怪：这么好的天气，员工不可能不干活啊。他赶紧上前看个明白。

原来，液压钳坏了，只能停工了，3 名工人正蹲在现场修理。他看了一会儿说：“如果修不好，赶紧回队里，把备用钳换上，别耽误施工。”

“好的，吴大队，您放心吧，这水井，我们再有两天就能干完。”

吴俊海不放心，第二天又来到九队，结果看到修井机还是静静地待在那里。

“怎么还在这儿修液压钳，不告诉你们修不好换备用的吗？”

“吴大队，这就是备用液压钳，刚下了几根油管，也不好使了，我们打算换个钳牙试试。”

“那赶快修，实在不行借别的队备用液压钳，这井干了多少天了，抓紧时间。”吴俊海又叮嘱了几句，便转身去了别的井场。

第三天，吴俊海又来到九队，这回井口一个人也没有，都待在板房里。这下可把他气坏了：“你们九队可是金牌队啊，怎么能偷懒呢，怎么不干活？”

“吴大队，备用液压钳没修好，三队的备用液压钳也不好用，我们等着队里给送呢，趁着干不了活的时间，我正在组织大家学习岗位知识。”队干部徐爱君一脸委屈。

当时每个队两台液压钳，有小问题就自己修，大问题就只能等待报废买新的。吴俊海心想，这多影响施工进度啊，再说，液压钳不好使，也不能总买新的，得挖潜增效啊。为解决这个问题，吴俊海不停地琢磨着。几天后，“专业化”这个名词，慢慢进入了他的脑中：“嗯，必须找专人来修理液压钳。”于是，他决定在作业大队成立修旧中心。

经过几天的调研，他物色好了人选，准备先把脑子灵、动手能力强的“维修天才”、大修队的张海生调过来。他把这个想法和大修队的队长说了，让他通知张海生明天来报到。没承想得到的答复是——不去。

这就让吴俊海想不通了：这是发挥他的专长，而且这工作还比当作业工轻松很多，他应该高兴才是，为啥不愿意来呢？

吴俊海直奔张海生所在的施工现场，冲着满身油污的张海生说：“小张，来，咱俩唠唠。”

张海生一看是吴大队来了，就知道是咋回事了。他明白领导这样安排是为了他好，他也确实想去，只是还有点隐情，不好意思开口。他在心里盘算着，既然领导找上门来了，干脆就直说了吧，吴大队也不是不通情达理的人。

两人进了板房，队长又把自己的想法说了一遍。

张海生低着头，半晌才说：“吴大队，我也不藏着掖着了，我不愿意去。”

“为啥？”

“因为我……特别喜欢作业工这个工作，再就是……”张海生还是抹不开面，先遮掩了一下。

“说嘛。”吴俊海催促着他。

“……还有一个原因，就是、就是、这收入……”

张海生终于说出了真正原因。原来，张海生是老作业工了，技术过硬，收入不低，到了后线，收入会降不少，而且离开作业工岗位，油田公司工人技师的待遇也没了，收入差距就更大了。

吴俊海拍了拍小张的后背，表示理解，示意他先回去。离开工地，吴俊海心想，不能怪工人，是自己想得不周到，现在是市场经济了，工人挣钱养家不容易，住房、教育都得花大钱，收入得不到保障哪还有心思干活？作为一名带队伍的中层干部，忽视了这一条就不合格。那修旧中心怎么办呢？这是他从全队生产实际出发，增效又降耗的举措，而且他也征求过班子成员的意见，大家都赞成，如果因为工人不愿意来就拉倒了，说明还欠考虑，不成熟。怎么办呢？他边走边思考。看来，还得在激励机制上想办法，让他们的价值体现在收入上！

深思熟虑之后，他与大队班子研究决定：在完成本职工作的前提下，兼职开展修旧工作，收入上采用计件奖励的方式。这个办法在得到厂里的认可后，便迅速在全大队传开。

这回，张海生第一个上门来找他了，主动要求加入修旧中心。随后，修复筛管人才王文魁、刘金忠，修复油管短接人才吴学臣等，他理想中的“干将”陆续都成了修旧中心的骨干力量。

修旧中心成立以后，没有让吴大队失望，生产效率提高了，工人收入也提高了，一年为企业创效 500 多万元。

⊙**吴俊海，**男，1966 年出生，现任大庆油田有限责任公司第七采油厂厂长助理，油田管理部主任，黑龙江省劳动模范。

血总是热的

忠诚、勇敢、沉着，是他的标签；全面、认真、细致，是他干活的状态；他的另一面，对家人，对母亲，他自责、愧疚，不能释怀。

从之前的视频来看，当时乌泱泱的一群村民，层层围住那几个身穿工服的人，高声大嗓地喊着。几辆生产车也被死死围住，空中弥漫着火药味，好似一丁点火星，就能引爆全场。

那几个身穿工服的人，是矿区的员工，他们辩解着，脸都笑僵了，还在笑——记者接到电话说油井管线穿孔，把地淹了，地是庄家人的衣食父母，庄稼毁了，活路就断了，因为赔偿问题，双方争执不下。

辩解的声音很快被淹没，像雪花融入火炉。

“赔就完了，哪儿那么多废话？”有人喊着。

这时，远处一股尘烟漫起，随后一辆车疾驰而来，车上下来一人，一瘸一拐地走过来——来人身材高大，双眉斜飞，目光坦诚、清澈、锐利，握手时感觉他的手清瘦有劲，虽然脚瘸着、脸微笑着，但掩不住自带的气场。

他说自己叫刘磊，八厂三矿副矿长，主抓生产，这事儿他负责。他说理解并支持媒体工作，希望实事求是，客观报道。随后又向村民深施一礼，说地被淹了，大家都是受害者，既影响大伙的收成，油田也蒙受损失……

“别唱高调了，你说你负责，就说赔不赔吧？能赔多少？”当中一人问道。

“赔，油田当然要赔！”刘磊说，“钱要是我的，可着大伙要求来，要多少赔多少，可是……”

有人一听风向变了，就呛他：“刚说赔，又要变卦，你说话好使不？不行换个好使的来，这不瞎耽误工夫吗？”

被对方呛白一通，刘磊并不生气，刚要开口，手机响了，他看了看，目光瞬间柔和了，没接电话，略作停顿后，朗声道：“国有国法，家有家规，怎么赔，赔多少，你说的不算，我说的也不算，咱们按章程文件来。但有一点我向大家保证，不会让大伙白白遭受损失……”

刘磊话音落处，躁动的人群渐渐平静下来。随后，当地政府人员也赶来了，一边安抚村民的情绪，一边希望油田合理、迅速、恰当地解决此事。刘磊伸出手来：“一言为定。”就这样，一场冲突被扼杀在摇篮里。

随后，他又跟村民，跟镇政府人员交代一些赔偿事宜。

一直在旁观察的我以记者身份忽然对他很感兴趣，借口去八厂办事，搭他的车。他特地为我开门，落座后，电话又来了，是经保队请示今晚的行动。原来一个盗油团伙在三矿油区出没，扬言谁挡财路灭谁。刘磊不怕这个，带领经保队，已经连续蹲守两天两夜，抓了几个主犯，今晚他又撒了一张大网……

闲聊时，他说三矿区域辽阔，有的小队辖区，比老区一个采油厂都大，油水井站分布广、战线长，难度很大。“四到单井”“三提一降”“五个一点”为中心，“四个超前”是手段，这些对他来说信手拈来，讲得头头是道。几天前，他在检查工作时不慎滑倒，起初并没当回事，直到疼得不行后才上医院，大夫说脚跟跟腱撕裂，得手术，打石膏，他哪儿躺得住，没过多久，就又回工作岗位上去了，他说：“不在现场盯着，我放心不下。”

他目光炯炯，热忱、坦诚、率直，话里也不乏忧虑，为怎么提高产量绞尽脑汁。

车窗外，原野深处能看到正在浇地的人影，刘磊喃喃自语：“农民也不容易……”

这时电话响了，他看一眼，急忙接通：“妈，今天怎么样，吃药没……”声音轻柔，刚才雷厉风行的汉子，忽然变温柔了。正说着，那边电话断线了，打过去，不通。

沉默了半晌，他说老母亲操劳了一辈子，前段时间患了纵隔肿瘤，这种病很少见，全国也没几个，手术风险很大。他请了假，带着母亲四处求医问药，联系医院和医生，当母亲被推进手术室的那一刹那，他哭了，觉得对家人，对母亲，他欠得太多，太多。

电话又响了，刘磊马上接通，声音更轻柔：“妈……”

一声妈，九曲回肠，一股酸楚涌上来。

“脚？早不疼了，我都能蹦了！我都这么大了，妈你甭惦记……放心吧妈，我会按时吃饭的……信号不好，妈，我挂了……”热血男儿也不敢再听下去，一动不动看着窗外，眼睛红了。

⊙**刘磊，**男，1978 年出生，现任大庆油田有限责任公司第八采油厂第四油矿矿长，油田公司功勋员工。

《擎天砥柱》（木刻）李康文

“激战”无名岛

歌词铺开，冷静的雨便滴落到抗击洪魔的故事里，在江湾上，你有多大志气，就能抗击多大风浪。

才走到渡口边缘处，洪水就已没过了膝盖，雷武岗一边顶着迎面的风浪，努力保持着身体平衡，一边搬着沉甸甸的沙袋。为保护无名岛的生产设施，公司7月9日实施封堵渡口的方案，可大暴雨又来了。

衣服湿透就湿透吧，雷武岗扛着沙袋一步一挪往前走。

三四十公斤的沙袋越来越重，雷武岗深吸一口气，使劲地直了直腰。他抬头瞅见前面的同事，正学他向上颠了颠沙袋，便笑了笑说：“你小子不累啊，快走吧。”

说是快走，他回身嘱咐后面的同事：“脚下一定看准，别滑倒闪了腰。”

大堤不要出事，雷武岗和同事们在心里默念着。每天干活前，雷武岗都要反复叮嘱几遍：“咱们现在是保护设备免受暴雨洪水的侵害，但同时更要保证人身安全。”

两个月前，抗洪大战就已经开始。

雷武岗对人员进行分工，电气设备、抽油机实行专人专管，他挨个进行检查。

“我说没说过，在室外工作救生衣不能脱，你听没听到，汛期的雨说来就来，洪水随时都有可能发生。”雷武岗发火了，但今天声音有些沙哑，说到最后，声音好像被一股气吸进腹中。

看到他失声了，同事手忙脚乱穿起救生衣来，反而半天穿不上。

雷武岗走上去，帮他整理衣服。眼睛瞪着他，发出沙哑声：“再不得劲，也不能脱，这能救命啊！”最后的声音像是从地底传来的回声，低沉却有力。

雨还在下，汗水和雨水已分不清。再大的风雨，也没能将他们击垮。他们身后已堆起 5000 多个沙袋，被加高 1.9 米的大堤，傲然矗立。

连续奋战，大家都很疲惫，但这场保卫战与老天比的是毅力和耐力。

雷武岗为调动大家的积极性，提议和大家比赛，看谁装袋快，扛的沙袋重，运的沙袋多。

雷武岗是副经理，干技术活他行，体力活他一样谁都不服。不服他的人也大有人在，连平时的愣头青也参与进来。

雷武岗腰一弯，抓住沙袋手臂使劲一提，沙袋就到了肩膀，腰再使劲，头一低，沙袋横在两个肩上，第一步他故意把脚抬高，迈得大大的，嘴里有模有样地喊着：“加油啊，看谁先装熊。”

他的话音刚落，一个小伙子就窜到他的前面。雷武岗用力跟了两步，却跟不上小伙子的脚步，但他咬牙没再让后面的人超过。

当大家干得热火朝天的时候，乌云又压了过来，像拽过来一块黑布。

“快，就地放下沙袋，马上后撤，快，要快。”雷武岗的喉咙被撕开一道缝，每个字都带着“突突”声。

广阔的江湾一时无法躲避，雨点瞬间加大加密。

“快到车里躲躲。”话音刚落，冰雹就打在水面上，像机关枪扫射。车棚上，噼里啪啦响个不停。

雷武岗抬头看见江面上旋起一股冲天水柱，与天上漏斗状的黑云相接。

“哎呀！是‘龙吸水’，大家快钻到车下，身子贴紧地面。”雷武岗指挥大家钻到车下挤在一起。

“大家抱着头，别抬头。”风裹着雨、沙土、石子等扑面而来，眼前一暗，天仿佛被吞尽了光亮，只听见耳边叮当作响，比刚才动静还大……

龙卷风过后，天上的黑布被拿掉了，但太阳还未露出。大家爬出来，看着每个人都变成了“黑”人，雷武岗先笑了。

回到驻地，洗漱完毕，靠在床上，雷武岗想到了女儿。该给女儿打个电话了，两口子都在油田，孩子只好交给父母，这段时间没回去，电话也没打，一岁的女儿都不认识他了。

但是今天电话还不能打，感冒没好，嗓子还哑着。

一到汛期工作就忙起来，感冒总凑热闹，嗓子反反复复疼，真奇怪，忙完这阵，感冒就好了。

他决定等洪水一退就回家，抱抱女儿，亲亲她稚嫩的脸蛋。想起女儿，雷武岗就觉得疲惫缓解了，想起妻子，他又觉得有些内疚。

哎，抗完洪，回家给老婆做顿好吃的。他情不自禁地打开手机相册……

自从 2005 年参加工作，雷武岗所在的第三作业区因处在江湾区域，每年汛期都要经历一场和洪魔的“战斗”。他想象着自己登上洪水的肩头抚慰大江，美丽的江湾，看也看不够！

⊙**雷武岗，**男，1982 年出生，现任大庆油田有限责任公司第八采油厂副厂长，油田公司十大杰出青年。

《情漫雪夜》（木版水印）李廷辅

就要当个好工人

对于一个技术工人而言，活儿干得踏实、干得漂亮、干得有良心，就是对他最好的评价。故事的主人公就是这样一个人。

修车间里，弥漫着机油、柴油、汽油的味道，一辆正在维修的装载机旁的工作台上，正围坐着一群修理工，他们正在学习讨论，讨论的内容是如何在工作中找到人生定位。开始大家都闷头不说话，沉静过后，老师傅朴凤元带头发了言，他很认真地写了两页纸，题目是“就要当个好工人”。有人带头发言，讨论就热烈起来，声音也大了起来，把窗外树上的鸟儿都惊得扑棱棱地飞了。

这个情景发生在10年前2008年夏天。那个夏天对于朴凤元而言是极不平凡的，他在修理班里说出的那句“就要当个好工人”以及他的事迹，很快传遍了大庆油田。这是朴凤元始料不及的，其实他是一个踏实而低调的人，他爱学习，爱钻研，做事认真，干活像样儿。

朴凤元是物资公司让胡路仓储公司机械一队修理班的修理工。说“就要当个好工人”这句话的时候，他已经当了20多年修理工了。当个好工人，是朴凤元给自己人生的定位，他说，能把一个技术工人当好，也是一种成功。

时至今天，他在修理工这个岗位上已经干了 30 多年，当年一起干活的人陆续离职或调换岗位，只有他与修理工作不离不弃，干得踏踏实实，干得其乐无穷，干得乐不思蜀。

30 多年来，朴凤元把修理工干到了极致。一次，一家大修厂有一台推土机，修理了很多天也找不到故障，请朴凤元帮忙，他绕着推土机转了一圈，又蹲下身向车底观察了一下，起身说了一句："修一下油管吧。" 按照朴师傅说的，上手一修，推土机发动了，啥毛病都没有了。

修理工是技术活，也是良心活。仓储公司领导深有感触地说："像老朴这样的老师傅，在修理工岗位上干了几十年，他要图省事，说这设备修不了，送出去大修，谁都得听从，再舍不得花钱也得花，但老朴干的是良心活、觉悟活，每次他都能让待修的设备起死回生。" 朴凤元就是以这样的责任心，为设备负责，为企业负责，为他 "就要当个好工人" 负责。朴凤元对当一个好工人，有独到的认识和标准，他对年轻工人们说："一是要成为自己这个领域的专家，能把自己这套活儿干得硬实、干得漂亮。二是得有责任心，起码得把活干得对得起自己的良心，不管干什么，干就要干好。三是身体必须要好，一个操作工人，浑身是病，一切都等于零。"

朴凤元曾说："干是千斤顶，学是螺丝钉"。30 多来，他在修理工岗位上，干活就像千斤顶，能顶千斤重，学技术就像螺丝钉，能学深学透。而他自己更像是一颗钉在修理工岗位上的螺丝钉，而且历经 30 多年岁月风雨不锈不松，越钉越紧。了解朴凤元的人，都知道他有个 "节日综合征"，就是一到节假日，一休息就有病，不是腰疼，就是腿疼，再不然就是脑袋疼、肩周疼，反正浑身都难受，可是一到修理间干上活，啥毛病都没了，所以每遇节假日，他尽量少休，或者不休。班里的人都说，朴师傅就是个干活的命。

朴凤元对工作真情投入，生活中他也是一个重情重义的人。妻子说，她和老朴的结合，看重的就是老朴是一个有情有义的人。她说许多年前，在一个冬天的深夜，她突然头疼不止，家里找不到药，那时不像现在这样到处都有药店，老朴披上棉袄，去给她买药，这一去差不多到天亮才回来，回到家的时候，他眼睛鼻子全是霜，脸都冻肿了。当时他家在让胡路住，老朴说他走到萨尔图才找到卖药的，那天夜里老朴冒着严寒走了20多公里路。老朴伸出被冻得颤抖的手，把药递给妻子，妻子被他这种近于痴的真情真意，感动得泪水涟涟。朴凤元就是这样一个重情重得让人感动到哭的人。

朴凤元被大庆油田命名为“新时期好工人”后，油田组织宣讲团宣讲他的事迹，每次宣讲，他都坐在台上，可是人们看到的不是他自己讲自己，而是别人代替他讲，很多人都纳闷，既然坐在台上，为什么不自己讲呢？当有人问到他这事时，他脸涨得通红，说自己怯场，不敢在那么大场面上说话。朴凤元说的是实话，30多年来他从来没离开过修车这个行当，整天围着设备转，就是一个普普通通的修理工。

⊙**朴凤元，**男，1959年出生，时任大庆油田有限责任公司物资公司让胡路仓储分公司修理工，中央企业劳动模范、黑龙江省知识性职工标兵、黑龙江省五一劳动奖章。

野风草原绿意浓

你灵活有力的手指在绝缘子间运动，你宽阔的胸脯装进草原的风，你登上杆塔，在风雪中写下挺立的诗行。

杨四海从杆塔上下来已过了中午 12 点，他靠在杆塔上休息，草原的风夹杂着沙尘吹过来，五月，海拉尔草原上还很冷。他紧了紧衣服，拿出面包吃起来。

杨四海今年 29 岁，脸上的青涩却已经褪去，如果今天顺利，剩余的线路就能检修完毕。他自己也没想到这次报名参加海塔电网检修会战，能创下日检修 110 千伏直线杆十六基的油田电网新纪录。

喝了几口水后，杨四海咽下这个面包，起身走向下一个杆塔。每天都要走十几公里，虽然双腿对数字已经不敏感了，但身上这 70 斤重的装备，还是让他觉得越来越沉。虽然沉，可是杨四海爬上杆塔的速度却没有慢，每一步他都走得很稳，下面监护的同事，十分佩服这个才参加工作不久的小老弟。杨四海爬到杆塔顶端，认真检查了一遍部件。今天检修的线路还不错，虽然七八年没有检修，但需要维护的地方并不多。

刚到线路队时，杨四海便暗下决心，自己只有高中学历，起点已经输了，过程决不能输。除了坚持学习书本上的知识，他还认真观察师傅的实践演示，有空就练习，每天至少十次把 120 斤的横担提到 9 米高的杆塔，手套磨破几十副，工服都坏了三套。他成了子女工登杆检修第一人。

杨四海从最后一个杆塔上下来，收拾好工具，日已西斜。今天干完，就可以提前 17 天完成检修任务。想起这些天吃的苦，想起自己创下的纪录，再看看海拉尔渐绿的草原，他很欣慰，嘴角溢出了笑容。

2013 年 9 月的一天，受洪涝灾害影响，采油九厂附近 35 千伏龙古线杆塔严重倾斜，随时有倒杆危险，断电直接关系原油产量。杨四海跳进齐腰深的水里，蚊虫像饿了好几天一样，扑面而来。杨四海开玩笑说："像不像一场音乐会，咱们都是台上的演奏者。"

十多个小时过去了，臭水泡里的同志们陆续收工。杨四海瞅着这些和他一起忙碌的同志，想起师傅油田技术能手张海涛，想起师傅的师傅中油集团劳模巩连喜，在他的师傅教导下，拿了油田技术运动会线路第一名，人称"线路尖兵"。现在，他自己也培养了四名徒弟，其中胡博还拿到了供电"技术新秀标兵"，想到这，他心里暖暖的。这臭水泡子和"嗡嗡"叫的蚊虫好像不存在。

杨四海记不清登杆作业多少次，参加检修会战多少次，他说，工作八年，没认过输服过软。登上杆塔，他爱向远处看，能在大草甸子上发现不一样的风景。

收工了，杨四海和班组同志朝着余晖走去，后面跟着长长的身影，风使劲儿吹，却纹丝不动。

⊙**杨四海，**男，1989 年出生，现任中国石油集团电能有限公司供电公司线路运维部线路二队副队长，黑龙江省杰出青年岗位能手。

另类班长

他是油田最小的官，手下两个人；他是单位最忙的人，除了工作，在生活上也给予同事无私的帮助；他把同事当战友，当兄弟，是螺丝与螺母严丝合缝般的感情。

“这是我兄弟！”于振宇一来，老唐就跟邻居介绍，满脸的自豪。

多年的邻居，知根知底，老唐突然冒出个兄弟来，而且俩人俩姓，大家蒙圈了。后来才知道，他们是同事，在一个班，于振宇是班长，老唐是班员。班里还有个赵丽萍，她孩子小，家里事儿也多，所以班里出活的，就数于振宇了。

起初，老唐不想来这个班，听说于振宇这人特轴，作业工跟他打交道都发怵，每次交井，卡箍、螺丝、顶丝他一一清点，抠得很细，一点情面也不讲。

老唐就是从作业队转来的，年近 50，没什么文化。老唐不怕出力气，但技术复杂一点就转不过弯儿来，取油样就能整一身油，常被大家揶揄，老唐很闹心。

于振宇却说：“没事儿，熟练就好了。”光一个取样，于振宇从流程到井口结构，掰碎了讲，边讲边做边教，非常有耐心，时常天快黑了，才回家。老唐实在，觉得这人对工作挺严，但对自己还不错，就说作业工净传瞎话。于振宇早有耳闻，就逗老唐：“他们说我啥了？”老唐不想传瞎话，又不会拒绝，为难的样子可笑又可爱。

这些年来，老唐心思单纯，为人老实，到哪儿大家都爱拿他开玩笑。有人对他好一点，他就像一个人在夜里走了很久，黑暗里看见一盏烛火，眼前一亮，心里一暖。

除了暖心，干活麻利，于振宇还是厂里最年轻的高级技师。老唐看一眼书就晕，而于振宇却能背那么厚的专业书。老唐不信，闲暇时，便拿过书，专挑字多的、符号怪的考他。于振宇像把书印在脑子里了，张口就来，从不卡壳。这回老唐信了、服了，一挑大拇指：牛，牛，牛！从此，老唐成了他的粉丝，黏着他，盯着他。

老唐发现，午休时于振宇总悄悄出去。老唐好奇，就偷偷跟着，却见他绕着井场转悠，有时发呆发愣，有时喃喃自语，像魔怔了。老唐正纳闷，却见他向自己招手，一愣，还是低头耷脑地走了过去。于振宇说：“我说你记。”老唐不懂，一五一十地按他说的记。过后老唐才知道，于振宇把全队油井的底细细摸个遍，再实验，对比，最终提出“7211 皮带管理法”。于振宇说：“老唐你也功不可没。”那一刻老唐觉得自己也高大了，“嘿嘿”着说名师出高徒。

老唐心粗，一有空于振宇就让他临摹字帖，赵丽萍请假时，就让老唐写资料，写不好重写。老唐写得满头大汗。过后，于振宇都要重写资料，就是为磨炼老唐的心性。

在于振宇的细心指导下，老唐终于能独立顶岗了，但过后不久，脑袋又耷拉了。原来，老唐的爱人是个药罐子，儿子上学，家里就指他一个人挣钱。老唐心粗，没个算计，钱总不够花，为此犯愁。

于是，于振宇教老唐记账，第一个月就剩了好几百块钱。手里有钱，心里不慌，老唐又乐了。

一有空，于振宇就来老唐家。因为爱人病着，老唐又疏于打理，家里像个杂货铺。于振宇帮着买粮买菜，料理家务，甚至偷偷贴补家用。家里干净了，温馨了，老唐的心也暖了。这天，老唐忽然塞给于振宇一张存折，让他帮着管家。这回轮到于振宇犯愁了，想了想，再看看他真诚的目光，默默接了过来。他做了两个账本，一本给老唐，一本给队里，每一分钱都登记入册。老唐说："振宇帮我管钱，放心！"

老唐把于振宇当兄弟看，相信他，依赖他，没辙了就找他商量。儿子高考落榜后，整天泡在网吧，老唐很上火，整天数落孩子。孩子不服，爷俩一度冷战。于振宇鼓励孩子参加招工考试。孩子底子薄，成绩差，于振宇就自学考试相关的内容，再来教孩子。春去秋来，经过两年的辅导，孩子终于考上了，有了立足之地，立身之本。老唐感动又感激，但他不知道，于振宇给孩子补习，讲完题后，趁着孩子做练习的当口，他也在一边看专业书——每周队里都有学习，于振宇要给大家讲课。他说得很实在，"大家活儿干得好，产量就高，效益就好，挣得就多，企业好了，咱才能保住饭碗。"

那天，俩人从井场回来时，暮色苍茫，于振宇感慨道："咱们采油工，不是铁打的，更不是一个零件，而是人，有血有肉，有苦有乐，还有那么一点人情味儿。"

⊙**于振宇，**男，1978年出生，现任大庆油田有限责任公司第一采油厂第一油矿北一队采油班长，中国石油天然气集团有限公司优秀共产党员。

装炮班的霸王花

一群与炸弹打交道的姑娘，青春的年华伴着高危的职业岗位；美丽的女性承担着繁重的体力劳动；繁华的时代面对着孤寂的执着守候，她们把能够拥有的时光都献给了自己热爱的岗位。

代春菁觉得自己好像要长毛了，被队里调了个清闲的岗，闲不住的她待得浑身不自在，她决定哪儿来的还是回哪儿去。

咋回事儿呢？结婚五年了，第一次体会到怀孕欣喜的准妈妈正赶上生产旺季，她顾不上休息，在装炮车间一待就是一天。最终孩子没能保住。流产之后，大伙儿劝她好好休息，为此队里还特意把她调入了这清闲的岗位调养身体，可她身体里的每一个细胞都在抗议："这不是我们要的生活，给我回去！回去！"

在回装炮班的路上，离市区越来越远，大大小小的警示牌从眼前一个个划过，试油试采分公司射孔大队射孔四队女子装炮班就要到了，代春菁的血液又开始鲜活地跳跃了起来。

"哎嘛，班长，你咋回来了呢？"

正在换衣服的姑娘们看见代春菁，满脸诧异，满脸惊喜。

"我舍不得你们呗。"

“想好了？不走了？”

“想啥？往哪走？换衣服，干活！”

“嘻嘻，好嘞。”

高危、高效、重体力、满负荷，和这些词语打交道的，就是这样一群青春绽放的姑娘。

她们的手双双刚健有力，由于常年摩擦，掌心长出了厚茧，从指尖到虎口，手掌的每一寸肌肤都有如硬塑料般的触感。徒手搬运一箱 60 多斤的射孔弹，那真是小菜一碟。

装炮班的姑娘们负责全油田每年几千口井的生产任务。任何微小的疏忽和纰漏，都可能酿成不堪设想的后果，和爆破打交道来不得丝毫马虎。

一枚石油开采专用射孔弹的威力，足以炸毁大楼的一角。如果有一根弹架连错，将造成整口井的报废。一根 3 米长的射孔弹架的导爆索预留长度就算偏差不足 1 厘米，也必须重新装配。

射孔弹能快速被装入，那是每天重复上千次，铁屑常常穿透手套、刺痛双手换来的精准。

队里贴心地为装炮班准备了“黄色笑脸”小磁牌，要是赶上每个月女孩子身体特殊的那几天，或者谁有不舒服的时候，就可以把它贴到自己的岗位照片上，由大家帮助分担一些工作。

在三十多个班员中，至少三分之一的人都有腰病，可“黄色笑脸”小磁牌自打“问世”以来，就没有人使用过。姑娘们心里明白：工作繁忙时每个人都是满负荷，怎么忍心再去增加姐妹们的工作量呢。

大家反而是飙着劲地训练，生怕因为自己的不足影响了整个班组。好，还要更好。没有止境。

1989 年出生的张博，如今已是一名小组长了。在车间从早忙到晚，一天下来腿都站肿了，晚上，张博就把腿放在墙上倒控着，为了不让父母跟着担心，她说这样减肥效果特别好。

装炮工李佳的母亲无意中拉过女儿的手，发现李佳手上有好多的伤疤和老茧，整个手都脱皮了，上手一摸，都刺得慌。这哪还是女孩子的手呀，母亲心疼得当时就哭了："闺女，不行咱就别干了，妈养着你，咱不遭这份罪了！"

可李佳跟没事儿人似的，和妈妈来了个大大的拥抱，安慰妈妈说："放心吧，我能行！"

"父辈能做到，我们也能做到，而且我们会做得更好。"装炮班的姑娘们身上就是有这么一股子劲。

⊙**试油试采分公司射孔大队射孔四队女子装炮班**，2013 年度大庆感动油田集体。

《油城印象》（套色木刻）刘瑛琨

《复移》（黑白木刻 版画）于广义

暗　香

她们是走在太阳前面的人，披星戴月、数十载无怨无悔；她们把小区居民当作家人，真诚付出、点点滴滴温暖人心；美化城市环境，提升精神素养，她们是城市中不可缺少的一缕“暗香”。

方晓小区的色调还是十年前我记忆中的样子，是以灰、黑、绿为主的冷色调，唯一不同的是，小区的环境发生了巨大变化，处处干净、整洁、有序，和我记忆中的它形成了鲜明的对比。

这是一个已经“35 岁”的老小区，基础设施差，原来的道路就连骑自行车也是“爬坡过坎”。这里的居民以老人居多，素质参差不齐。

记得 10 年前，有一次回家，刚走到楼下，就听“砰”的一声，一个不明飞行物从我的耳边飞过，重重地砸在了马路牙石上！瞬间，一袋垃圾撒得到处都是！惊魂未定的我生气地抬头找扔东西的家伙，结果找了半天，愣是没看到人影！这就是我记忆中的样子，一个脏乱差的小区！

再次来到这个小区，是来采访一个叫姜明娟的环卫班，听说正是这个环卫班，改变了方晓小区的精神面貌，还把它变成了油田的“明星小区”。

“阿姨，你知道姜明娟环卫班在哪儿吗？我是来采访她们的。”

“姜明娟班组啊！知道，住在我们这个小区的，没有不熟悉她们的！”一位六七十岁的老大娘自豪地回答我。

“丫头啊！你可得好好给她们做个报道啊！没有她们，我们家夏天都不敢开窗户啊！我家就住一楼，看见没，那垃圾桶就对着我家，以前天一热，就臭气熏天！苍蝇蚊子一堆啊！现在你看，这垃圾桶多干净，外面都擦得锃亮。”

“她们环卫班比太阳起得都早，早上三点多，就开始一栋楼一栋楼地打扫，等我们起来，小区被打扫得可干净了。”又一个阿姨幽默地说道。

“前几天，大庆下大暴雨，这积水都没过路牙石了，出不去门啊！雨排都堵死了，她们第一时间就来清淤，顶着大雨，全身都湿透了，靴子都灌满水了。那些淤堵的脏东西，都是用手一点儿一点抠出来的！我们可心疼了，我姑娘也顶雨出去帮忙了！”

“就说 2015 年的那场大雪吧，她们刚扫完，不一会儿，又下了厚厚的一层，零下 20 摄氏度的北风，刮得脸跟刀割似的，姜明娟她们扫雪累得，头发都让汗给浸湿了，帽子上结了一层厚厚的霜花。我说闺女，歇会儿吧，她却说不行啊，小区住的都是老人家，雪不及时打扫干净，怕大家出门不安全。”

知道我是来采访姜明娟班组的，这些叔叔阿姨们一会儿的工夫，就把我团团围住，你一言我一语的，仿佛有说不完的话。

从这些小区居民口中，我还听到了一个暖人的故事。

几年前夏日的一个清晨，姜明娟和以往一样在小区里检查。“救救我妈……”一个 30 多岁的男人哭号着一把拉住她，姜明娟吓了一跳，仔细一看，是小区里人称“傻二”的智障男子，姜明娟忙问他怎么了，他往家里一指，什么也说不出来。姜明娟一边安慰“傻二”，一边来到他家。

进门一看，姜明娟呆住了：室内一阵恶臭袭来，大小便的痕迹随处可见，70 多岁的老太太衣不蔽体蜷缩在水泥地上，裸露的皮肤已经一块块地腐烂，长长的指甲已经开始卷曲，头发粘在一起，成群的苍蝇嗡嗡地围着老人乱飞……姜明娟顾不上脏和臭，走近老人家，蹲下身子一摸：老人还有微弱的鼻息！

“救人要紧！”姜明娟马上跑到街道办公室求助，查到老太太是某单位家属，又查到这个单位电话，可当时还不到 7 点，打了 30 多个电话，都无人接听。

姜明娟只好向自己单位领导求助，物业领导听说后马上联系老人的所属单位领导。不到 8 点，老人所属单位领导和救护车来到方晓，这时姜明娟的心才放下来。

3 天后，姜明娟又来到“傻二”家，一进门才知道，老人已于昨天去世。姜明娟又跑前跑后地找街道、派出所开死亡证明……

很多办事人员看她这么忙活都以为死者是姜明娟的亲戚，后来才知道她只是小区的一名普通保洁员。当殡仪馆的车来到老人家门前时，姜明娟又跑回环卫班，找来几个姐妹，用床单轻轻地把老人抬上车。

带着这种心灵的震撼，我终于在小区居民的帮助下，找到了正在干活的姜明娟。她穿着有些褪了色的工服，对我淡淡地笑了笑，她的质朴超出了我的想象。

“2013 年，姜明娟被评为中国石油‘十大金花’环卫班长。2015 年 2 月，姜明娟环卫班荣获中华全国总工会‘五一巾帼标兵岗’称号，大庆油田‘感动人物（集体）’，同年 9 月，她又登上了‘全国物业管理行业感动人物’的颁奖台，成为黑龙江省、集团公司获此殊荣的第一人！”这是采访之前，我收集的关于她的素材，当时我也想知道，这么高荣誉的获得者是怎样的一个人。而现在她就站在我面前了，像平静的水面一样，不起波澜。

“春扫炮皮夏排水，秋收落叶冬清雪，对于常年这么忙和累的工作，您有

《风光岁月》（中国画）战广彦

什么感受？”

“这是我们应该做的。”她淡淡地笑了笑，回答道。

“不觉得累啊！这就是我们自己的家。”当我换个角度，再问她的时候，她的回答还是那么平静，她是一个不善言辞的人，在她心中，她认为她们只是做了应该做的事。

姜明娟环卫班的姐妹们，就像一朵朵盛开的淡黄色的桂花，没有名贵花的鲜艳，她们处于幽暗之处，不惹人注意，却给人留下无限回味的香。

天冷路滑时，她们会在单元门口提前铺设好防滑地垫；秋天囤秋菜时，她们会主动帮助居民运送；发现小区有破损的路牙石，她们会亲自动手抹水泥修补。“暗淡轻黄体性柔，情疏迹远只香留。何须浅碧轻红色，自是花中第一流。”方晓小区在她们悄无声息的点滴努力中，精神文明素质也飞速提升。

⊙**大庆油田矿区服务事业部物业管理三公司登峰物业分公司姜明娟环卫班**，2013年度大庆感动油田集体。

《冬日井场》（油画）董保臣

第四章

砥志研思

DIZHI YANSI

敢于沿着陡峭山峰攀登，
有多少“九万里风鹏正举”的
豪气舒意，
就有多少“吹尽狂沙始到金”
的曲折艰辛，
才智和胆识擎起科技创新，把
中国石油品牌叫响！

从巡井工到地质师的华丽转身

他在平淡的生活中点燃知识的火把，在攀登的征途上搭建向上的阶梯，经过30多年的跋涉，演绎了从一名技校生到博士生的人生传奇。

凌晨3点的校园，北风夹着雪花在教室外徘徊低号，寂静里，唯有“沙沙沙”的声音有节律地响着，一支粉笔在黑板上来来回回，仿佛永远走不到尽头，枯燥的数字、难解的习题……

这是酷暑难耐的午后，太阳毒辣，宿舍里，空气能把皮肤攥出水来，一双专注的眼睛凝视书本，鼻血和着汗水“滴答滴答”，洇湿了笔记本上大段的概述、绕口的公式……

多年以后，这些场景依然深深印在杜庆龙的脑海里。一名技校生自学高中、大学的课程有多难，杜庆龙最有发言权。可是，不这么拼，怎么能改变一辈子做巡井工的命运？他认定自己应该有更大的人生价值，如果不是三岁那年就失去了父亲，如果不是为了尽早减轻家里负担，一直成绩优异的他也许早就幸福地成为那些在象牙塔里探索的人了。

对于一个有追求有梦想的人，这是一种无法言状的痛苦。在那些寂寞的岁月里，每当这痛苦袭上心头，杜庆龙都会在学习上更加苛刻地要求自己。

大庆职工大学、中国石油大学，杜庆龙用 12 年的毅力和奋斗，终于把自己送到梦想已久的科研大门前。

刚来到勘探开发研究院的杜庆龙想，自己起点低，经验少，是笨鸟，就得先飞，就得比别人的功夫下得多。因此，人们总能看到他夜以继日伏案工作学习的身影，与他的技术水平与日俱增的，还有他“噌噌”上涨的近视程度和日积月累的疲劳，他的眼镜度数已高达 1200 度。

终于，在勘探开发研究院这个平台上，他迎来了人生中第一个重大科研项目——国家攻关中的宏观剩余油成因类型及三维定量描述研究。剩余油研究是关系高含水后期的大庆油田可持续发展的重要课题，作为世界级难题，在国内一直没有有效的研究方法。于是，看书成了杜庆龙最有效的方法，他甚至到了痴迷的程度。

一天，杜庆龙在家里研究资料，正在做饭的妻子从厨房里探出头来对他说:“我去趟超市，你看着锅，菜炖得差不多就关火吧。”杜庆龙“嗯”地答应了一声。半个多小时后，妻子回来刚走到家门口，就闻到一股焦煳的味道。她急忙打开门冲进了厨房，炉灶上的锅早就变了颜色，还发出“哔哔叭叭”的响声，一串串白烟向外冒着。妻子的心情顿时像炉灶上的火苗一样上蹿，一直沉浸在课题世界里的杜庆龙，看到满脸怒气的妻子走进来，眨着那双高度近视的眼睛竟然露出全然不知的神情，本想理论一番的妻子，也只好无奈作罢。

杜庆龙带领团队无数次地往返在图书馆和现场，回家的次数屈指可数。儿子生病住院了，为了支持杜庆龙的科研工作，身患乳腺癌的岳母悄悄来到女儿家帮忙照顾小外孙，刚做完阑尾炎手术的妻子心疼重病在身的母亲，硬是没等伤口拆线，便匆匆出了院。提起那段最苦最难的日子，杜庆龙的妻子总会鼻子发酸，可即使这样，她也不愿意影响他的工作。在家人默默地支持下，杜庆龙首创了神经网络单井点剩余油识别方法，填补了油田的科研空白。在科研攻关的 20 年里，杜庆龙带领团队实现了剩余油描述技术从人工定性到半定量再到定量的两次重大技术跨越，建立的剩余油描述技术系列在全油田应用预计增加可采储量近 3000 万吨。

如今，已经是中科院博士、集团公司高级技术专家的杜庆龙依然潜心在科研一线，他说："油田现在面临的难题越来越多，所以，需要我们加倍去努力攻关，靠一个人不行，要靠更多的团队来完成。"因此，杜庆龙又有了下一个梦想，那就是为油田培养更多的青年人才，打造一支优秀的科研团队。

⊙**杜庆龙**，男，1964 年出生，现任大庆油田有限责任公司勘探开发研究院油田公司企业一级技术专家，中国石油天然气集团有限公司劳动模范。

《没有融化的雪》（油画）金爱春

遥远的星空

浩瀚的星空下有多少人在成就梦想？有多少人在虚度光阴？成功的喜悦和付出的代价哪个更重要？繁星点点，浩瀚的宇宙，你仰望越久心也就越明亮。

记得有一次在外围油田，汪玉梅二十多天都没有地方住，只好住在老乡家里。晚上睡觉不敢脱衣裳，因为心里惦记着井上的事。当时正是春寒料峭、乍暖还寒的时候，老乡家舍不得烧火，屋子里冷得像个冰窖。汪玉梅冻得睡不着觉，索性披衣起来在院子里散步。那天晚上夜空中布满了星星。

乡下夜空里的星星比城市里的多，而且亮，像是被清水洗涤过的水晶，透明，一尘不染。汪玉梅仰望着星空，突然发现，自己已经很长时间没有仰望星空了。记得小时候在家乡的院子里和奶奶一起看星星，儿时的她充满了好奇，总是不停地问，奶奶告诉她，哪颗星是牛郎星，哪颗星是织女星，还有那条不知道有多宽有多长的银河。

那时候多快乐呀，儿时的天真烂漫随着时光流淌渐渐地消失在记忆里。它被尘封多久了？自己的心被尘封多久了？

就拿外围扶杨特低渗难采油层缝网压裂这个事来说吧，这是一次高风险的挑战，不仅在国内没有成功经验可以借鉴，也是一个世界级难题。好比一块锁在铁笼子里的大蛋糕，尽管人们都想得到它，用尽各种办法，却只能吃到一小口，用地质师的专业用语叫“难采储量采出程度始终小于 5% ”。

接受这个任务，汪玉梅可谓临危受命——油田持续稳产 4000 万吨，没有石油储量不行，有了储量采不出来也不行！别看女地质师的肩膀瘦弱，却一样有担当。

接下来的 700 多个日夜，汪玉梅几乎把井当成了家，这中间有着太多的心酸和委屈。查资料，查到眼前一黑。做试验，每口井方案她亲自制定，每口井施工她亲临现场，每口井测试结果她亲自分析……

她说干科研再苦再累都不觉得委屈，最难受的是听到别人说：“人家国外都整不明白的事，就你们……”汪玉梅说：“那么多日日夜夜过去，不管你付出再多，只要你没有拿出油来，你就堵不住别人的嘴。”她觉得地下有油采不出来，是地质师的最大耻辱！

多少不眠之夜，多少风霜雨雪，多少苦辣酸甜，汪玉梅觉得自己的心都变硬了，挂断生病的孩子想妈妈的电话，竟然使劲儿揉了下眼睛，把眼泪挡回去了，因为要看刚出来的测试结果……

然而，缝网压裂成功那天，过去日产两三吨的油井，一下子增长到日产三四十吨，汪玉梅再也忍不住，放声大哭，那一刻她想到了太多太多……

今晚的星星真多呀，可惜没有月亮。

汪玉梅想起了那句千里共婵娟。当年的苏轼也曾徘徊在月光下，思念着远方的亲人。汪玉梅想，没有月亮了，苏轼会作一篇什么样的词来名垂千古呢？自古以来都是明月寄相思，那么这漫天的星斗会做何感想呢？

婆婆住院那年她没能回家尽孝。她回不去啊！尽管她很想回去，替丈夫分担一点，哪怕只有微薄的一点。她亏欠这个家太多太多了。

汪玉梅很少回家。那年她主动请战，承担起大庆油田薄差储层细分控制压裂技术研究这个重任。她暗想，一定不能辜负领导的期望。然而这一干就是三年，分析了 1000 多口井及施工曲线，有时候连续工作十几个小时，眼睛常常又红又肿。回家，简直是奢望。记得有一次回去，她亲手做了几个菜，没想到丈夫高兴得像个孩子似的，对她的厨艺大加赞赏。看着一家人那么高兴，汪玉梅心里真有一种说不出的滋味。

可是这一切值得吗？

汪玉梅仰望星空问自己。

星空不能回答她。可是在浩渺的星空下，自己又是多么渺小。

莫问前程，只问自己的心：汪玉梅，你是一个科学工作者，你的职责所在，你的信念浩瀚无边。

就在此时，汪玉梅想明白了，她不再彷徨……

⊙**汪玉梅，**女，1966 年出生，时任大庆油田有限责任公司井下作业分公司副总地质师，中国石油天然气集团有限公司劳动模范。

李国龙治淤

淤堵生产的难题，就像压在心头的石头。为“三采”铺一条舒心路，他要把石头拿掉，将革新进行到底。

法国物理学家帕斯卡的压强定理说，在密闭液体上的压强，能够均衡地被液体向各个方向传递。李国龙想到这儿的时候，马上跑到妻子面前。

“媳妇，你看注水井就相当于一个密闭容器。”

“等等。”媳妇打断他，“你是不是魔怔了。吃饭愣神，睡觉失眠，这会儿又吓我一跳。”

“我突然想到帕斯卡定理，能不能将多级压力改为压力直通？”

爱人是物理老师，李国龙有问题就请教她。知道他来了劲，什么都挡不住，便给了他肯定的回答：“你的想法值得一试。”

李国龙很兴奋，油水井录取的压力与实际压力相差较大，既然下定决心拿下这个难题，就要弄出个结果。

有了爱人的鼓励，他进行了初步设计，先把样品加工出来，然后跑到井上，现场取压。

二月的天气不像爱人那样鼓励他，只是泼冷水。寒风似乎在提醒着什么，一会儿风速忽然加大了。

取压进行到一半，井内的水突然喷射出来，顿时将他从头到脚浇透，不一会儿，身上就结了冰。

他有些沮丧，不是因为身上冷，而是对试验中的问题估计不足。好在他已习惯了先失败后成功。

取压装置他拆卸分解许多次了，对原理了如指掌。最后查明是因为机械密封没有达到密封效果。

“这个该死的密封，形状不合适，耽误多大事。”李国龙愤愤地想。

下一步，搞定密封面。

2000 年 3 月 16 日，对李国龙来说是值得庆祝的一天，“三通活塞压力表取压装置”安装在一口高压井上试用成功，不渗不漏，解决了压力误差大的问题，还兼具防冻、防盗功能。年内就在试验大队得到了推广，这比受到厂表彰更令李国龙振奋。

试验就要品尝失败、灰心，就要有酸甜苦辣混合的滋味。

一次，做井口取样阀试验，密封圈突然断掉，活塞被卡住，两个徒弟有些迟疑，李国龙一边用手和身体挡住井内喷出的原油，一边喊徒弟去关阀门。可阀门失灵，无法制止原油喷射，他指挥两个徒弟，合力将取样阀换下，止住了井喷。

他们成了“油”人、“黑”人，衣服裤子都湿了，不方便坐车，就走回队里，走了两个小时，三人讨论了一路，忘记了疲惫。

试验失败，李国龙鼓励徒弟，“咱们搞技术的就要有经受挫折失败的心理素质，有不被困难吓倒的意志”。徒弟们都很佩服他。

他也有不佩服自己的时候。

2014 年的一次现场试验，新研制的取样器正在进行取样操作试验，突然碱液喷溅，旁边的操作人躲闪不及，脸上被碱液喷到。大家赶紧给他上药，所幸浓度和量都不大，处理及时，没有造成大的伤害。

经检查，李国龙发现一个放空门忘记关闭。

这次试验让他矛盾重重，试验越多，风险就越多，不仅是自己，和自己一起搞试验的人都会受到风险威胁。可是，如果革新都能轻而易举成功，那还需要他们努力钻研冒险试验干啥？这些问题在李国龙心头堵着，像塞了一块石头。

这些年的试验经历，让他逐渐学会了战胜自我，突破自我。

经过 30 多次试验，历经 4 年，全新技术“活塞式免放空取样器”研制成功，样品与井口液体的一致性得到保证，而且免去放空取样操作，杜绝了环境污染，操作更安全更便捷。一经推广，便引来员工的一致称赞。

这时，李国龙内心所有的矛盾都化作涓涓细流。

他的“李国龙劳模创新工作室”就是让经济效益和社会效益双飞，李国龙对徒弟说：“咱们的工作就是要把员工生产中遇到的难题当作革新攻关对象，打通淤堵，他们工作舒心，我们也舒心。”

⊙**李国龙**，男，1962 年出生，现任大庆油田有限责任公司第一采油厂试验大队采油维修队仪表技术员，全国知识型职工先进个人。

《火热的工地》（国画）王晓庆

研究马拉车的人

他爱思考，做事精致，对待节能工作，他就想挖出大脑中的丰富宝藏，让这些油井宝贝做最少的功，采出最多的油。

李阳对自己的学习能力一直很有信心，三天里，他把这本《石油工程字典》翻烂了，搞定了十多篇外文资料，这些资料对解决低效井的地面设备配置过大或过小及能耗不匹配问题很有帮助。

看到小马拉大车，大马拉小车，这种效率低的事，他就十分着急。

一次帮朋友搬家，他突然灵光一闪。搬家公司根据顾客东西的多少分派相应容量的车，这不就是最大化发挥车辆的利用效率吗。如果单井也采用这种方式，合理互调，整合资源，就能最大限度地提高效率。

试验取得了成功，设计方案拿下了油田公司一等奖。重要的是推广后，为单井降低了施工费、用电成本、更机费用，并且提高了产量。

刚到采油队，李阳看什么都新鲜，都觉得有趣。换皮带、加盘根、平井场，很快就都掌握了。

日子像抽油机皮带电机快速运转，实习期很快就过去了。实习结束，他被抽调到厂工程技术大队从事节能技术工作。

他把办公室搬到大工房和油井现场，试验室设在大队废弃的工房内。空旷的工房似乎有巨大的能量场，源源不断传向他的大脑。试验间歇时，安静的工房偶尔会发出叮咚声，像是开启他智慧的锁声，令他激动不已。它们和试验时的旋转搅拌声、油井杆管摩擦声的亲切不同，枯燥的数据和他成了无话不说的朋友，在一次次模拟、绘制、验证、推翻、改进过程中，他们更加亲密。

感情越醇厚，离试验成功就越近。

为了收集参数，有时他一天跑五六次井。和当班员工一次次地商量：

“再调整一次吧，这个数据更有价值。”

“这个参数不行，再换这个试试。”

“你这个试验弄了这么久，到底行不行，有没有啥结果？”调整次数多了，基层员工难免质疑。

“快了，这组参数试验做完，就能有结果。忙过这段时间，回头我请大家喝饮料。”他安慰员工。

大家看见他在井上经常一蹲就是一天。

“歇歇吧，也不急这一天两天，年轻轻的别累坏了。”

“早弄出来，就能早点实施。”他知道大家心疼他，可他不早点搞出结果，自己也不舒服。

通过试验工作，他与基层员工们处得像和他的数据一样好。

功夫没白费，聚驱抽油机井节能优化技术取得突破性进展，实施后，取得巨大的经济效益和社会效益。

做事不做好他就不罢休。

夜深了，办公室的灯还亮着，刚才争论的几位同事走了，他有了新想法，赶紧把这些思考整理出来。

他已经养成了习惯，只要有一位同事还没离开，他就不走，办公室的灯经常由他熄灭。第二天，他把方案拿给大家看，大家眼前一亮，都说这个方案立足全局而且鲜明，新颖且有说服力。

“是大家的功劳啊，不争论哪儿有新点子！”他说得很中肯。

他还有句话很实在：“在这个岗位上，必须会得多、懂得全、明大局、知方向，就像船上的掌舵者。”

攻关的目的和方向明确，解决问题就像锯木头一样，被他们一寸寸锯断，直到完全解开。“系统效率提升难度大”“吨液单耗高”“节能管理无抓手”三大症结问题，李阳发挥群策群力给解决了。他提出“潜力培养、优选优化、分类治理”的立体节能攻关模式，率领攻关人员，向“高效、低耗”节能可持续发展挺进。他说自己是研究马拉车的人，无论大马拉小车，还是小马拉大车，他都不高兴。

⊙**李阳，**男，1985 年出生，现任大庆油田有限责任公司第六采油厂工程技术大队综合室主任，龙江工匠。

克　难

为了挽救病人的生命，面对可能的风险，他总会义无反顾地主动迎接挑战，并且每一次的搏击闯关，他总是能够做到有惊无险……

1993 年，大庆油田总医院，一对夫妇推着轮椅来到骨科主任办公室门前，轮椅上坐着一位 16 岁的少年。

患者的父亲，一位黑瘦的中年男人怯生生地敲响了骨科主任办公室的门。办公室里簇拥着一群患者和患者的家属，他们手里拿着片子，都在焦急地等待着主任的审看。主任史峰军正在无影灯下查看一位患者的片子，并耐心地给出自己的诊断意见。他全神贯注，没有听见敲门声。中年男人走进来，耐心等候着，直到最后一位患者的家属离开，他才走上前。

未等史峰军开口，他说：“史主任，我的儿子‘膝关节屈曲畸形’，我跑了国内好多医院，都说治不了。我们刚从北京的骨科医院回来，医院的专家说，你们大庆油田总医院的史主任是国内知名专家，你怎么不去找他，还舍近求远到处乱跑！”

史峰军从中年男人手里接过片子，在无影灯下仔细查看着。

“北京的专家怎么说的？”史峰军问。

中年男人说：“孩子患有血友病，北京的医院不敢做手术。”

血友病为一组遗传性凝血功能障碍的出血性疾病，其特征是活性凝血活酶生成障碍，凝血时间延长，终身具有轻微创伤后出血倾向，重症患者没有明显外伤也可发生“自发性”出血。

史峰军说：“对血友病患者来说，外科手术是绝对的禁忌。如果流血不止，就有生命危险。”

中年男人说：“北京的专家也是这么说的，所以他们不敢接手。可是，孩子如果就这样站不起来，他的一生就完了。我实在不甘心啊，史主任，麻烦您给想想办法，只要有一线希望，我都可以尝试。即使出事了，我也不会怪您的。”

史峰军望着中年男人乞求的眼神，内心被触动了。他是一个喜欢挑战的人，越是不可能的，他越想尝试。

他说：“我理解你的心情，我也是做父亲的人。这样吧，你先让孩子在医院住下，我要通过详细检查才能确定是否可行。只要有一丝把握，我一定百分之百地尽力。”

中年男人仿佛看到了希望，眼睛亮了一下。

史峰军让他先去办理住院手续，而后开始琢磨手术方案。

此后的时间，史峰军开始查阅大量的国内外相关资料。通过反复的探索与研究，在确保手术方案“万无一失”后，史峰军终于将患者推到了手术台上。三个小时后，他成功地为 16 岁少年施行了“截骨矫形”手术。让业内同行感到震惊的是，术中及术后，患者均无异常出血，并且切口如期正常愈合……这一手术的成功开展，既冲破了“血友病患者禁忌手术”的传统误区，同时更为血友病人实施其他病症的手术治疗，提供了科学而实用的临床实践依据。

如今，每每提到术后效果，患者的父母都会异常兴奋地说：“原以为孩子要永远瘫痪在床了，没想到史主任妙手回春。手术后，孩子很快便像正常人一样活动了。”

作为骨科专业的领军人，史峰军认为，要在强者如林的专业领域独树一帜，必须靠过硬的技术说话。为了提升油田骨科领域综合实力，史峰军从未停止过前进的脚步。

在史峰军获得“国务院特殊政府津贴”，成为“国字号”骨科专家后，以其在国内骨科领域的知名度，他完全可以不用再冒风险，享受已有的荣耀和别人的尊重。一位要好的同行劝他：“老史，你如今早已有了许多同行高不可攀的成就，何必还要拿着自己的名誉再去冒险？”

史峰军说：“当你看到患者渴盼的眼神，你就会感到自己的责任。医生是患者最后的希望。作为医生，总不能为了守护自己的名声，眼巴巴地看着病人由于‘病不得医’而直面绝望！”

在史峰军的行医生涯中，有一位特殊的患者让他印象深刻。这是一位来自安达农村的女孩小夏，由于身患骨结核导致她的身体重度罗锅畸形。接受治疗前，脊柱后凸 150 度、侧弯 60 度，并伴有 45 度旋转畸形。由于“矫形手术难度超大”“手术很可能会导致终身瘫痪”等原因，她被很多医院拒之门外……面对女孩期盼的眼神，史峰军没有像其他人一样推脱，而是迎难而上。

为了取得良好的手术效果，他仔细分析和制定治疗方案，最终，成功地为小女孩施行了“脊柱后路楔形截骨矫形术”手术，让这位 20 多年来一直被人嘲笑的“罗锅”，变成了一个亭亭玉立的少女，给了她崭新的未来。而该例超高难度手术的成功实施，也一举创下了脊柱正畸手术的“国际之最”。

在诊疗工作中，挑战自我是史峰军的一贯追求。对于刻意挑战，史峰军说：“许多医生都‘明哲保身’，这也是特殊疑难病症的病人得不到理想医治的根源。而解决这一问题的关键就在于我们的医生，应当敢于并善于应对疑难病症的挑战。让自己的每一个病人都能够用最少的花销、最小的诊疗痛苦，获得最佳的治疗。对于一个医生来说，这才是最大的快乐与幸福！”

正是基于这样的幸福观，才有了史峰军的从平凡到优秀，甚至是从优秀到卓越！ 30 多年来，他累计完成重大颈椎脊柱手术多达 1 万余例，骨创伤手术 1 万余例，髋、膝、肘、裸人工关节置换手术 3000 余例。

央视《健康之路》在大庆拍摄专题片时，记者曾说，若不是受从业地域的影响，史峰军会比现在更出名。从综合技术水平与权威技术实力上讲，史峰军应该是国内数一数二的权威骨病专家，他却说：“哪里都有病人需要救治，在哪里也一样治病，大庆需要我，总院更需要我。”

⊙**史峰军，**男，1958 年出生，时任大庆油田有限责任公司矿区服务事业部油田总医院骨科 24 病区主任，国家“百千万人才工程”库内有突出贡献的医学专家，享受国务院特殊津贴，黑龙江省劳动模范。

“马”不停蹄的创新路

成就梦想没有捷径可走，他用实际行动证明了这一点。默默付出，兢兢业业，成功不过是一个驿站，在短暂的休息后，他将继续前行。

“小马哥每天不是在创新，就是在去创新的路上。”在同事们眼里，最能让马江涛全神贯注、眉飞色舞的话题离不开创新创效。

2013 年冬运时，图强供热分公司实行无人值守初期，断电、压力波动等情况经常无法第一时间被发现。这是直供系统普遍存在的“老大难”问题，谁都没太当回事。马江涛却在心里悄悄地把这个难题立为“课题”，凭借着自己对自控系统的了解和十多年的工作经验，萌生了设计自动报警系统的想法。

他利用一切可利用的时间和资源搞起了研究。家里的专业书被他翻得起了毛边，笔记密密麻麻地写了两大本，他还经常“厚着脸皮”向专业人士请教，那段时间甚至连做梦都在做设计……功夫不负有心人，GSM 主动式报警系统的设计雏形在他不足五平方米的小工作室里诞生了。

设计转化成产品是更加关键的一步。一件件电子元件的选择、实验、淘汰、再选择、再实验……在经历了数不清的失败后，报警系统终于可以投入使用了。凝聚了心血的“宝贝”果然没有让马江涛失望，报警系统总能在故障出现后第一时间发出报警信号，有效地避免了热网事故和经济损失。

GSM 主动式报警系统的研制成了一块“试金石”，让马江涛这块金子开始了熠熠生辉的创新之路。

图强供热分公司的供热管网总长 120 公里，有大大小小的闸阀近 4000 个，每年夏季检修，需要研磨修复的闸板都像“小铁山”一样堆在库房里。闸板的研磨修复虽然不是什么高难度的工艺，但却耗时耗力，没人愿意干。

“干工作哪能挑肥拣瘦！”马江涛二话不说，撸起袖子，一头扎进了库房里。当时正值盛夏，屋里闷热难耐，马江涛在研磨砂上推拉闸板，反反复复成百上千次地画着“8”字，一磨就是一天，衣服、裤子湿透了不说，手磨红了，胳膊也肿了……千锤百炼能成钢，马江涛自创了“8 字研磨法”，已累计修复闸阀 4000 多个。

解决技术难题 100 多项，完成 31 项群众性创新成果……一年又一年，成果一个接着一个，在创新这条路上，马江涛和他的“小马工作室”从未停歇。

面对这些荣誉，马江涛只是“嘿嘿”一笑，“这都是我应该做的，没啥！”

马江涛最不愿意做的事就是麻烦别人，或者说给别人添麻烦，这样的人让我肃然起敬，我很想和他做朋友，因为他身上的闪光点会不时地反射到别人身上，从而影响别人，激励别人。他仿佛一盏灯，尽管悄无声息，尽管看上去有些孤独，但他就在那里。你在意他，他在那里，你不在意他，他仍然在那里。

在默默前行的路上，马江涛，你是好样的！

⊙**马江涛**，男，1979 年出生，现任大庆油田有限责任公司矿区服务事业部物业管理三公司图强供热分公司解放客服部维修管工，大庆油田有限责任公司功勋员工。

《黄昏》（木版水印）李廷辅

道义相琢磨

> 对于肯钻研的人，多么高的山都要攀登，对于打虎的人，任何难题都是纸老虎。

新科苑宾馆三号会议室，郭军辉面对中国石油集团公司专家组，自信地介绍着自己的研究成果，两年的功夫没有白费。

两年前，郭军辉深陷在找到油田高含水的来源这道难题里，他一直在寻找突破口，想要闯出一条新路。琢磨好久，他大胆质疑——基于监测资料的定性识别，不足以撑起评价结果，评价结果不能量化，不具备指导意义。

郭军辉对新技术一直持积极态度，但他有自己的思考。容量阻力模型是国际上近几年提出的注采连通性的定量评价新技术，他在跟踪时发现，预先不知道哪些井有联系，需要对所有井同时分析，可是国内外专家在应用该技术时，都不约而同地集中到几十口井的小区块研究。

美丽的加拿大滑铁卢市安静清洁，很适合静下心学习。郭军辉利用公司委派到滑铁卢大学访问学习的机会，一头扎到滑铁卢大学图书馆里。

馆藏一流的图书资源，让他惊喜不已。他边研读边记笔记，把问题分类，提出疑问，并寻找答案。令他兴奋的是，在这里能够有机会和论文或书籍作者见面。他就自己的疑问和作答与作者做了进一步探讨，犹如喝到甘甜的泉水，沁人心脾，让他有了很多新的思考。

他把容量阻力模型的研究当作访问课题，与指导教授不断探讨，终于容量阻力模型完善的技术方案初见端倪。

这段时间，郭军辉错过了很多风景，但在技术的大海中，找到了航标。他婉拒了滑铁卢大学教授的读博邀请，面对高额的奖学金也不为所动。他的心思始终放在大庆油田高含水的找水、治水的突破上。

朋友问他："你们搞的这个研究，难不难。"他说："不是难不难的问题，而是有没有信心的问题。"

记得刚参加工作不久，总地质师杜庆龙指导开展了《剩余油小层动用状况预测方法的研究》，国内外许多专家都没想出更好的办法，他想试试自己的能量。

七个月，好像风一吹就过了。

一天夜里，他在家中仔细研究注采连通关系图，"流线是不能相交的"这句话在脑海里反复闪现，突然，他有个想法，如果牺牲掉一部分精度，将计算方法简化，或许有新的发现。他用笔在图纸上画了几遍，效果竟和预想的一致，他有些不敢相信自己的眼睛。

第二天一到单位，他便向导师汇报了自己的发现，而后着手进行程序源代码编写。

不知道又经过多少次绘图分析和对比试算，最终基于渗流规律的单砂体注采关系定量自动评价技术诞生，开启了多套开发层系、复杂井网条件下、非均质储层注采关系评价的新篇章。

从此，他推开了创新大门，对自己的能力有了清醒的认识。他将学习钻研变为习惯，到点不做不舒服。

这次对于油田高含水来源的研究，耗时两年，他就是想再次掂量一下自己。

与会专家听完题目为《特高含水期低效无效循环识别及治理技术》的汇报，给予他极高评价。郭军辉也很兴奋，这说明，他的研究成果，能够很快进入实践领域，为他找到老油田高含水的来源，实现治水的梦想更接近了一步。

面对看不见摸不着的地下剩余油，郭军辉总想去看一看摸一摸，他喜欢琢磨那些难题。他常说，难题又不是老虎屁股，即使是，在难题面前，既要当敲山人，更要当武松。

⊙**郭军辉，**男，1981 年出生，现任大庆油田有限责任公司勘探开发研究院开发研究一室主任工程师，黑龙江省“青年五四奖章”获得者。

石油“创客”

有人曾说他是天方夜谭，也有人说他是在玩勇敢者的游戏，他们都错了，他其实是在创造奇迹。

“大庆油田采收率每提高 1 个百分点，就相当于找到了一个玉门油田；每提高 5 个百分点，就相当于找到了一个克拉玛依油田！”刚参加工作时的孙刚牢牢地记住了老师傅的这句话，他与“采收率”就这样结下了不解之缘，带着“要在这方面搞出点名堂”的梦想，孙刚一步一步走出了自己的一番天地。

第一次接触孙刚，他的短寸头、黑框眼镜给我留下了深刻的印象。他言语间透着一股刚性，这恰如他名字中的那个“刚”字。人如其名，不为言过。

孙刚所从事的专业，老实说我了解不多，我想象不出，把油和水分离出来有多难。

孙刚听后笑了，这一次他笑得那么自信。

孙刚面对的第一项工作是聚合物检测，当时用的聚合物多为外国进口，没有统一标准，油田无法准确检测各国聚合物的质量。这让孙刚看到了机会，产生了大胆的想法。这个想法在当时十分超前，那就是——要抢在外国人前面建立国际认可的标准，掌握话语权。

这绝对不是天方夜谭，这是“勇敢者的游戏”，成功了到处都是鲜花和掌声，一旦失败，前功尽弃不说，还会成为同行业的笑柄。

这些，当年的孙刚不是没有想过。孙刚说：“科学不是运气，更不是赌博，没有金刚钻，谁敢揽瓷器活……”

面对这一想法，孙刚一头扎了进去，就像高台跳水，而且还玩了一个漂亮的高难度的转体侧空翻，入水的时候悄无声息。按理说这样完美的跳水动作应该是掌声四起，可那时的孙刚还没有知名度，还没有多少人关注他，所以也就没有掌声。这也是极其自然的。

成功者是要付出常人难以想象的艰辛，同时，成功者在起步之初都是孤独的。这是成功的秘诀。

孙刚首先要做的就是准确测定分子大小标准的建立。经过反复演算，孙刚推导出了一套检测水溶性聚合物微观性能的新方法，但得通过仪器进行检验，这种仪器当时只有北京一家研究所才有。经过反复沟通，孙刚等到了回复：仪器仅有一周的空当期。

孙刚想也没想，连夜订票上了火车，搂着样品一夜没敢合眼。样品是孙刚的“宝贝疙瘩”，1 个月才能提取出 1 克，“比黄金还要珍贵千百倍”。

到了北京，孙刚扛着一箱方便面走进了实验室，守着他的“宝贝疙瘩”愣是 3 天没出门。7 天熬下来，在“收获”了满眼红血丝的同时，孙刚也收获了实验结果。

又花费了近 3 年，孙刚带领团队建立的聚合物评价标准和方法，顺利获准成为行业标准，在国外石油同行的字典里，写下了“大庆聚合物评价方法”的专有名词。

处于开发中后期的大庆油田，采收率要提高 1 个百分点，不亚于百米成绩提高 0.1 秒的难度。孙刚并没有因为一点成绩的取得就停下脚步，而是首创了采收率提高值与不同参数的函数关系式、绘制了六大区块注聚关系图版……

在采访的最后，孙刚给我讲了一个真实的故事。这么多年一直忙于事业，他很少顾及家庭。有一次他在外地，儿子忽然打来电话，说写了个作文要给爸爸朗诵一遍。孙刚非常高兴。儿子稚嫩的声音就像是涓涓细流从他的心间缓缓地流过，把他的思绪一下子从遥远的异地带到温暖的家。他仿佛看到调皮活泼的儿子正在一路小跑地向他跑来，然后一头扎进他的怀里。

“爸爸，我成天想你……”

儿子还在朗读着，孙刚一下子回到了现实。

“你多回家看看我吧，你回来时的一个笑脸能让我温暖十个冬天……”

那一刻，在电话那头的孙刚悄悄地落泪了……

这就是孙刚，他说自己喜欢做一名石油“创客”，还要继续在采收率的世界闯荡……

⊙**孙刚**，男，1975 年出生，现任大庆油田有限责任公司勘探开发研究院油田公司企业二级技术专家，中国“青年五四奖章”获得者。

平凡之路

对于一个孜孜不倦的人来说，他会觉得自己走的是一条平凡之路。这是谦虚谨慎，也是博大精深。

采访王朋还真有点儿曲折！好不容易电话拨通了，接电话的却不是他本人。也许是幸运吧，虽然没有找到王朋本人，但接电话的这位师傅可是个热心肠："说起王朋啊你算问对人了，他上班的第一天我们就在一起，这小伙子不赖，眼里有活，心里有数，干起工作来也真有一股子拼劲儿。我们的工作实际上就是找油。可这油怎么找？用眼睛能看见吗？不能。那怎么办？举个例子吧，地层下面有许多千丝万缕的数据，这些数据都是由勘探的一线人员测量出来的，而我们所做的，就是在这些千丝万缕的数据中找到我们所需要的那重要的头发丝。"

"那你们是不是很辛苦？"问完这句话我才意识到这话等于是白问了。

果然老师傅"呵呵"笑了。电话这头我忍不住脸红起来。

老师傅说："辛苦是肯定的。这些重要的'头发丝'可不是小白兔，一不小心就撞到你的怀里来了，找起来也很麻烦。有时候那些资料铺得满桌子都是，王朋就趴在上面找，有时候一趴就是一天，对比数据，一条线索一条线索地清理，一个方法一个方法地论证，每得出一个新结论，都作为依据推导到更大的范围。失败了，再从头开始，寻找新出路。干我们这行的人都知道，每一次推理论证所运用的数字、指标最少要上万个，但至少有 80% 都是为失败而准备的。”

“我的天，我以为……”

“你以为我们的工作是喝着茶水、聊着天、吹着空调？”老师傅又“呵呵”地笑了。

我也笑了。说真的，我还真没想到他们那么辛苦。

“不对呀？”我忽然想起来，“不是有计算机吗？”

“对对，这个问题问得好。”老师傅笑道，“你要是整天对着电脑屏幕会是什么感觉？麻木、眩晕状态，可这对于王朋他们都是常事。但最折磨人的是，所有的数据都成了因果链条，眼看就要成功了，往往就会出现一个意想不到的要素制约整体，那就只能舍弃，推倒重来。”

“我可不可以这样去理解，你们的工作就像小孩子搭积木，一不小心就会整体崩塌了……”我不知道这样的比喻对不对，但就我的理解能力好像只限于此了。

老师傅又“呵呵”地笑了。我也笑了。

“王朋干工作是一方面，关键是人很谦虚。你说现在的小孩哪有不喝不玩的，王朋还真不一样。反正我看他和别的孩子不一样，上班来就是干工作，加班加点也不计较……”

和老师傅交流完，我又拨通了王朋爱人的电话。因为我太想了解这个师傅眼中的好小伙儿了。

电话里很嘈杂，感觉像是在学校。我向他爱人说明了来电的目的，他爱人有些为难了，说：“一会儿我要上课去了，时间上来不及的……”

原来，王朋的爱人是教师。

我说：“我不会占用您太多时间，主要是想了解王朋生活中的细节。”

他爱人说：“生活中他也没啥说的，和普通人一样，真的没啥说的。”

我问：“平时他有什么爱好没有？”

他爱人想了想说：“爱好也没啥，偶尔跑跑步，要不就在家里闷头看书。”

我一边看着资料一边和他爱人说：“王朋的资料里有一件事我想了解一下。”

他爱人问：“什么资料啊？”

于是我快速地口述给她。

2009 年 4 月，他们两岁的女儿因为肺炎住院了。在孩子住院期间，他把单位忙不完的方案、材料拿到医院，在孩子打完针睡觉后再拿出来蹑手蹑脚地修改，孩子住院的一周，他基本上工作到凌晨三四点钟……

“您当时不在孩子身边吗？”我问道。

他爱人说：“时间太长了，不过我有印象当时我母亲住院了，实在是忙不过来才让他照顾孩子，这件事情还值得报道吗？”王朋爱人在电话里爽朗地笑起来。

“平时都不用他干什么，买菜呀，交水电费啊，接送孩子呀，照顾老人啊，他忙也指不上他。”他爱人接着说。

我问：“难道您就没有一点抱怨吗？”

“抱怨什么？为啥要抱怨呢？我们都是普通人，生活中也都是普通的事，但他做的事是大事，我一定支持啊，这点觉悟还是有的。”说完她又笑了。

这让我对她有了好感，她一定是个性格开朗的人。我不由得在心底里默默地祝福他们一家。一个极其普通的家庭，但就是这样普通的家庭集聚在一起创造了我们美丽的城市。

我听到电话那头上课铃声响了，孩子们的笑语在走廊里回荡。他们是油田的孩子，是我们的未来和骄傲。我希望在某一天孩子们能更多地了解大庆这个城市发展的历史，能找到这些看似普通平凡的人所做的不平凡的事。

想到这些，那些琅琅的读书声就在我的心里慢慢地飘散开了……

⊙**王朋**，男，1981 年出生，现任大庆油田有限责任公司第六采油厂副厂长，黑龙江省青年五四奖章获得者，中国石油天然气集团有限公司劳动模范。

双“波”奇缘

地震波，裴明波，他认定这是渡尽余波的宿缘，因而忠贞不渝；当他投身地震波的研究中，渐渐地物我两忘，不知今夕何夕。

曾有人戏谑地问：“明波啊，你咋这么迷地震波啊？”

他爱人接话笑道：“地震波，裴明波，他们有不解之缘啊，我倒是个第三者。”

裴明波，地震解释一单元单元长。地震解释，听着就蒙吧？我也蒙，百度一下，还是蒙。

裴明波说：“就是将同心电图一样复杂的地震信号，‘提炼升华’成油气藏信息，告诉你哪里有油，哪里存气，就像古董行里的‘识翠断玉’。”

明白没？人家是油田行业的鉴宝大师。

裴明波，脸瘦有棱，一身书卷气，温和，随和，看不出异样来，像个路人甲，大隐于市的高人大概都这样。然而，他一旦进入工作状态，就像通了电一样。

“火山岩油气藏形成机制与分布规律研究”是国家 973 项目，也是裴明波负责的子课题。说白了，就是火山岩地震勘探原来是“B 超”，现在升级为

“CT”，说说容易，做起来真难。

“那个过程，真难忘，难受，担心做不好，压力太大……”他回忆道。

那段时间，他的脑子像一台电脑，飞速运转，上天入地地琢磨着。其间，像电影里的天才白痴，钥匙丢了，门忘锁了，衣服穿反了，下雨忘带伞了，这些桥段在他身上反复出现。那时，爱人有喜了，躺在床上静养，俩人聊家常，憧憬未来，他突然灵光一闪——将今论古！而后立马从床上跳了起来，大叫：“现代火山喷发！”全然不顾受惊的爱人，跑到书房，打开电脑，查找现代火山喷发的资料，通过研究现今火山喷发，反推火山喷发过程。他把近百张火山喷发照片，与上千条地震剖面进行对比，最终勾勒出火山岩的精细地层模型。不觉间，天亮了……

他干起活来，没黑没白，没年没节，有时灵感来了，半夜跑到办公室，查找地震剖面，绘制模型。其间，妻子流产了——他已过而立之年，老人的盼望，别人的劝说，令他和妻子做梦都想有个孩子，谁知……

上班下班的路上，他的目光不觉被路边的孩子吸引，看着，看着，眼睛就模糊了。

他说，忘掉痛苦的办法，就是让自己高速运转，无暇痛苦。

攻克子课题难关后，室里安排他去搞深层火山岩地震解释，并出任技术单元长。这意味着一切从头开始。项目攻关中，他在机房一坐就是十几个小时，一干就是几天几夜。往往实验结束，才发现过了饭点，只能吃泡面。后来，他干脆买来成箱的泡面，常常是看见泡面才想到饿，草草吃上一口，接着干活……

正因为这么拼，对深层火山岩从学习到熟悉再到精通，他带领项目组，完善了火山岩气藏地震预测技术，预测符合率达到73%，为深层天然气勘探部署提供了有效的技术支撑。

他的成就，令人瞩目。但他却说，由于几乎与世隔绝，不通俗务，让他很自卑，他说自己在生活中是个很“笨”的人。

因为对爱人的愧疚，吵架时，他从不接招。他说，跟媳妇较劲算啥本事，有能耐跟自己较劲。

爱人则这么评价他：“明波这人没别的，单纯、活泼、心好，但生活常识一塌糊涂。让他去买东西，必须反复嘱咐，要买的是啥，过期的、坏的别买，要自己挑。然而买回来的不是坏的就是过期的，令人哭笑不得。他太忙了，婚后几乎没陪我看过电影、逛过街，你猜他说啥：‘你看谁还给钓上来的鱼喂食？’他真的太忙了，说梦话都是课题，你要搭个茬，他就接着说。我常取笑他，不能做什么坏事，做了准露馅。他忙起来就忘了时间，直到我临产才回来，看他的样子，我爸妈也心疼，反劝他回去休息。他不干，亲自送老人回去，在病房里支个行军床，陪我们娘俩。再多的不解、怨气，看他一眼，心再也硬不起来。儿子五岁了，他几乎没陪儿子出去玩过。”

裴明波虽然单纯，但思想却很深邃，除了专业书籍，他也看小说，还是村上春树的粉丝，有时望着窗外，也想些关于人生的问题，怎么活着才有意义。当然，他也有忧虑的时候，他说，像他这样想做点事的年轻人不少，怎么才能给他们提供更多的平台和机会呢？

父母年事已高，老人的愿望：别总熬夜，别累坏了。

爱人的愿望：陪我逛逛街，看场电影。

儿子的愿望：陪我去淘气堡玩儿！

裴明波说：“知道知道，今天我加个班啊……”

⊙**裴明波**，男，1982 年出生，现任大庆油田有限责任公司勘探开发研究院地震解释一室主任工程师，全国青年岗位能手标兵。

《崛起》（岩彩画）吕祥云

第五章

技进乎道

JIJIN HUDAO

日复一日的推磨雕琢，是工作技能，更是精神品格，一颗“匠心”，是对工作最好的尊重。

新一代石油工人精益求精，将自己打造成“石油工匠”！

车床旁的精彩人生

无论她的人生遇到怎样的不幸和苦难，她总是与自己挚爱的车床不离不弃。她能在车床上车出完美的产品，也能在车床上车出人生的精彩。

加工车间里，一排排车床，机声隆隆。在忙碌的车工中，一位年过半百的车工，格外与众不同：年龄大得与众不同，唯一一位女性与众不同。这是她外在的与众不同，她还有内在的与众不同：技能超群，精神超凡。她叫杨秀华，是大庆油田装备制造集团机械加工行业唯一一名女车工，也是唯一一名年龄最大的一线女车工，还是唯一一名车工女技师。

了解杨秀华的人都知道，她的这些“唯一”来之不易，那是她坚守的印证，是她意志品质的证明。在车床旁，年过半百的杨秀华精力专注，干劲儿十足，充满精气神，没人能看出她曾经是一个癌症患者，而且严重到第Ⅲ期。

说起杨秀华的不幸遭遇，2008 年实在是让她不堪回首。那年 8 月先是她母亲病逝。当时她正在车床旁聚精会神地操作，突然兜里的手机响起来，她并没有在意，仍然手没离活，精力都在车床上，心想加工完这个急活再回过去，可是手机却一遍遍响个不停，她只好把活停下，看到是家人的号码后，她立刻有一种不祥的预感，因为家里人知道她工作忙，很少在工作时间给她打电话，这很少的电话一遍又遍地响起一定有什么急事。

“妈妈病危，你赶紧回来！”电话刚接通，里面就传出来了急迫的声音。

杨秀华的脑袋“嗡”的一声，差点晕了过去。平时家人都知道她是个要强的人，把工作看得比什么都重要，最近又常常听她说单位工作任务多，所以老人生病的事情就一直没有告诉她。当杨秀华奔到妈妈身旁时，老人已经走了，没能看到妈妈最后一眼，自责、悔恨，悲痛，一股脑儿地击向杨秀华，她悲悔交加，痛哭不止。那些日子，她整天浑浑噩噩，不知道是怎么熬过来的。

后来，是车床让她摆脱了悲情和痛苦。当站到车床旁，干起活来，她会忘掉一切，心思都集中在每个车件的精益求精上。于是，她没日没夜地干活，只要车间里加班，她就主动来，每天把自己累到躺在床上就能睡着觉。

俗话说，福无双至，祸不单行。这年 9 月，单位组织女职工体检，杨秀华被查出了子宫癌。开始她不相信，她想自己的身体一直很好，怎么能得这种病呢？拿着报告单找医生确认后，她沉默了，这才想起平时偶尔有腹痛的情况，但一切都晚了。母亲刚刚去世，自己又得了这种病，她很惶恐，流下了人生最无奈最悲痛的眼泪。但是，她把这些都埋藏了起来，还像往常一样回到车间，站在车床旁。她要再干三天，完成车间里一项重要的任务，再去做手术。当时车间有一批出口配件的加工任务，质量要求高，工期紧，车间没几个人能保质保量干好这个活。杨秀华是技术骨干，她想无论如何也得坚持一下。三天后，这批产品配件加工完成后，杨秀华和单位领导请了假，去医院做了手术，这时大家才知道杨秀华得了重病，领导和同事都埋怨她不第一时间去做手术，也都钦佩她为车间着想的精神。

出院没多久，病情刚刚好转，杨秀华又申请回到岗位上。领导考虑她的身体状况，想给她调整到一个轻松点的岗位，她却不同意，说：“我在车工岗位干了一辈子，别的也不会呀。”领导没表态，还是想给她调岗。她又说：“不能多干我就少干点，我这身技术不能白瞎呀，在一线我还可以带徒弟啥呀。”领导劝不了她，见她铁了心，也只好由着她了。

也许是对工作的执着，抑或是车床就是她的生命之歌，在车床旁，病魔退却了，杨秀华一天天地好起来了。三年后，她又恢复到原来的状态，精力饱满地与车床共舞，车出一件件精美的产品。

杨秀华爱她的岗位，离不开她的车床，她的人生只有在车床旁才有活力，才能演绎出精彩。

⊙**杨秀华，**女，1966 年出生，时任大庆油田有限责任公司装备制造集团采油装备制造分公司机械加工厂车工，感动油田人物、大庆油田第八届“巾帼建功标兵”。

一朵油香四溢的石油花

她是一朵美丽的石油花。她的美丽来自石油的滋养，来自采油技术创新方法的装扮，来自井场上汗水的浇灌。

蓝天，绿野，抽油机，白杨树，这是大庆油田一处采油区块的图景。1994年夏天，一个刚刚穿上红色工服的美丽少女走进这片图景，她就像刚刚栽种在油井旁的一朵娇嫩的花。这个少女叫杨海波，那年刚满18岁，刚刚从技校走上井场。

上班的前一天，也曾当过采油工的父亲语重心长地对她说："海波呀，当一名采油工也是咱普通百姓家的福分，你一定要踏踏实实当个好工人哪。"杨海波深知这既是父亲对她的深情嘱托，也是一个老石油工人对晚辈的真心忠告和期待。

根深蒂固花方艳。杨海波扎根采油四厂一矿北六队，至今已经25年，当年那朵娇嫩的小花，早已历练成长得华美艳丽、光彩夺目了——26岁被破格聘为采油技师，30岁被聘为采油高级技师，33岁成为大庆油田最年轻的采油技能专家，36岁成为中石油最年轻的采油技能专家，37岁获得全国五一劳动奖章，39岁获得全国劳动模范荣誉称号。

杨海波的一切荣耀，都源自常年与她相伴的井场。

刚上班的时候，她觉得采油工只要取好油样、记好数据、打扫好卫生就可以了，就能成为父亲所说的好工人了。那时她还没有技术革新的意识，觉得那是技术人员的事，与她没有多大关系。后来，有两件事改变了她对技术革新的认识。一天，她值夜班，凌晨 2 点输油泵盘根突然刺油，满地油污让她手足无措，反复加了多次盘根也没成功，不得已给班长打了求援电话，班长赶到后 10 分钟就把事故处理完了。虽然班长没有责怪她，但那一刻，她流下了自责的眼泪，她想，平时别人 2 小时检查一次，自己恨不得 1 小时查一次，为什么还出事呢？班长 10 分钟处理好的小事，自己为什么 2 个小时都干不好呢？这次事故，让她清醒认识到没有过硬的技术，当个好采油工就是空谈。另一件事是，在一个冬天，她和班长上井去加盘根，天特别冷，皮带冻得杠杠硬，班长费了很多力，平口起子砸坏了，光杆表面砸出了坑，也没把盘根加完。杨海波很心疼班长，几次想替换她，都被班长拒绝了。杨海波心想要是有个专用工具，增大敲击受力的面积，加盘根时就能容易一些，也可以保护光杆不受伤啊。怀揣着这个想法，回到小队后，她与维修班的师傅说了设想，几天后一个简单的专用工具制作成功了。这个工具由光杆保护套、敲击座和把手组成，用起来既方便又省时省力。后来，这个工具获得了青工“五小革新”成果优秀奖。原本一个要改变操作工具的小想法，却变成了一个革新小成果，还获了奖，这让杨海波很意外，也很惊喜，从此她便走上了技术革新之路。

当杨海波想把技术革新搞得更深入的时候，她感到自己仅有的技校专业知识远远不够，她开始如饥似渴地投入到机械设计、机械制图、计算机软件的学习中。2009 年，她利用业余时间攻读了东北石油大学本科学业。

知识丰满了杨海波技术革新的羽翼。一次巡井时，她发现井场附近的土地表面有一层白色粉末，踩上去很松软，还冒出一股股白烟。她想这事一定与油井有关。经过细心检查，果然是聚合物井取样放空后出现的现象，对环境造成了污染。杨海波积极倡导组成一个“聚智”革新小组，集中大家的智慧攻克这个技术难题，她主动向专家请教，不断修正设计方案，引领大家研制出《注聚井免放空取样器》，实现了在线不放空取样，避免了破坏环境的弊端。由于这项革新成果具有示范性效应，被评为采油一厂技术革新一等奖，同时获得了国家实用新型专利。

在杨海波的技术革新越来越有影响力的时候，2012 年，大庆油田为她搭建了一个更大的平台，以她的名字命名成立了“杨海波工作室”。工作室包括 14 个教室、1 个室外实训场地。工作室在起初开展培训的时候，引来了一些质疑。有人说，她们的培训没啥用，瞎耽误功夫。这话说得很不好听，但杨海波很冷静，反思她们的做法，找出了被质疑的问题，那就是“大锅饭式”培训，这种培训不能满足不同工种的特色需要。另外，培训内容缺乏吸引力也是一个问题。对此，杨海波深有感触。她有一个徒弟叫石晓琳，是个大学毕业生。起初，小石对学技术毫无兴趣，一心要竞聘管理岗，竞聘不成后，又做微商。一次，杨海波被评为首届油田工匠，因事不能参加颁奖大会，于是有意让小石替她去领奖。事后，小石说，当她站在台上，手捧奖杯，在掌声中看到台下无数尊重的目光，心中不由得升腾出一种从未有过的自豪感。回去后，小石和杨海波说：“师傅，我也想成为像你一样优秀的工匠。”杨海波鼓励她说：“你一定比我还优秀。”在鼓励石晓琳的时候，杨海波深感只有采取特色培训，引起青年员工兴趣，才能使培训有效进行下去。很快，她们找到了富有时代感的培训方法，利用手机使用率高的特点，自主开发出“员工自助学习系统”，把“连连看”等手机游戏融入培训，开发了手机学习 App 软件，还探索出“互联网 + 培训”的新模式，通过寓教于乐的方式，调动学员兴趣，增强了培训效果。多年来，杨海波工作室累计培训员工近 5000 多人次，员工技能鉴定合格率提高了 30 个百分点，培养出技师和技术能手 300 多人。

杨海波是一个善于创新和实现创新想法的人，尤其是对她追求的事业更加敏锐。一次偶然的机会，她接触到 TRIZ（萃智）理论。这个理论成功揭示了创造发明的内在规律和原理，是前苏联发明家、教育家阿奇舒勒通过分析大量专利和创新案例总结出来的。运用 TRIZ（萃智）理论可大大加快发明创造的进程，提升产品创新水平。接触到这个理论后，杨海波如获至宝，在深入学习感悟 TRIZ（萃智）理论的时候，她想如果用这个理论去传播技术创新方法，那油田员工的技能和技术革新将会呈现出更有活力的局面。针对这个课题，她和另外一名革新专家合力编写了启发创新思维的专著《高效革新》，首次实现了技术革新与 TRIZ（翠智）理论的融合，同时也填补了国内石油行业技术革新理论的空白，这也是第一部出自石油工人之手的革新方法专著。

“杨海波工作室”依照这本书的创新方法开办了创新人才培训班，帮助更多的人尤其是青年员工在革新创效的道路上实现他们的梦想，有 500 多名一线员工在这个培训班里成长为创新人才。“杨海波工作室”就像一座熔炉，熔炼出一批又一批怀有匠心的创新型人才，他们从“杨海波工作室”走向广袤的油田大地，走向一个个“建设百年油田”的工作岗位……

作为创新之光的传播者，杨海波的创新之光不仅闪烁在大庆油田，还闪烁在全国各地油田乃至大型厂矿企业。从 2003 年杨海波在人民大会堂全国先进女职工事迹报告会上，面向全国讲述石油女工的故事开始，人民大会堂的荣耀就让她满怀信念地阔步行走在传播创新技术方法的道路上。她走进铁人大讲堂，走进油田厂矿讲台，走进青海油田、吉林油田、辽河油田、中原油田、长城钻探、渤海钻探等 20 多家中国石油石化企业的讲堂，走进广州、山东等地的大型企业和学院的讲堂。

她把大庆油田一个采油工的创新方法讲到油田内外，讲到大江南北。

今天，人到中年的杨海波，依然光彩照人。她的美丽之所以历久弥新，依然动人，是因为她沐浴着大庆精神、铁人精神，是因为她的根永远在流淌着石油的那片井场。

⊙**杨海波，**女，1976 年出生，现任大庆油田有限责任公司第四采油厂第一油矿北六队采油工，全国劳动模范。

魔鬼训练

十余载的持之以恒，她从一名普通的采油女工蜕变成全国性的技术专家，在全封闭的实战演练中，她诠释了什么是“强将手下无弱兵”！

2003年6月，刘丽成为采油二厂作业区采油工项目比赛的“总教头”。她瘦弱的身材，看上去弱不禁风，但千万不要被她“林黛玉”似的外表给欺骗了。刘丽从小性格倔强，有着万事不服输的韧劲。但对于一名女同志来讲，要完成好这项任务，并不那么容易。面对大家质疑的目光，为了不辜负领导的信任，她暗下决心，一定要把自己的学员带出个样来。

想法是好的，可操作起来却如逆水行舟，不但需要勇气、坚韧不屈的意志，还要讲究方法和策略。

说干就干！在刘丽的字典里没有拖泥带水。

可现实问题该如何解决呢？应该说，来参加培训的员工底子都不错，但问题是万事开头难，在最初始的阶段该如何做好学员们的思想工作呢？如何让大家拧成一股绳呢？

刘丽有自己的想法，说起来也简单，要是非得用一个词来概括的话，那就是封闭式训练，再往狠点说，就是“魔鬼训练”。

魔鬼训练！集中营啊？学员们能理解吗？非如此不可，学员们会听她的吗？

刘丽为此困惑了很久，毕竟这种训练听起来就挺吓人。可要想出成绩，完成上级领导交代的任务，不“狠”一点，不拿出一点“手段”来，恐怕还真难以完成。

封闭式训练？果不其然，学员们一听就炸锅了。张三说他们家事多走不开，李四说他们家孩子小离不开。

学员们闹闹哄哄了一阵子，刘丽始终一言不发，直到这场“骚乱”逐渐平息了，她才提出一个问题。

“你们来是干什么的？”

“培训。”下面有人稀稀拉拉地回答。

刘丽接着问：“培训是为了啥？”

“得奖……”

“走形式……”

学员们又开始议论纷纷。

看着台下一盘散沙，刘丽明白，要想从根本上解决学员们的思想问题必须快刀斩乱麻，拖久了就会溃不成军。

其实学员们不服气也是正常的。看着台上这个弱弱的小女子，欺负你一下又能怎样。

可是他们不知道，眼前的刘丽还真不是一般人。

刘丽是首届中国石油天然气公司技术能手，23 岁就获得全国技能运动会采油工比赛第三名。她编写过 35 套采油技术培训书籍，创新成果共获奖 118 项，其中 13 项获得国家专利，30 项获得油田公司重大技术革新及创新成果奖，累计为油田创效达千万元。如果把刘丽这些年取得的成绩总结一下，恐怕说一天也说不完。

刘丽冷静地看着这些学员，待众人平静后，她亮出了底牌："现在想退出已经来不及了，跟着我刘丽是你们的不幸，但最终你们是幸运的。现在你们唯一的选择就是回家安排好'后事'，给你们一天假，从今天起我们同吃同住，摸爬滚打在一起，有一个掉队的，小心我打你们的屁股蛋子！"

此言一出，全场哄堂大笑。在这笑声的海洋里，有人调皮地问："您也不回家吗？"

面对此情此景，刘丽斩钉截铁，当机立断："家，这里就是我们共同的家！"

在接下来封闭训练的那段日子里，她和选手们学在一起，练在一起，生活在一起。所谓人心齐泰山移，没有过不去的坎，也没有踩不出的路。学员们都是各个单位精挑细选的精英，本来底子就不弱，经刘丽这个专家细细地雕琢，很快就成了石油战线上的行家里手。

接下来就是培训技术方面的问题了。

刘丽发现这些年轻的选手们擅长死记硬背，在审题时又颇为马虎，一扫而过就写下答案，经常出错。为了解决这一"顽疾"，她挖空心思变换着各种题型，精心调整题目中的关键词语，并严格批阅每一张试卷，认真填写每一句批语和建议，常常工作到夜里一两点钟。80 多天下来，试卷已经堆积了两尺多厚。

这时候有学员不理解，抱怨说："刘老师，你有必要这么认真吗？你瞧瞧，只有我们这组这样较真儿，出题老师哪会想这么多呀。我看你这套训练法都可以称得上'魔鬼训练'了。"

"没有付出怎么会有收获呢？我这也是为了你们好呀。"刘丽是个倔强的人，她认准了的事轻易不会改变。她力排众议，依然坚持她的培训原则。

大家并不知道，其实，她所付出的往往是学员们的几倍。白天，她不停地奔忙在各组选手中辅导、解答问题，没有一刻休闲；晚上，长时间坐在电脑前出题、批阅试卷、写教案，腿和脚出现浮肿，她依然坚持，没有一句怨言。

功夫不负有心人，刘丽培训的学员在比赛中全部获奖，并夺得了团体第一名的骄人成绩。这样的结果，正像刘丽向学员们承诺的：跟着刘丽，最终你们是幸运的。

当疲惫不堪的刘丽回到家时，全家人列队欢迎，幽默的老爸还说："古有花木兰，今朝有刘丽啊！"一家人沉浸在快乐的时光里。

⊙**刘丽**，女，1974 年出生，现任大庆油田有限责任公司第二采油厂第六作业区采油 48 队采油班长、大庆市总工会兼职副主席，曾获全国五一劳动奖章、全国技术能手，享受国务院政府特殊津贴。

家庭魔法训练营

她，用 17 年的时间，从一名普通的集输女工，成长为技能专家、培训达人。在她勇敢、坚强地面对困难和挑战的时刻，身后总有一双温暖的大手默默地支撑着她……

俗话说，一个成功的男人背后，肯定有一个好女人，这话反过来说，也应该成立。采油四厂四矿有一对夫妻，妻子叫王惠玲，是厂里的名人，单就集团公司“集输技能专家”这一项荣誉称号，没有人不羡慕她的。她爱人没她名气大，所以一般在介绍他的时候，都说他是王惠玲的丈夫。这样说，男人也并不懊恼，心里反倒喜滋滋的。

其实，王惠玲的丈夫并不是“拿不出手”的人，他在矿里也是个响当当的人物，特别是在技术上，有时都能当王惠玲的老师。他隐藏在媳妇背后，甘愿当个“贤内助”，归根到底，还是出于对媳妇的爱。

王惠玲虽然在事业上是个女强人，但她心里有数，不能因为名气大就在家里当“老大”，更不能瞧不起丈夫。相反，她觉得不论在工作上，还是精神上，都离不开丈夫的支持。

这不，经过几年的奋斗，王惠玲成了技能专家以后，矿里让她当培训师，这看起来是顺理成章的事，但对于她来说却觉得隔行如隔山，自己学和教人学，是两回事儿。

如何把专业技能深入浅出地教给别人，还要让大家愿意学、学出兴趣，不是一件容易的事。一遇到这样的困惑，王惠玲首先想到的就是丈夫。这次不光是要丈夫给她出主意，还要让他扮演学员，当她授课的“试验对象”。

两口子下班回家，边做家务边说起这事，丈夫满口答应，说：“这好办，我听课不就完了吗？”媳妇说：“光听可不行，你得假装是什么都不懂的新员工。”“行。”“还要提问题。”“行。”“提问题浮皮潦草不行，得提出有见地、受启发的问题。”

“行，行，行。”丈夫一连串回答了好几个“行”。

就这样，两口子把家变成了“魔法训练营”。媳妇当教师，丈夫当学生，每堂课都要先在家庭“魔法训练营”里试验成功之后才“出炉”。

在这个“营”里，还诞生了叫响全油田的“王氏推迟法”。

妻子的成功是从竞赛中取得的，搞培训也是她经验的传授。时间长了，丈夫觉得妻子不能总当一个竞赛高手，还要用理论解决实际问题，这才是她的价值所在。他把这个想法跟妻子说了，王惠玲好像被丈夫点醒了一般：是啊，大赛成绩，只能说明自己的操作熟练程度高，但不能解决生产难题，那就是个摆设。王惠玲对丈夫投去崇拜的目光，心里满满的服气。于是两人又一起探讨研究起来。

当她听到维修班同事在清理机泵过滤器发出抱怨时，便不解地问：“为什么不想个办法。”老师傅却说：“有啥招？这玩意儿这么长时间都是这么清理的，比咱们厉害的都解决不了，咱们有啥招？”

王惠玲跟技术员讨论，技术员也没有更好的办法。她不相信，将质疑埋在心底。回到家便和丈夫说了这事，两人在茶余饭后、休闲散步中一起研究，有时丈夫不经意的一句话就能让她茅塞顿开，给她带来思路和灵感。最后在丈夫的帮助下她制作了一个泵底过滤网的锥形，经过反复试验，“机泵方便清理过滤器”诞生了。这项革新成果应用到生产中，原本两个人需要一个小时完成的清理时间缩短到半个小时，有效地减小了员工的劳动强度。看着同事们在清理机泵时不再把手浸到污水中，一种成就感在王惠玲心中升起，同时她也在心里深深地感谢自己的丈夫。

可是，当丈夫的并非总是事事如愿地宠着她。王惠玲的培训虽然取得了显著成绩，但她觉得一个人即使浑身是铁，也打不出几根钉，她想组建一支培训师团队，这样就可以有更多的人一起为企业培养更多的“技能型”员工。2009 年，王惠玲第一次有了这样的念头。在和丈夫谈起这事的，没承想，丈夫却给了她当头一击。他对妻子说：“目前全厂做培训，你不算第一人，人家都没张罗呢，你干这事合适吗？等赢了第一人再说吧。”

倔强的妻子一听这话就更来劲了，她说：“好，这次赛课我如果赢了，你必须支持我。”丈夫点头答应。

职业技能大赛如期举行，经过两轮比赛，王惠玲以微弱优势夺得了第一名。丈夫这回没说的了。在矿领导的支持下，王惠玲组建培训团队的梦想成形。但她知道，具体的工作还要和丈夫一起“白手起家”。两人合力利用各种关系拉人“入伙”，建起了由技术尖子组成的培训中心，实现了技术能手的“量产”。

她又一次成功了，但她觉得自己的成功更在于，在她的人生中遇到了一个好丈夫。

⊙**王惠玲**，女，1978 年出生，现任大庆油田有限责任公司第四采油厂第四油矿五区四队集输工，获得中国石油天然气集团有限公司劳动模范。

汤凯的“瘾”

> 虽然现实常常让人远离梦想，但是对于他来说，那种力量从未消失。一旦点燃，生命的花朵就会开到极致。

汤凯从小就爱好无线电，常到电器修理铺看师傅干活，摆弄那些元器件，慢慢就上了瘾。那时他最盼望自己家的电器出问题，这样他就可以一展身手。有时他还把好的东西给鼓捣坏，为这事没少挨父母训。那时他就希望自己快点儿长大，能干一个可以发挥自己特长的工作。

可是，技校毕业以后，他当了采油工。每天与油井打交道，工作单调枯燥，程序步骤一成不变，根本没有他的用武之地。理想与现实的差距越来越大，当年的“瘾”也就淡忘了。

一次跟着老师傅史玉芳上井，他发现埋地管线经常由于热胀冷缩产生变形导致拉伸错断而报废，史师傅只用了几天时间就想出了在管线中间加一节360° 环形涨立弯的办法，不仅解决了难题，还拿到了国家专利。他第一次听说这叫“创新创效”。这件事深深地触动了他的神经：不是没有机会，机会要靠自己去创造。他知道自己基础太薄，但肯下功夫，刻苦学习，也一样能成为像史师傅那样的人。

从那时起，汤凯的“瘾”就犯了，他开始不动声色地准备，他知道这“创新创效”可不是小时候的小打小闹，得先打好理论的底子。他报了大庆石油学院石油工程自学课程，还自学了 CAD 制图、多媒体制作、电脑编程、硬件维修等。“机会是给有准备的人的”，这句话用在汤凯身上最为恰当，很快他就被保卫队“技防”部门相中了。

汤凯终于有了“用武之地”。他来到新单位，感到浑身有使不完的劲儿，只要有活干，即使天天加班他都愿意。第一油矿辖区盗窃和破坏电力设施案件时有发生，于是他就想研制一套适应高寒环境的高性能远程无线监控平台，如果能成功，相当于给辖区装了一个“天眼”，执行效率大大提高，这得顶多少人力啊。这个想法好是好，但过去保卫队也不是没想过，并且曾经请过专业团队来搞，都没有成功。得知这种情况，他有点打退堂鼓了。心想自己刚来，一出手就失败多没面子，还是算了吧。但当他看到保卫队员们熬红的双眼和疲惫的身影，风里来、雨里去，每天辛苦巡逻，他还是下定决心去啃这块“骨头”。

那段“烧脑”的时间，过“瘾”的同时，眼睛近视的度数也大了，不得不换新眼镜。查资料、学习的同时，他把以前购置的工具、仪器全都搬到了单位，利用平日收集来的废旧设备制作试验机，反复改进调试。无线发射机都是安装在野外抽油机井的变压器平台上，数九寒天，调试一蹲就是一两个小时，腿冻木了、耳朵冻伤了都全然不知。整个冬天，体重 180 多斤的他，在平台上爬上爬下，竟然轻了十几斤。就这样，他先后提出了 7 种不同的设计方案，前后制作了 20 多套试验机，历经数百次的现场试验，终于取得了成功。

借助于这个平台，近年来，全厂保卫系统先后破获“3・17”特大盗割裸铝线案件、“11・26”系列盗窃变压器案件、“6・25”盗窃齿轮油案件等一批影响较大的案件，并且实现了连续七年零发案。

兴趣是最好的老师，他初尝“创新创效”的甜头后就一发不可收。多年来，他凭着自己的钻劲，取得国家专利 11 项，2012 年，“汤凯工作室”荣获油田公司首批创新工作室的称号。

⊙**汤凯，**男，1971 年出生，现任大庆油田有限责任公司第四采油厂第一油矿生产保障队设备服务中心班长，黑龙江省劳动模范。

来，踩着我的肩膀上

他是一名转业军人，也是一名采油工人；他17次递交辞呈，也在50岁时考取技师；他曾众望所归独挑重担，也曾一意孤行卸甲归田。他是草根工人，是革新明星，是育才园丁，他的名字就是他传奇职业生涯的写照。

那是一个骄阳似火的中午，刚刚吃过午餐的王金成仍然“挂”在井上，眯起眼睛看着野外那些往日里老弱病残的“伙计”们，被自己捯饬得像士兵一样板板整整、精精神神地站成一行，他仿佛又回到了军营，像战士巡逻一样去巡查抽油机运转情况。

两个结伴取样的小姑娘从远处走来，她们身上背着沉甸甸的布兜子，里面装满了各种各样的工具：取样扳手、管钳，甚至还有一只大铁锤……看着两个如花似玉的姑娘硬是被这一堆家伙什儿压成了“刘罗锅”，王金成心疼之余灵机一动：为啥不研制一种“多用快速取样工具”呢，把各种取样工具的功能集为一体，既方便又实用。

有了这个灵感之后，王金成说干就干，不懂机械制造就上网查现有工具的结构原理，不懂加工制图就找队里的大学生求教帮忙，做好模板之后就找厂家一起研究改进。在他的不懈努力下，“多用快速取样工具”终于研制成功，不但让员工从繁重的劳动中解脱出来，还大大提高了安全操作系数，在全厂获得了一致好评。经过一系列的加工改进，升级成为第二代取样工具，在2012年底取得了国家实用工具专利，并于2015年被正式命名为“王金成扳手”，王金成这个名字渐渐在七厂传开了。

近些年，队里陆续有“80后”“90后”的新人充实到采油工人的队伍里。这些大学生的专业技术张嘴说、用笔写都很有一套，可一到动手操作，就因缺少实践经验掉链子。看到这些，年近50的王金成心里十分着急。一天晚上，他跟妻子商量：“我想辞去技术员，去当采油工！”妻子惊讶地问：“你一个队干部不好好待着，辞什么职啊？”王金成动情地说：“老婆，近几天我想明白了一个道理，我的技术再好，再干些年也就退休了。可你看看那些还是采油工的大学生，大好的年纪荒废就太可惜了。如果有个经验丰富的人带带他们，就能更快地成长起来，我活得不是更有价值？！”在王金成苦口婆心地劝说下，妻子终于默许了。就这样，王金成一连发了17封请辞信，才说服了领导，重新成为一名采油工。

“争得”采油工身份后，王金成带了一大批徒弟。那段时间，他白天带着徒弟们在前线试验，晚上还要为技师考试做准备，忙得不可开交。一天，他在台灯下画图纸时，突然觉得眼前一黑，伸手不见五指，难道停电了？妻子二话不说扶起他就往医院赶。原来，因为长时间用眼过度，他患上了假性失明，医生告诫他：“如果继续过度用眼，很可能真的失明。”正是复习的关键时期，可不能前功尽弃，王金成灵机一动，想到了一个好办法。

“姑娘，来来来，平时都是爸爸考你背课文，今天你考爸爸背题怎么样？”王金成叫来了自己上小学的女儿，把一本沉甸甸的《采油工》放到了女儿手中。从那以后，每天晚上，父女二人都对坐在小书房里，你一言我一语，枯燥乏味的课本似乎也变得温馨有趣起来。除了依靠女儿这个小老师，王金成还把管路安装的实训场搬到了家里阳台上，除了吃饭休息，其余时间都在循环练习六个科目，家里人都说：“这个老王啊，魔怔了。”功夫不负有心人，他仅用半年时间就通过了高级技师考试。随后，厂里成立了“王金成创新创效培训工作室”，组建了“王金成革新攻关小组”，积极推广“王金成技术革新工作法”。在王金成的言传身教下，队里的学习气氛更加浓厚了，越来越多的青年员工，都铆足了劲儿要干出一番名堂。

⊙**王金成，**男，1968 年出生，现任大庆油田有限责任公司第七采油厂第三油矿 722 采油队采油工，黑龙江省“职工创新标兵”。

《地藏组画》（纸本水墨）张立翔

段哥是我们的“宝”

革新与发明，也许来自童年的兴趣，但为企业创新创效，并永不停歇，就变成他人生的追求。他注定是一个内心宁静、目标单纯的人，与年龄无关，与梦想有关。

在采油一线工作的段福海，今年52岁。敦实的身板儿、黝黑的脸，典型的东北汉子模样，从他的外表很难让人相信他其实是个心细如发的人，更不可能将他与“革新家”称号联系起来。但是，“大庆油田重大技术革新成果奖”他获得了182项，国家专利35项。所以，在工友眼里，他们的段哥，是个能让他们工作省事、省劲的“宝”。

同样都是工人，老段为什么就能干出“花”呢？他的解释很简单：“我是个懒人，干活儿老想省事儿、省劲儿，所以就爱琢磨。”可在他母亲眼里，不是这样：“他小时候太勤快了，就是手特别欠。经常把家里的收音机、马蹄表等贵重物品给拆了，然后再装上，这不是糟蹋东西吗？为这事，他没少挨揍。”等母亲意识到孩子的“不良嗜好”长大后变成一种本领的时候，她后悔没让孩子多上点学，只上了个技校，还因为搬迁，两年的学就上了半年，实习占去一大半。

所以，段福海最初来到岗位时，只是个实习生。可在当年的师傅眼里，这个实习生可不一般，聪明好学，还会来事儿。为了解工具、设备的结构原理，干活的时候围着师傅看，没事的时候则不停地问。在比较有把握的情况下，趁师傅不在，把工具、器件等拆开再装上。一年实习期结束的时候，单位使用的机械出了问题，他都能动手修一修、补一补，这个本领有时连一些老师傅都不具备。毕业以后，正式来到工作岗位，只几年时间，他俨然成长为一位革新能手了。

20 世纪 90 年代初的一个冬天，段福海负责油井热洗工作。冬天必须把车载热洗泵的单流阀盖拆装一遍，把泵内存水放出，以保证泵体不被冻裂。每次拆开之后，为了保证泵内压力，安装前要往单流阀室内注满热水，这个动作稍一迟缓，热水变凉，单流阀室内就会结冰，所有的前期工作都白干了。一旦失败，还要多出一个化冰的程序，误时误事。他就想：每天全矿要热洗三十几口井，怎么才能让这个麻烦的工作变得简单快速呢？

一次倒井口流程时，他受到采油树闸门丝杠工作原理的启发，灵机一动，尝试着在单流阀盖上钻开了一个圆孔，挑上丝扣，并在其中加装上一个丝杠。这样只通过丝杠的旋转，就能控制单流阀的上提，不需拆掉单流阀盖就可以走捷径，很方便地将水放出，经过反复试验效果极好，果然实现了省劲儿、省事儿的“懒”愿望。这个小发明，乐坏了队里的同事们。

段福海是工友们眼里的“宝”，大家都亲切地称他“段哥”。在测试队工作期间，他发现管垢经常堵塞水嘴，导致测试难度加大、返工率高，严重影响大家的工作热情，有的人甚至想托人调离岗位。段福海看大家这么为难，就悄悄地开始琢磨。他白天跑现场，晚上在办公室凑合吃一碗泡面，设计图纸、制作模型，经过十几次现场试验，研制出了注水井管柱清刷器，水井测试合格率提高了十几倍。“段哥，这小东西真灵啊，解决了我们的大问题，干得漂亮！”测试工王关义在井上，握着段福海的手兴奋地说。从那时起，队里再没有人因为活不好干而要求调离的了。因为大伙知道，只要工作上有啥难题和段哥说，他不但欢迎，还总会想到解决的办法。

经过多年的钻研，他们的段哥如今已经成为企业的“宝”。 在大庆油田发现 50 周年技术革新成果展上，有人惊讶地发现，在参展的 266 项革新成果中，仅他自己就有 10 项。也就是说，近 4% 的参展成果出自他一人之手。

⊙**段福海**，男，1966 年出生，现任大庆油田有限责任公司第四采油厂第二油矿工艺队测试工程师，全国创新标兵、全国五一劳动奖章获得者。

当难题遇上“瞎琢磨”

> 他爱琢磨，爱钻研，更爱解决生产实际问题，他把心血用在技术革新上，也用在对油田的一腔热爱上。

有谁能想到当作业打捞出现突发状况的紧要关头却碰到了没事就爱“瞎琢磨”的工人，结果会是什么样的呢？今天咱们就来讲一个这样的故事。

有这么一个作业工人，他叫潘晓春，因为痴迷于故障分析、零件研制，对打捞出来的井下落物总爱拿在手里反复琢磨，所以被老婆“厌恶”地称为“成天兜里揣个铁疙瘩瞎琢磨的人”。

2013 年 7 月，潘晓春所在的作业班组在起完原井管柱、刮蜡后进行打捞丢手封隔器时突然意外遇阻。捞获丢手后上提负荷 36 吨未能拔出，经大负荷反复活动管柱一个小时，封隔器仍然纹丝不动。在工人们一次又一次的尝试均宣告失败之后，有人灰心了，有人放弃了，有人把手里的工具往地上一丢，泄气地念叨：“不干了！再干也捞不上来，上大修吧。”上大修？有着 30 多年工龄的潘晓春眼珠一转就算出了这笔账，这一口井大修下来，光施工费用这一块就差不多要多花上 15 万元左右，而且大修用时肯定要多过一般作业，这样又会耽误原油产量，这又是一笔不小的损失。想到这儿，爱琢磨的潘晓春把脑袋摇成了拨浪鼓，“不划算，太不划算了。”他一边否定一边蹲在地上画着圈圈分析这口井的状况。

可是想了半天还是没有什么解决思路，他盘腿坐在地上，一坐就是小半天儿，同事喊他吃饭他不理，就那么傻呆呆地望着那口井，谁也不知道他的脑袋里在琢磨啥。同事只能撇撇嘴说句无奈的玩笑话：“又犯病了。”

在一个单位待久了，大家都了解他这股子倔劲儿。年初的时候一次打捞机械堵水管柱的施工，潘晓春发现井内剩余油管在井底压力作用下上顶。这是一个既影响施工进度又存在着安全隐患的大问题，他想了几种办法效果都不理想。为了解决这个问题，那段时间他干脆就“赖”在了单位，吃饭睡觉上井以外的全部时间，潘晓春都用在研究如何解决这个问题上。不到一个月的时间，他竟然查阅了 30 多份资料，现场试验 10 多次。失败了一次又一次，有人看不下去了，觉得他不可能弄明白，明着暗着地劝他放弃，可他啥也不说，就是一门心思地琢磨。最后终于在很多人难以置信的目光中成功地研制出“上顶油管控制吊卡”，还成了油田处理油管上顶事故的“标配”设施。

有了这一次的经验，同事们对他所有的奇怪举止也都见怪不怪了。大家很清楚地知道潘晓春一通“瞎琢磨”之后，他们的工作会更好干，工作效率也会提高，甚至就连处理效果也会更好。

潘晓春坐在那儿东瞅瞅西瞅瞅，又打电话跟管井的采油工聊了一会儿，突然灵光一闪，一下子跳起来，拍着自己脑门儿喊出一句：“三元复合驱！”

他这一喊把同事们吓了一大跳，潘晓春自己却傻呵呵地乐了。大家伙给了彼此一个肯定的眼神儿，点点头：“有门了！”

而此时的潘晓春在同事们信任的神情中却仍然继续沉浸在自己架构的世界里。他嘴里不停地小声嘀咕着：“临近三元复合驱区块，如果我用‘酸碱中和’的原理去处理，会不会产生意想不到的效果？”他一边嘀咕一边打定了主意，迅速地联系这口井所在采油队的技术员了解基本情况，沟通、征求意见，最终他确认了是由于碱结晶将封隔器解封机构卡死的分析结果。然后他马不停蹄地向上级汇报，并提出了自己的整改意见，确定了向封隔器所在深度正注稀盐酸，然后关井反应到一定时间，再次上提的解决办法。这一次，上提管柱负荷仅 27 吨封隔器就成功解封，顺利地将丢手管柱捞出。

潘晓春开心地笑了。轰鸣的作业机、涌动的油流、淳朴勤劳的工友，这火热的施工场面深深地感动着他，也深深地震撼着他。

⊙**潘晓春**，男，1965 年出生，现任大庆油田有限责任公司第三采油厂作业大队作业五队作业工，黑龙江省职工创新标兵，龙江工匠。

《塔》（套色木刻）罗明华

死的不行就做活的

他说革新就要为生产管理排忧解难，就要灵活发挥技术潜能，就要为油田生产创新解决难题。他说，他就要搞这样的革新，再苦再难他也不怕！

谢仕洪心里有些窝火，因为他莫名其妙地被人狠狠地鄙视了一把。

事情得从几天前说起，那天他跟往常一样，换了工作服跟同事边走边聊着往家走，突然有个人从他旁边经过，回头瞅了瞅他，然后停下来仔细地打量了一会儿，又挑着眉毛斜着眼问了句："你就是谢仕洪？"

看见对方跟自己说话，谢仕洪微笑着向前走了两步，答了句："啊，你好，我是谢仕洪。"这几年又是搞革新又是带学员，谢仕洪俨然已经成为采油五厂的工人明星，认识他的人不少，走在路上打招呼的人也不少，他已经习惯了这样的问话。可他没想到，这次他碰上的人不一样。

那人又瞅瞅他，说出的话让他吃了一惊："也不怎么样嘛。"谢仕洪一愣，什么也没说，只是笑了笑。那人继续说："早就听说你搞革新挺厉害的，也听说你们车间主要就是加工生产抽油机配件和井口配件的，那这么多年怎么连个新盘根盒也没设计出来？"谢仕洪一听，这话里有话啊，他有些疑惑："设计新盘根盒？那老盘根盒有什么问题吗？"那人冷哼一声："问题多了！"谢仕洪追着问有哪些问题，对方扳着手指头一条一条地数给他听，数完了又有些不屑地看着谢仕洪冷哼了一声："这破盘根盒给我们采油工带来多少麻烦？连最基本的一线生产的问题都解决不了，你这技能专家是冒牌的吧？"

说完话，那人头也不回地走了，谢仕洪站在原地发起了呆。

回到家后，谢仕洪一夜没睡好，第二天一早就跑到一口抽油机井上围着盘根盒瞅，又跑到采油队找采油工聊天。几天的走访调查下来，他心里的火消了。原来那小伙子真不是跟他找碴，也没有说谎，目前使用的盘根盒的确存在很多问题，给生产管理造成不小的困扰。

谢仕洪陷入了沉思，他在想自己能不能运用所掌握的知识和技术协助油田生产解决这个问题。

打定了主意他就开始在工作之余忙开了。他一遍又一遍地研究设计方案，编制加工工艺，一遍又一遍地跑现场调试，可无论如何都无法实现偏心360° 调整，这让他很不满意，也有几分上火。了解内幕的同事看到他愁眉不展就劝他说："老谢，算了吧，忙活了这么长时间，你也尽力了，不行就让他们用以前的吧，不好用不也用了这么长时间了吗？一个毛头小子的话，你何必那么当真呢？是不是冒牌专家也不是他说了算的。"这句话更是激起了谢仕洪不服输的劲儿，他把脖子一梗，"我必须做出来！这不是冒不冒牌的事，生产一线最基本的东西都做不好，我还能干点儿啥？"越是这么说谢仕洪越是心情烦躁，一时找不到头绪的他垂头丧气地回家了。

在一起生活了这么多年，爱人太了解他的脾气了，一看到他愁眉不展的样子就知道他准是又在什么革新上"卡壳儿"了，所以也不劝，只是一边忙着准备晚饭一边说了句："搞试验哪有一次就成功的？急啥？不行你就死马当成活马医，慢慢来呗。"这无意中的一句话，一下就擦出了谢仕洪脑袋里的一束火花，他一拍大腿，兴奋地喊了句："对呀，死的不行我就做成活的呗！"

匆匆忙忙地吃了点儿饭，他就一头扎进材料堆里重新设计起了方案，把原来的一体球座改成两体偏心球座，终于满足了设计要求。

可是意外又出现了，新设计的盘根盒研制投入实际生产试验后，又出现了新问题，偏心球头环形胶圈在试压不到 3MPa 时就出现了渗漏，造成球头密封不严。再一次出现的问题更激起了谢仕洪的“牛脾气”，他脖子一梗，“我就不信我还整不明白了？”他咬着牙憋着劲儿一次又一次跑到现场安装、调试，那段时间管井的采油工一见他就笑，“谢师傅，你又来啦？你上井的次数都快赶上我们采油工了。”谢仕洪不言语，只是“嘿嘿”地笑。功夫不负有心人，又经过几次调整，终于所有的问题都得到了圆满的解决。

抽油机站在井场上嗡嗡地吟唱着，天地间那么安静，谢仕洪的心里也那么安静，他知道自己用心血设计出的一个又一个革新产品都在为这个油田默默地奉献着光和热，就像他自己一样……

⊙**谢仕洪，**男，1965 年出生，现任大庆油田有限责任公司第五采油厂生产维修大队加工车间数控班班长，黑龙江省创新创效标兵，龙江工匠。

从焊工到焊王

焊枪下，当铁与铁的缝合变成一道道牢不可破的精美焊道，他追寻的事业也在这精美中光辉灿烂；焊花中，当冰冷的钢铁生发热度，他的人生也在这热度中充满光彩。

2019年1月7日，由中华全国总工会、中央广播电视总台联合举办的2018年“大国工匠年度人物”评选活动产生并发布了50名候选人，其中一名候选人来自大庆油田，是以“国际焊王”的高超技能脱颖而出的，也是黑龙江省唯一的入选者，他叫王召军。

当这个消息传到大庆，人们又一次把目光聚焦在王召军身上。之所以说“又一次”，是因为他曾多次引起过人们的关注——2009年4月，在全国工程建设系统第九届焊工职业技能竞赛中，摘取气焊工竞赛个人总分第一名；同年9月，夺得第三届全国职工职业技能大赛“大庆石油杯”焊工第一名；2011年9月，在德国吕内堡“嘉克杯”国际焊接大赛上勇夺钨极惰性气体焊第一名……这些从国内到国际的第一和焊王之冕，让王召军的名字一次次牵引大庆人的目光，一次次让大庆人为他骄傲。

王召军是大庆油田工程建设公司安装公司第四工程部的电焊工，也是中石油电焊技能专家，还是全国技术能手、全国五一劳动奖章获得者。

从一名普通焊工成长为技能专家和名声赫赫的焊王，王召军经过了10年手握焊枪的坚守和付出。1983年，王召军出生在大庆油田一名普通建筑工人家庭。小时候，王召军很淘气，不用心上学，父亲对他恨铁不成钢，总是气愤地打他骂他。16岁那年初中毕业后，王召军再也无心上学，父亲让他上了技校，学习焊工，只想让这个淘气的儿子学一门技术，有个班上就算万事大吉了，也不指望他有什么出息。

18岁技校毕业后，王召军在一个工厂实习时，忽然间变得懂事了，他想到了父母养他和姐姐两个孩子的不容易，想到了父亲身患肺病还坚持去工地干活挣钱，想到了母亲既在家属管理站干活又操劳家务，想到了父亲对他恨铁不成钢的怨恨……他很内疚，很懊悔。这或许是他18岁成人了，或许是看到工厂里工人干活的辛苦，或许是在实习中体验到了劳动和生活的不易，总之王召军发生了变化。这个时候，他特别渴望尽快有一份工作，去挣钱帮助家里。后来，当得知油田招工的消息，他兴奋不已，决心抓住这个机会，但也清楚自己所掌握的焊工知识还不能通过招工考试。于是，他白天去工厂干活，晚上在食堂买两个馒头，回到宿舍就咸菜吃，挤时间投入到看书学习中。2002年3月4日，王召军通过了招工考试，当上了期盼已久的焊工，也由此开启了他焊工的成长之路。

当上了焊工，能不能当一个好焊工，那就看吃多大苦、流多少汗了。王召军深知这个道理。为了练好焊工的基本功，他的眼睛被电弧打伤过，胳膊被焊花烫出过血泡，拿焊枪的手也结出了厚厚的硬茧。练腕力和蹲功的时候，他用铁钳当焊枪，挂上十多斤的重量，坚持每次直起胳膊蹲半小时，蹲着看书，蹲着看电视，蹲着吃饭，睡梦里也比比划划。功夫不负有心人，苦练，练出了王召军不同寻常的腕力和蹲功，练出了平、立、横、仰、卧各种焊接姿势，熟练掌握了氩弧焊、二氧化碳气体保护焊、手工电弧焊等各种焊接技术。

一年冬天，一天里的 9 个小时的经历，让王召军不能忘记，那是考验他焊工技术的重要的 9 个小时。这之前，由于王召军经常主动请战去艰难的施工环境完成焊接任务，2012 年安装公司以他的名字命名了“王召军尖刀班”，专门攻克艰难险急的施工任务。这一次，安装公司又同意了王召军的请战，让他带领“尖刀班”增援中十六转油放水站投产前的碰头施工。这个任务十分紧急，也比以往任何一次都艰难，要求必须在 12 个小时内完成 38 个碰头焊接任务，否则附近三个计量间的管线就会冻裂。当时的现场管线盘根错节，操作空间非常狭窄，别说干活，就连身子在里面转个弯都很难，而且气温在零下 20 多度，几乎呵气成霜，滴水成冰，穿的工服再厚，站一会儿也会被冻透。王召军沉着冷静，他知道不管有多大的困难，“尖刀班”必须要完成好这个任务。他把最难干的几处碰头点留给自己，专门对付“别扭口”。焊接时熔池温度达到 2000 多度，虽然戴着焊帽，面前仍然炙气逼人，而半边脸却浸在冰水中，背后还承受着刺骨寒风。这一切艰难都不在王召军眼里，他的眼里只有那一道道焊口。施工现场焊花闪闪，一道道焊口缝合在焊枪之下，随着最后一道焊花的熄灭，所有焊口在 9 个小时内完美收官，一次检验优良率达到 98%，比预期的 12 个小时提前了 3 个小时。这 9 个小时，是王召军和他的“尖刀班”焊工技能的集中展现，也是王召军勇于挑战和担当的生动写照。

王召军的焊工技能，还让他在国家重点工程中显身手、当尖兵。他先后参加过中贵线、陕京线、锦郑线、中俄漠大线等国家重点工程 20 项。在中俄原油管道二线工程中，他带领他的机组承担了大兴安岭滚兔岭附近的一段管道焊接任务，这里有沼泽地和永冻土，还有山坡长而陡的不利条件。站在茫茫崇山峻岭中，王召军手握焊枪，紧锁眉头，闪动那双坚毅而明亮的目光思索着，在不能把全自动焊机运上去的情况下，他决定采取半自动焊接，将“大锯齿运条法”运用到施工中。当焊花闪耀在滚兔岭上，王召军机组的每个人都如同镇守高地的勇士，紧握手中的焊枪，攻克一道道难关，创下半自动焊接单日完成21道焊口的纪录，一次合格率达99.6%，高质量完成了这段工程的焊接。

多年来，王召军在每一项工程中焊接的每一道焊口，都能做到严丝合缝、纹路均匀、工整美观，焊道宽窄差不超过0.1毫米，低于国家焊接标准规定的误差值20倍，凡是出自他手中的每一道焊缝，均被美誉为银手镯，堪比精良的工艺品。

早在2012年大庆油田就以王召军的名子命名了“王召军劳模创新工作室”。这里既是展示技能的舞台，也是技术创新的试验场。在这里，王召军带领大家把工作室与施工现场密切相连，研究施工难题，突破技术瓶颈，学习焊接前沿知识。在这里，王召军根据自己的实际操作经验，总结出了“六精六稳”焊接操作法、“374”技术革新工作法和“五步培训法”，帮助青工提高技能水平。在这里，王召军和他的团队潜心研制创造新技术13项，累计为企业节省费用上千万元，还以打造国际焊接施工能力为目标，培训近千名青年焊工，有60多人在国内国际焊接大赛上获奖，其中王召军的两个徒弟分别在2013“嘉克杯”国际焊接大赛和2017年俄罗斯世界技能高技术大赛电焊组中获得冠军，创造了以“焊王”培养出“焊王”的辉煌业绩。

在大庆油田这片精神热土上，王召军从一名普通焊工成长为思想过硬、技艺超群的工人技术专家和国际公认的焊王，他不仅是大庆油田青年工人的楷模，也是大庆油田新生代的青年典范，他已将自己的理想、前途与企业发展和油田建设牢牢地“焊”在一起，他对待自己坚守的事业，就像“对待每一条焊缝”那样不可分割，那样负责笃定。

王召军成为“国际焊王”后，在参加一次焊接博览会时，有一位焊接设备厂家的老总找到他，想聘请他去当焊接顾问，年薪30万，他毫不犹豫地回绝了对方的好意。事后他说：“我是在大庆油田成长起来的‘油三代’，大庆油田永远是我的根。我的人生，我的追求，只有‘焊接’在大庆油田，才有前途，才更美好。”

⊙**王召军，**男，1983 年出生，现任大庆油田有限责任公司工程建设公司安装公司第四工程部电焊工，德国“嘉克杯”国际焊接大赛单项第一名，首届龙江工匠、首届油田工匠、全国技术能手、全国五一劳动奖章获得者，享受黑龙江省政府特殊津贴。

焊花如诗般美丽

成长，是将焊花投进汗水来淬火，增强生命的硬度；蜕变，是以百折不挠的执着和刻苦，换来破茧的升华。他用青春和热血，践行初心，从一个普通少年，逆袭为新一代“焊王”。

德国嘉克杯国际青年焊工颁奖现场，氩弧焊法的冠军：Tian Ming-Wang……饶舌的汉语久久回荡。台下的王天明还一脸的蒙，有点儿不敢相信，在旁边人的提醒下，他才恍然大悟，忙走上台去。在中华人民共和国的国歌响彻现场，五星红旗升起的刹那，这个技压群雄的少年焊王已是热泪盈眶……

王天明，一个寻常邻家少年，他是如何逆袭为震惊四方的冠军的呢？

回首来时路，苍茫横翠微。像许多油田子弟一样，王天明的爷爷是老会战，父母是油田职工，日子虽说不上优渥，家境倒也殷实。他从小就被爷爷父母宠着，俨然是蜜罐里泡大的孩子。高考失利怎么了，无所谓啊，他还为考入技师学院沾沾自喜呢。因为年少懵懂，无忧无虑，他爸爸感叹道：“男长十二夺父志，你都十八了，什么时候干几件像样的事啊？”王天明呢，“嘻嘻”一笑，满不在乎，一股孩子气。

成长有时真的只在一瞬间。

“焊培”，大家戏称行内的黄埔军校。老师笑了笑，说焊培英雄辈出倒是真的，从这里走出了许多中石油、全国、国际焊接冠军，年龄都和他相仿。尤其一代焊王王召军，更是神乎其神，简直像武侠小说一样传奇，令少年豪气勃发，肾上腺激素飙升，他想：一样是男子汉，他们能成，我差啥呀？

立下志愿的一刻，王天明找到了人生的方向。也真巧，王天明拜师王召军门下，真是机会难得！焊工操作间仅几平方米，师傅一边教焊接技能，一边讲大赛前堆积如山的焊件，描述大赛时焊接管线碰头的尖峰时刻。学艺的日子，王天明感觉每天都是新的，丰富、充实、有劲。师傅不但技艺超群，耐心细致，身上的精气神更是深深影响着他。

王天明迷上了焊接，整个人都魔怔了，连吃饭时也要拿筷子当焊枪比画一通。因为王天明的资质、专注、刻苦，很快他便在众人中脱颖而出，被列为国际焊接大赛的种子选手。毕竟少年心性，王天明难抑喜悦，亢奋得就地一个空翻，落脚时闪个趔趄。他傻笑着，天那么高、那么蓝，阳光鲜亮。恍惚里，王天明觉得似乎握住了自己的未来。

不疯魔不成活。大家说天明疯了！六点出操，八点训练，三伏天依然穿戴整齐劳保护具，蹲在地上练习焊技。成形差是个难题，在师傅的指点下，王天明反复调整焊条角度和焊接速度，改变焊接方法，一举攻克。他发现，焊花宛如点点金星，竟有一种炫目的美。盛夏酷暑，焊花飞溅，王天明一练一天，汗水溻得工服湿了又干，干了又湿。

除了苦练焊技，王天明还要恶补英语，硬啃专业词汇，比训练还要刻苦。训练室关门后，王天明不走，老师不得不撵他：“傻小子，你想一口吃成胖子啊？快走吧！”王天明央求着：“老师您高抬贵手，等我获得名次了，请您喝酒。”老师哭笑不得，又为这孩子的刻苦感动。就这样，王天明厚着脸皮练到深夜，最后被撵回宿舍。当大家聊 QQ、刷朋友圈时，王天明举着手机一遍遍研究自己照下来的当天的焊件，反复琢磨哪儿焊得不好；躲在被窝里反复背单词，记外文标识。

2013 年，9 月，德国。国际焊工大赛现场，各国百余名焊接顶尖高手云集，赛场全面开放，允许所有人近距离观看、议论、拍摄，极为考验选手的心理素质。虽然王天明训练有素，但毕竟第一次见到这么大的阵势，他告诫自己，平常怎么练，现在就怎么来。然而，怕什么，来什么，因为紧张，手一抖，他把试件的坡口烧出一个豁口，不禁心里一紧。好在及时调整，按师傅教的办法，细致地补救，修复了缺陷，有条不紊地进行焊接。三天后结果公布，听到“Tian Ming-Wang”，他竟不敢相信。当他站在颁奖台上，五星红旗升起的一刻，坚毅的他难掩那一股腾起的民族自豪感，泪洒胸襟。

当经历了集训、比赛、夺冠，邻家少年蜕变成新一代焊王。王天明知道，焊王的用武之地在施工前线。于是，他一头扎进工地，针对技术弱点重新练习，一个动作一个动作地纠正，什么地段需要什么姿势，什么环境需要什么手法，苦心钻研，很快融入了班组，适应了环境。那年冬天，班组增援中十六转油放水站工程。12 个小时，38 个管线碰头，时间紧，任务重，加上作业空间狭窄，天气也不好，这对于王天明和同事都是一个挑战，他们穿着水衩在冰水中作业，脑袋只能贴着冰面。很快，脚冻木了，手不灵了，但他们一直坚持着，用摇把焊和小电流快速焊，提前三个小时打赢了这场攻坚战，并且一次检验优良率达到了 98%！

然而这只是一个开始，王天明，这个少年焊王，这个普通焊工，正在一步一步践行当初立下的志愿。

⊙**王天明，**男，1993 年出生，现任大庆油田有限责任公司工程建设公司安装公司第四工程部电焊工，中华全国青年联合会常委，黑龙江省青年联合会副主席，德国“嘉克杯”青年焊工大赛氩弧焊方法第一名，全国“青年岗位能手”。

“筛子”的故事

成本和效率就像两块铁，敢把铁用筛子筛出来的人，都有一身好本事和一颗炽热的心。

二值四单元副单元长盛昊在耗差分析图中发现，机组低负荷运行时，主汽压力和高压缸效率这两个参数煤耗比较大。

去哈一热电厂考察，盛昊准备了很多资料，对于滑压曲线，他有一肚子问题要问。专家说，滑压曲线是国内控制主汽压力和高压缸效率通用的方法，只要按照这个曲线运行，机组就能达到最优值。

提到绘制滑压曲线，盛昊吃了一惊：“滑压曲线要 30 万元，需要请省电科院专家来做，并且还要经过一段时间才能绘出。”返回的路上，盛昊的脑袋就没闲着。到了单位，他找到几个汽机 A 操商量，他们都同意他的意见——自己绘制滑压曲线。说干就干，数据比对是个大活，他们一头扎进上百参数、几千数据海洋中，分析类比就像是“筛子”，最优值就是用这个“筛子”到这片“海”里筛，在“筛子”下面找数据。

有人坐不住了，“这机组运行得好好的，参数都正常，你没事穷折腾，那么较真干啥？”

盛昊也没客气，“来，我给你算算账。一台机组，煤耗每减少一克，煤炭每年支出就能减少 55 万元，如果我们节约 6 克煤，就是 330 万元。”盛昊算完，把笔一顿，瞅着那人，“平时汽油每升涨跌一两毛钱，咱们一箱油就少加不少。”

仔细一寻思，确实是那么回事。有了这笔账，就像吃了个定心丸，大家干劲儿十足。试验按照计划调整气门刻度，刻度变了，各个参数也相应变化。要不断调整，不断分析比对这些参数，寻找最优值，还要记录这个参数对应的运行工况，有时需要反复试验。

盛昊和五个值当班人员商量：“调整一定要有耐心，别怕麻烦，这样才能找到最佳参数。前提是，不能影响机组正常运行，否则搬石头砸自己脚，出现差错，造成损失，这个试验就没法进行。”

盛昊心细：“咱们的试验数据出来一组，不要急着下结论，等下一组数据或再下一组，对这组数据进行检验，以便让这组数据更具可靠性。”

总结经验的结果，就是滑压曲线绘制完成，找到了最适合机组经济运行曲线，验证了最初的设想。大家欣喜不已，尤其是盛昊，顶着压力，总怕辜负领导和同事的信任，这下他终于可以轻松一下了。

盛昊脸上多了一分果敢，心中多了一分刚强。提高了机组经济性，降低了煤耗，可他还不能闲着，他觉得针对每个指标，还有降本增效的空间。

又是三月，春天刚迈出一只脚，倒春寒冻得人直缩脖。

又是在上千条数据中分析查找，结果“筛”出来了，盛昊仔细查看凝汽器端差值，四号机凝汽器端差值 2016 年实际控制在 10.5 摄氏度，高出标准值 0.5 摄氏度。好家伙，小小的 0.5 摄氏度，一年下来吞进去几十万元的多余支出。盛昊一阵欣喜，只要找到控制这个温度的办法，这个降本增效“战斗”又会大获全胜。

盛昊同几位技术骨干聚在一起研究，与凝汽器端差有关的运行参数有许多，经过排查，盛昊发现循环水温度和循环水量是影响凝汽器端差的主要原因。只要控制好这两个指标，凝汽器端差就能控制住。大家一阵兴奋。

盛昊进一步试验发现，调整挡风板可以调节循环水温度。看来答案找到了，抓住循环水温度这个点，大做文章吧。

这天是入春来最冷的一天，白天温度低于零下 15 摄氏度，循环水温度持续降低，盛昊异常着急。他查看交接班记录，发现昨天检修人员已将水塔的挡风板撤掉。今天天这么冷，风又大，循环水温度一定受到影响。他连忙组织班组几位年轻员工安装挡风板。

布置好监控任务，他就带头冲向水塔。

站在水塔边，不一会儿军大衣就被溅湿了，刺骨的寒风一阵紧似一阵地把人往水塔中吸。盛昊一边抵抗着抽力，一边举起 50 斤重的挡板，挂在水塔四周，冰凉的水流顺着安全帽淌在脸上，他也顾不得抹一下。大家共同努力，挂了 40 多块以后，单元控制室传来信息，循环水温度上升了。

这半年虽然辛苦，可是试验调整效果明显，四号机凝汽器端差平均值下降 7.3 摄氏度，又为厂里节约成本 30 多万元。

盛昊对降本增效上瘾，隔一段时间，就要琢磨一下是不是该做点儿啥，他把自己和热电一公司的命运绑在一起，在这个过程中，实现着自己的人生价值。

⊙**盛昊，**男，1984 年出生，现任中国石油集团电能有限公司热电一公司运行部二值四单元副单元长，黑龙江省杰出青年岗位能手。

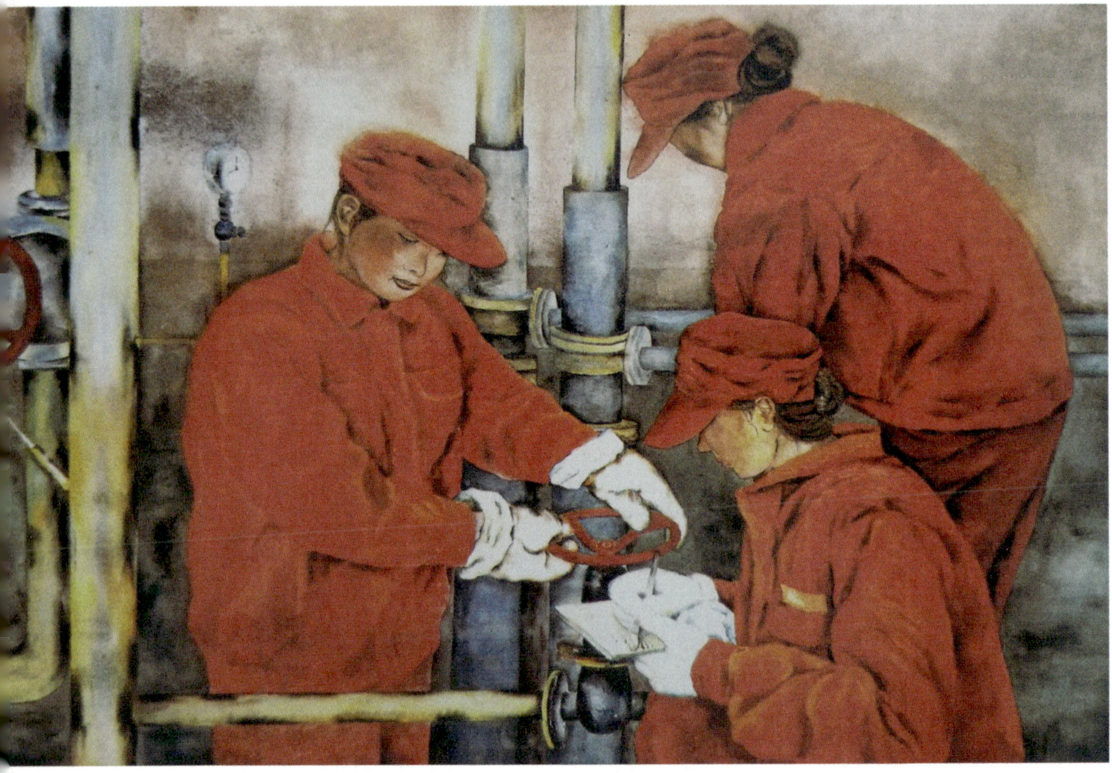

《金色年华》（岩彩画）王晶辉

“脖套”的故事

他观察入微、勤于钻研，擅长从小细节里找转机，他的使命感与责任感注定会让他成为一个大有作为的人。

因为刚刚在安全培训课上看到了一组案例照片，杜景田今天的心情不太好。

照片是一个事故现场，一个年轻的女工因头发缠进离心泵联轴器发生意外，年轻的生命就因为这样的疏忽而终结。这让杜景田的情绪极其低落。他想到每天上班出门前妈妈都会嘱咐的一句：“注意安全。”这简单的四个字，从没有让他如此沉重和揪心。他不由得想，危险降临的那一刻，这个女孩儿有没有想到那个送了黑发人的白发人有多么伤心欲绝？他有点恨：工作怎么能这么粗心大意呢？如果能多注意点安全，又怎么会发生这样的惨剧？想到这里他停住了脚步，自言自语了一句：“我能不能做点什么把设备的危险系数降低呢？”越这样想他就越觉得自己有必要做点什么，打定了主意，他三步并作两步地奔回安全培训教室，跟培训老师要来案例仔细琢磨。经过再三研究比对，他决定既然问题出在联轴器的防护罩上，那么最直接的就是对防护罩进行改善。

说干就干！一回到工作室，杜景田就马上召集工作室成员简单地说了他的想法，与众人一拍即合，马不停蹄地开始分头四处搜集资料，想方设法地弄来各个泵厂家的防护罩，一点一点地分析比对它们的形状、性能、优缺点。这一总结，就发现了一个现象，原来，防护罩千篇一律的都是半封闭结构。也正是这个半封闭的结构才使得联轴器高速运转的部位因局部裸露而存在着极大的安全隐患。那么怎样才能通过对这个半封闭结构的改进，从而实现防护罩的全方位安全防护呢？这个问题在很长一段时间里一直困扰着杜景田，而这也成了杜景田下定决心要解决的问题。

进入冬季，一天，杜景田见一个朋友戴上了围脖，就开玩笑地说："围脖搭在后脖颈上，前边不还是冷？你这到底是为了防冻还是为了好看啊？"朋友白了他一眼："怕挨冻？你戴'脖套'啊，那玩意儿360° 防冻。"这一句玩笑话，让杜景田一愣，瞬间一道灵光击中了他，他兴奋地捶了朋友一拳，一蹦三尺高地喊："对呀！ 360° ！成了！就这么干！"他的这一举动把朋友吓得一哆嗦，暗自寻思，这小子不是疯了吧？再抬头一看，杜景田已经一溜烟地跑远了。

做个"脖套"似的防护罩，这是杜景田的设想。方向是有了，可是该怎么做呢？杜景田又陷入了沉思。他趴在桌前写写算算，身旁和地上堆着一张又一张的白纸。经过一系列的对比和分析，最终他把支撑点设计到了泵体上。回到单位，杜景田马上开始测量数据，用电脑软件设计了初样和效果图。然后，全新的联轴器防护罩很快就加工出来，安装到了离心泵上。

新加工的防护罩经测试，与泵侧实现了无间隙，与电机侧间隙为 2mm，使用 10kg 重物压载安装好的防护罩上没有变形，强度符合要求，由于采用全新支撑设计，防护罩实现悬空，基础上操作空间增大，更利于清洁，拆装更方便。简直就是完美！终于，能够 360° 全角度"脖套"式保护的新护罩成功投入使用了，它不但降低了设备的安全隐患，同时还提高了设备管理水平，杜景田再一次成功了！

⊙**杜景田，**男，1977 年出生，现任大庆油田有限责任公司第八采油厂第三油矿宋二联集输工，龙江工匠。

《金色钻台》（油画）于生

传 奇

从普通采油女工到龙江工匠，从技能专家到培训师，每一步走得都很辛苦；她以坚定的信念、非凡的执着、惊人的刻苦向大家昭示，平凡的岗位也有英雄的壮举，平凡的生命也是一部传奇。

资料显示：张朋娟，女，高级技师，讲师，龙江工匠，研制厂级成果 37 项，公司级 16 项……

镜头切入培训室，参加受训的除了青工，还有大专生、本科生、研究生，讲师则是一个青年女工，高才生们心高眼空，并没把她放在眼里。

“井口的施工图，跟它很像……”她举着针管，一边说，一边做。

烧脑的流程她讲得头头是道，台下就炸了锅，高才生们收起傲慢，重新打量她，清秀，清瘦，但成绩却是真金。

一个普通女工，如何逆袭成高大上的“龙江工匠”呢？咱们来捋一捋。

少女时代，她想当警察，警服好看啊，还能抓坏人，多酷！她的单纯、执着、追求完美，注定与众不同。这世上，事与愿违是常态，她当了一各采油工，见天儿在井场计量间打转转。天上白云浮动，人间时光流逝，一辈子就这样了吗？路，她选不了，怎么走却是她自己说了算，既然当了采油工，就当个完美的采油工！

杜绝平庸，自然要比别人走得辛苦。

她从眼前做起，熟悉流程、工艺、地质结构，进而油井、水井、计量间各个流程性能了然于胸，很快上手了，样样出色，石油知识大赛上初试身手，摘得桂冠。随后，她进入开挂模式，获得国家企业职业技能大赛资格，同时，还要备战省青工安全大赛。别人全力以赴应对一项比赛，她却双管齐下，左右开弓。

欲成一事，无非刻苦。

她成了异类，大家在刷屏、淘宝、追剧、闲扯，她却在背书！而且无论坐车、走路、吃饭都在背书，嘴里小声地叨咕着，像念经似的；或是对着油井、水井、计量间、中转站的各个阀门，指指点点，念念有词，几近痴迷。要是猛地拍一下，喊一声，她会打一个激灵，茫然地看着你。大家戏谑道："这妮子疯了。"

你以为光背书就成了，错！技术大赛，考的文武修。文考背，武考练，还是高强度训练，熟稔各种工具，跟各种铁器较劲。比如换皮带，撬杠扳手轮番上阵；调平衡，必须 20 秒爬到，还要背着工具。一个小姑娘，背上皮带，走路都趔趄，她真是拼了。那次她脚下没踩实，从梯子上掉下来，摔得耳鼓"嗡嗡"轰鸣，工具兜里大锤、扳手、机轮散了一地；又一次，爬上去抡大锤，兴许用力过猛，忽觉肋下一疼，虽说没什么大碍，大夫还是劝她休养。"那怎么成？休养就错过了比赛啊！"她爱看军事题材的小说，人家军人，枪林弹雨不眨眼，冲锋陷阵是寻常，自己受这点儿小伤就撤，太丢人了。

苦，累，咬咬牙，挺一挺，也就过来了，但心里的纠葛却折磨人。

一次备战大赛，她几乎是被焊在了训练场上。为了大赛，她把孩子交给保姆看，那天孩子病了，哭得不行。她跑回来抱抱孩子，喂了药，再跑回去接着练。父亲患病期间，她抽空过去看看，根本没时间陪，走的时候，心里愧疚万分……

技师、高级技师、龙江工匠，就这么拼来的。世上根本没有什么怀才不遇，就看你有没有胆，够不够拼。

能耐，派上用场才是真能耐。何况苦学苦练一身能耐，不用白瞎了，甭管多少荣誉，多少光环，她还当她的采油工。眼下，采油行当女孩子多，取个样，写个资料，没问题；但换盘根、加皮带、调平衡，老费劲了。张朋娟和伙伴们用液压千斤的原理，弄了个“加盘根组合装置”，女孩们开玩笑说：“妈妈再不用担心我加盘根啦！”

“张朋娟创新创效工作室”创立后，先后研制出“阀门远传开关”“速画压力表量程线”“抽油机毛辫子加油器”等工具，采油工乐了，干活儿不再是愁人的事儿了，唱着歌就能搞定。

随后，张朋娟培训室成立了，负责公司、厂、作业区技术大赛、冬训、新员工入厂教育等，由技师向讲师过渡，挺难。有的人一身能耐，一讲，就卡壳了。有的讲师讲课干巴，很多人听听就走神，烦了，困了。张朋娟事事追求完美，要么不做，做就做好，每次讲课前，根据大伙反馈的意见，反复修改课件，怎么能讲好、讲透、讲出彩，耗费的脑细胞数以万计……听人说电脑能玩游戏，女儿纠正道，瞎说，那是妈妈工作用的！

一得一失，得失互化，道也。

张朋娟觉得走得快了点儿，她想慢下来，想一想……

不觉间，她走到了娘家门前，家里一切如故，像往常一样，心里暖暖的、柔柔的，烧了水说：“爸，妈，我给你俩洗洗脚吧……”

⊙**张朋娟**，女，1979年出生，现任大庆油田有限责任公司第九采油厂龙虎泡作业区采油二队采油工，全国石油石化系统创新先进人物，中央企业技术能手。

《石油遐想》（木版水印）苏青岩

第六章

远翔高飞

YUANXIANG GAOFEI

异乡的夜晚望不见家的灯火和炊烟，海外的日子少了儿女绕膝，天伦之乐。

选择开拓，就意味着漂泊、奉献，足迹离故乡越远，离外面的世界就越近！

“力神”的神话

有勇，有谋，有胆，有识，他凭自己的本事在外国人面前为中国石油工人树威，这个工人“very good”！

如果说一个普普通通的只有技校学历的石油工人，他能凭着自己的一己之力，凭着自己日积月累刻苦钻研学来的本事在国外为祖国争光，为自己争气，让外国人竖起大拇指连呼“very good”！你信吗？不信？那今天我就给你讲一个真实的关于石油工人的故事。

1999年的苏丹黑格里油田，首次施工的力神电泵设备，由于井下含砂量高，造成了“软卡”现象。用户大尼罗河石油作业公司的工作人员束手无策，就连德国西门子技术支持专家反复调整也依然无法启动。几方人员提出多种方案，都难以解决。他们由此判定是力神电泵的机械故障，气急败坏地拍着桌子指责，跳着脚威胁在场的中方人员：“如果不能顺利投产，我们有的是办法把你们赶出苏丹，让你们永远都无法在我们的市场立足！”尽管翻译人员已经用了很委婉的语言来进行表述，可是对方的意思还是很明确地被我们的工人接收到了。

场面很尴尬，气氛有些紧张，就在这剑拔弩张的时候，一位身着

“POWERLIFT”工服的中国石油工人分开众人站了出来，他用不紧不慢的语气镇定地说：“请给我5天时间，5天后，我一定让机组顺利投产！”吃惊的目光齐刷刷地投向了说话的人，他就是今天我们这个故事的主人公张肃江。

大尼罗河石油作业公司的人有几分不屑又有几分疑惑，他们不相信那么多专家用了那么长时间都搞不明白的事情，一个小小的中国工人只需要5天时间就能做好。可是张肃江从容镇定、胸有成竹的样子又让他们不由得产生了几分信任，他们斜着眼睛打量了这个身材不高、长相敦厚、眼神坚毅的大庆装备电泵技术工人几分钟，然后重重地点了点头，说了句：“好！就给你5天时间，5天一到，如果设备还是不能投入使用，你们就卷铺盖回中国去，永远都不要再到苏丹来！”

张肃江攥了攥拳头，咬着牙什么也没说，转身离开了。他暂时咽下了这份屈辱，他始终相信尊严是用实力赢回来的，他暗暗发誓，一定要让这帮外国人看到自己的实力，因为此时他代表的不是他一个人，而是代表着所有的中国石油工人！

接下来的时间里，张肃江在井场扎了根，他一遍一遍地实验，一遍一遍地计算，一遍一遍地分析，饿了随便吃几口东西，困了随便找个地方躺下眯一会儿，5天的时间里，他没睡过一个囫囵觉、没吃过一顿完整饭。最后，经过反复的试验论证，他信心满满地向公司项目经理提出了自己的建议。项目经理望着他胡楂丛生、有些憔悴的脸，心疼地拍了拍他的胳膊，“辛苦你啦”。他“呵呵”一笑，“这是应该的，咱力神不能让他外国人小瞧了去”。看着他坚毅的眼神，项目经理笑了，悬了几天的心终于放下了。

当着大尼罗河石油作业公司的工作人员和德国西门子技术支持专家的面，张肃江现场启动设备，处于“软卡”状态的井下机组全部正常启动运转了！

瞬时欢呼声和惊叹声四起。

更让那些外国人吃惊的是，由张肃江创意的这种特殊启动法，不但成功地破解了“软卡”，还处理了电压不稳、变频器故障、电缆长距离传输谐波等大小技术难题，避免了百万余元的损失。

大尼罗河石油作业公司的同行激动地握着张肃江的手连呼：“中国的石油工人了不起，力神了不起！”一边说着一边向在场的所有中方人员郑重道歉。张肃江真的用自己的实力为自己、为力神，乃至为中国石油工人赢得了一份最宝贵的尊严。

从此，“大庆力神电泵”在海外市场站稳了脚跟。现如今，“力神”电泵已经占据了苏丹（以及南苏丹）电泵市场份额的一半以上。

⊙**张肃江**，男，1961 年出生，现任大庆油田有限责任公司装备制造集团力神泵业有限公司作业分公司潜油电泵作业工，高级技师，中国石油天然气集团有限公司技能专家，龙江工匠。

“第一次”诞生记

靠人格魅力站稳市场，靠诚信经营赢得客户，难在坚持上，难在自信上，难在目光锁定了战略目标，还要打赢它们。

第一次吃闭门羹，滋味不好受。曲文忠走出大楼，情绪低落，也许业主方在屋里，只是不愿意见面。元旦过后，太仓的气温接近0摄氏度，是这一年中最冷的时候。

曲文忠不怕冷，华东润滑油厂一期工程的投标权像一针兴奋剂，如果拿下它，公司将第一次进入外部市场展示大庆化建的风采。曲文忠相信第一次吃闭门羹，就是公司开拓外部市场的开始。

第二次、第三次……业主方接见了曲文忠，虽然投标意向遭到拒绝，但他的信心越来越强。遭遇二十次闭门羹后，业主方终于同意他们参加投标。第一次入围投标，曲文忠坚信这将是他们在市场上展现身手的起跑线。

有了第一次，曲文忠进入市场的信心更足，他相信“第一次”会不断出现。

大连国家石油储备基地工程招标，曲文忠做了4800页标书，其中涵盖规划、设计、订货、论证、预算、报价等工作，涉及土建、安装、道路、电气、仪表、自动化、工艺、土石方、绿化、工程安全防护、消防、自动化控制等诸多专业，细致程度和难度都是史无前例。

曲文忠告诉小组35个投标“干将”，咱们要建立“大庆建设”品牌，必须放眼国内总承包市场，做国际最先进的工程项目，提供最优质的工程服务，要让总承包方满意，就要给他们惊喜。

他了解自己的队伍，了解大庆建设的技术力量和骨子里镌刻的精神。

夜晚，星星跟着灯光走，灯光追着目光，目光从图纸到资料，在键盘上敲下一个个想法，一行行数据站在事实面前说话。

最终，曲文忠他们以8.78亿元中标大连国家石油储备基地总承包项目，大庆基建队伍第一次开辟了国内总承包商市场，奠定了领先地位。

左肩卸下担子，右肩就扛起一副新的。

宁夏银川一千年前是西夏国的都城，党项人曾经大败宋辽大军。曲文忠想，这次要在宁夏大干一场，不亚于和西夏军交战，我要是宋军，只许胜不许败。

打造“中石油炼化劲旅”显示曲文忠建立国际过硬队伍的决心，开门第一站选在宁夏银川，他就是要从中油一建、六建、七建的老牌劲旅手中，把中国国内炼化装置施工市场夺过来。

曲文忠开会说，咱们的弱点是组建时间短、业绩少、知名度低，优点是咱们有世界一流的技术人才、一流的服务水平。我们不要怕，弱点我们都能一一克服，打赢这场仗，咱们国际知名度自然就会提高，以后客户会主动找上门。

拿下地下管网施工权后，曲文忠的思路更加清晰，他要从外围向内切进，就像当年蒙古骑兵攻克西夏城一样。

他把手下的能手都派了过去，高速优质完成工程肯定没问题。出乎意料的是，他们被追加一段施工任务。曲文忠很高兴，说明他们赢得业主方高度信任。看来西夏城门已经失守，我们“大庆建设”的兄弟果然好棒！

总承包商向曲文忠借人，他派出三名精干能手。

曲文忠对三人说：“信任是一切合作的基石，总承包商向咱们求援协助工作，这在建设投标上不多见，你们是咱们公司业务水平的佼佼者，事关公司承建炼化装置施工项目，你们担子重，但公司相信你们。”

不负众望，三名技术人员出色地完成总承包商的工作。

“我们的工作标准还要提高，不要骄傲。”曲文忠不敢放松。他亲自审议一个个项目，认真分析，研究其他投标方的优势，改进提升工作方法和标准。最终一举中标了包括 10 万吨 / 年聚丙烯装置在内的共五个标段，实现了在国内市场独立承建大型炼化装置“零”的突破。

这个“第一次”堪称一场大战，又以完美收官，凝结了化建人不懈的事业追求，不尽的工作要求。在一堆赞誉中，曲文忠更喜欢“诚信”和“践诺”两个词，像心里的两盏灯，就那么亮着，你稍有犹豫，它们便眨一眨，让曲文忠心里咯噔一下。

⊙**曲文忠**，男，1968 年出生，现任大庆油田有限责任公司工程建设公司化建公司经理，中国石油天然气集团有限公司劳动模范。

《日出日落》（油画）王丕

草原深处

> 他创造了企业扭亏为盈，跨越发展的奇迹。他把对家人的思念化作异国他乡的坚守，为大舍小，茫茫草原见证了他的气魄与担当。

刚挂了妻子打来的电话，李雁鸿心里百感交集，像打翻的五味瓶，心里说不出来的难受。面对妻子的关心，他忍着腮帮子肿胀的疼痛，故作轻松地说："一切都挺好的，你就放心吧。"

殊不知，前几天，他硬是自己用钳子把坏牙拔掉了，疼得这几天几乎都没怎么吃东西。他所在的塔木察格 21 作业区，是在一片茫茫草原上，附近没有医院，就是离蒙古国最近的城市，也要 120 公里。而且现在正是提产加速的关键时期，重任在身，哪有时间耽搁啊！

像这样对妻子的"谎言"，他不知道说了多少回，也不知道失言了多少次，每次他都深感愧疚……

记得有一次，妻子电话提醒他，注意身体，少喝酒。酒喝多了的滋味是真不好受，五脏六腑烧得难受。可是在性格粗犷豪迈的草原人生活中，酒是必不可少的一部分，在蒙古人的文化里，酒就是展现真诚与热情最好的载体。

酒，怎么能少喝？！通过"入乡随俗"的真诚相待，不断地交流沟通，多次的斡旋、磋商、谈判，最终建成了绿色通道。先后和蒙古国政府、东方省政府、当地苏木等各级部门，就用地许可、交通运输、劳动合同、薪酬政策、环境保护等问题达成了初步共识。较好地协调了利益关系，解决了制约油田开发的主要瓶颈问题，建立了今天和谐稳定的局面，从而也赢得了环保、药品等各类手续、批文办理的条件放宽。

还记得塔21区块作业区组建之初，迎接他上任的是几个板房，5名员工，接近全年20%的欠产。无论是产量提升、安全管理、技术革新，还是与当地各级政府的沟通，蒙方员工的雇用、培训等，许许多多的困难和矛盾摆在他面前。而那时的他，已经50岁了。妻子也总是提醒他，50岁的人不比年轻人了，要注意身体。是啊！那段日子真的是难熬！

那是2014年的冬天，由于对蒙投资计划需要调整，与蒙古石油局的谈判遇到困难，他不得不从现场驱车14个小时赶到乌兰巴托，沿途都是土路，别说他50多岁的人，就是年轻人都会感到身体疲惫，到乌兰巴托已是凌晨1点多了。第二天他又正常起床，安排当天对蒙谈判的各项事宜，并亲自和石油局长谈判。在谈判期间，他每天都忍受肩膀、胳膊酸疼的痛苦，晚上用热宝热敷才能挺过去。

记得2014年，新油井投产的那段日子，原油黏稠出现堵环现象，正赶上他肘部关节炎犯了，他挺着疼痛，带领大家分析症结，进入现场多次观察、摸索、分析、验证，终于使钻井成功率达到了100%。

原油运力紧张的时候，他夜间开车巡线检查督促蒙方运输车辆，往返300多公里的草原路，经常彻夜不眠。还有那个大雪封路、零下40多摄氏度的冬天，车辆无法通行，发电机故障造成大面积停井。夹杂着砂石的寒风，像刀子一样刮着，风咆哮着裹着雪片，往脖领子里钻，眼睛疼得根本睁不开。他带着抢修人员争分夺秒地在风雪里作业。戴的棉手套根本没法和恶劣的天气抗衡，修好了，手也早失去了知觉，等缓过来的时候，那真是钻心地疼。

利用旧柴油机发电，超不过两天就出故障，为了解决这个问题，他多次前往乔巴山、乌拉巴托找电厂，沟通协调，最终供电量由原来的 1 兆，达到现在的 6.3 兆，满足了作业区的电力需求。

他还亲自上乔巴山市招聘蒙古员工，既解决了用工不足的问题，又解决了蒙古当地人就业问题。夏天热了，他把水给员工送到井上，冬天冷了他为员工准备好手套、羊皮袄、棉鞋。“老大哥”是蒙古员工给他最亲切的称呼。

让他欣慰的是，在他的努力下，塔 21 区块作业区有了质的飞跃，由最开始的欠产，到现在年年超产，实现了油田的跨越发展。

几乎所有成功男人的背后，都有一个默默付出的女人。对他来说，更是这样。所有家庭的重担，都落在了妻子那柔弱的肩上。他在海外工作 11 个月，算上回国办事，仅回国休息 23 天，曾有一次回国开会，仅在家停留了 2 个小时。这么多年，他对妻子深感愧疚……

那披着霞光的草原分外地朦胧、美丽。他心有万顷的碧绿，却不知如何安放这深深的思念。他决定给妻子打个电话，告诉她，他要带她来看草原……远处传来了悠扬的马蹄琴声，和着优美的歌声，飘荡在草原深沉的夜色里……“因为我们今生有缘，让我有个心愿，等到草原最美的季节，陪你一起看草原，去看那青青的草，去看那蓝蓝的天，看那白云轻轻地飘，带着我的思念，陪你一起看草原……”

⊙**李雁鸿**，男，1963 年出生，现任大庆油田有限责任公司呼伦贝尔分公司副经理，黑龙江省劳动模范。

莽原“游牧民”

茫茫草原是男儿的胸膛，它容得下痛苦和希望；高耸的钻塔是男儿的脊梁，它撑得起未来和铁人的梦想。风雪中砥砺前行，你把高大的背影投射到远方，那里，灯火辉煌……

“来，把钢丝绳给我！”

机器的轰鸣声、人员的嘈杂声，在这一刻都抵不过王晓松的一声大喊，没等旁边的员工反应过来，王晓松就一脚踏进了过膝的冰水中。

2011 年 4 月，乍暖还寒，在一口井搬家过程中，由于翻浆季节井场异常泥泞，设备都要用拖拉机拖出去才能吊到运输车辆上，搬家工作面临很大的困难。面对这种情况，王晓松不顾冰水浸透工靴，在井场上第一个拿起了钢丝绳带头拆挂绳套。那一次搬家仅用了 5 个小时。

2017 年 11 月份的一次大搬家中，突降大雪，雪花迷了眼睛，寒冷的气息顺着脖颈一路往里钻，井场周围地势低洼，压实的雪面路不一会儿又积了一层厚厚的浮雪。天冷路滑，但时间耽误不得，王晓松依旧冲在最前面，带领全队员工顶风冒雪抢装设备。由于心里带着一份焦急，王晓松的手指在一次拆卸中不慎被钢丝绳上的钢刺划破了一道深深的口子，不一会儿，鲜血就渗透了棉手套，但他全然没放在心上，继续干活。这一次仅用了 4 个小时就完成了搬家任务。

“我们钻井队就像是‘游牧民’，一次次搬家，寻找更好的‘地段儿’！”“搬家”对于王晓松来说，是最平常不过的事，也是他抓得最严的事。“不能放过每一分钟，如果每次搬家都拖拖拉拉，那得耽误多少工夫！”王晓松想方设法为每口井赢得宝贵时间，尽可能地缩短非生产时间，加快生产节奏，“把时间多用在正地方”！正是在这样的紧迫感驱使下，王晓松带着30920钻井队创下了一个又一个钻井进尺纪录。

王晓松看上去有点儿吓人！如果小孩子哭闹无法制止的话，把他叫来在孩子跟前一站，保证小孩子就忘记哭了。

当然，这只是对他的第一印象，在接下来的接触和交流中，我越来越感觉到，王晓松就像一个大哥哥那样亲切。

“王队长我觉得您选错了职业，你应该去当刑警，或者是演员。”

一见面我就和王队长开起了玩笑。

“演员？你不是要让我演土匪吧？”王晓松说。

“哈哈……”我忍不住笑了。

没想到五大三粗的王晓松还这样幽默。

“给你提个意见呗？”王晓松忽然又有些严肃了。

老实说，我这心里还真有些打鼓。

“你能不能别您您的，咋这么别扭！”

我说：“这不是尊敬您吗？”

“你少来这套，你要是真尊敬我就在这井队上混两天，你也别光顾着招呼我，你也下去招呼招呼弟兄们……”

这话说得在理，我不由得心生敬意。

“活不是我一个人干的，井也不是我一个人用铁锹挖的，真有事的时候天王老子你也得往上冲。这么跟你说吧，我手下的兵个个都是小老虎，单提溜出来哪个都不是孬种……”

“对对……”

面对如此强势的人，我只有俯首称臣。

王晓松喜欢井队，也喜欢这茫茫的大草原。这里的风景远远不是生活在城市里人们所想象的。在天地交界的地方，半个红日正在被茫茫草原吞没，一时间，草原、井架、晃动的人影都被一种近乎庄严的金黄浸染了。一切是那么平静，安详。风是自由的，在广袤的草原上四处流浪。

我完全被草原感动了，不知不觉就融合在它美丽宽广的胸怀里。

“好看是不是？”王晓松把我从梦幻之中强行拽了出来。

“是好看。”我说。

“可草原的美不是好看，也不是这要落山的太阳，是这里操蛋的天气！”

见我没懂，王晓松队长忽然爽朗地大笑起来。

“草原的风景只有男人才能懂……”

可能是看我年龄小或是觉得我是一个女孩子，王晓松忽然觉得他自己有些过火，于是更正说：“对不起，我的意思是这个草原啊不是你现在看到这样的，它动不动就会发脾气，就会翻跟头打把式，所以女的呢最好少来这儿……”

王晓松居然能给我道歉，这是我没想到的。

王晓松最崇拜的人就是铁人王进喜了。他喜欢王进喜不是因为在电视电影里看到的铁人形象，而是他有一次去了铁人展览馆，在那里他第一次那么近距离地接触铁人。王晓松说：“说来也怪，很多人来这里可能没啥感觉了，可我不一样，我一到这里就有一种亲近感，好像我和铁人从前就认识似的。从那以后我就不觉得石油工人苦了，也不觉得石油工人累了，也不觉得石油工人是多么平凡；相反的，我忽然间意识到了一种责任感，而这种责任感自己也说不清楚，就是浑身上下都充满了力气。铁人能做到的，我们也能做到，而我们现在做的正是铁人留给我们的事业。”

我本来带了很多资料过来，在来时的路上还做了采访计划。比如一年能打几口井？深度是多少？产量又是多少？等等。结果，就在我打算向王晓松咨询这些问题的时候，远处忽然跑过来一个小伙子，离老远就喊“王队长”。

王晓松一边答应着一边抬腿就走。

“王队长先别急着走，我还有好多问题要问您呢……”

“还要问？我真是服了你们了，那什么，等我忙完这一段儿再说。”

我急得直跺脚，可他走得飞快我根本追不上。忽然王晓松又站住了，转过身，说：“还您您的，没记性！”

眼看着天边的太阳马上就要沉到地平线以下了，在这最后的余晖里，草原是那么平静，平静得可以容得下任何喧嚣。

⊙**王晓松**，男，1973 年出生，现任大庆油田有限责任公司钻探工程公司钻井二公司钻前分公司经理，中国石油天然气集团有限公司劳动模范。

沙　丘

他靠超人的意志挑战极限，他凭过人的胆识化险为夷，变幻莫测的沙丘之上，是他立于天地间不变的信念和情怀。

项宇突然意识到，巨大的危险正在逼近……

“停止作业，马上戴好防护用品，立刻到路边集合，集体返回营地。”他果断地下令撤离。

队员们排队上车的时候，沙砾劈头盖脸地击了过来，打得人无法睁开眼睛。沙丘也像水一样向前涌动，只要人一张嘴，满嘴全是沙子。能见度瞬间不到 10 米，车轮旁边的沙堆，被龙卷风袭击之后，变成了巨大的沙坑，很多道路在片刻之间被厚厚的沙子堵死。

在这被称为“生命禁区”“死亡之海”的塔克拉玛干沙漠，环境的恶劣程度超出了常人的想象，但项宇知道，就是再难、再苦、再累，也要咬紧牙关打好这场硬战，这是脑子里随时绷紧的那根弦，他不允许自己有半点差错。每次遇险，他总能凭借过人的胆识和非凡的指挥能力化险为夷，他深知这是他的责任和使命。

这是 2013 年 11 月 21 日中午时分，项宇和他的地震队，正在塔克拉玛干大沙漠腹地进行着紧张的施工。这时天气突然变脸，鉴于以往的经验，项宇判断这是沙尘暴来临的前兆。

这次的应急还是采取了以往的方式，他调集了几名经验丰富的司机在前面带路，中间的车辆互相看紧，自己留在最后收尾，以确保人和车辆都万无一失。就这样，在黄沙肆虐的苍穹之下，在极其模糊的视线里，他们的车辆像蜗牛一样，艰难缓慢地向营地的方向挺进。

在沙漠里施工，就像打游击，项宇已习惯于这种关键时刻的应对，而且相比前几次沙尘暴给他们带来的困扰，这次已经是小巫见大巫了。望着这漫天的黄沙，以往那艰辛的场景浮现在眼前。

那是一个冬天的早上，4 点多，项宇带着大家像往常一样正在拆卸帐篷准备搬家，突然沙漠里刮起了沙尘暴，项宇快速反应，及时组织人装车出发。

在沙漠里施工，根据施工进度，驻地也要随时搬迁。

在公路上几公里不算什么，可在沙漠里，正常天气车速只能在 5~20 码之间，遇到沙丘，还有可能一次上不去得上多次。在项宇的记录里，最多的一回，他冲刺了十次，才翻越了一个罕见的大型沙丘。更何况是在这遮天蔽日的沙尘暴中行进，直到中午 11 点他们才到达新的驻地位置。

他顾不上吃午饭，就开始组织人卸车，并规划区域，建设营地。顶着飞沙击打的疼痛，带领员工支暖气、平车场。由于风沙太大，所有的进度均被延迟了，等到热腾腾的暖气接好，通到每一个帐篷时，已是夜里 8 点多了。这时大家都已经筋疲力尽，那一刻项宇才意识到，他已经 16 个小时水米未进了。

还记得他随队第一次进疆，那是 2012 年的冬天，遮天蔽日的沙尘暴连续刮了好几天，终于停了，可他们原来推好的道路却被刮得不见踪影。如果重新推路，至少需要一周时间，而一环扣一环的紧张施工是丝毫耽误不起的。

唯一办法就是选一个人，用双脚在沙梁上寻找出一条没有浮沙、底盘硬实的行车路线。

身为队长的他挺身而出，妥善安排后，迅速走向大漠深处。

在沙漠中开车真不是一件易事，尤其地震队拉仪器的载重车，不把线路探明绝不敢轻举妄动，搞不好开上表面硬实底下松散的沙丘，随着陷落的沙子，来个漂移，来个冲浪，连人带车滚落沙丘，陷入沙坑，可不是闹着玩的！

项宇只能用走、用趟、用绕，这些最笨拙、最可靠的方法，去给车队找硬硬实实的路。4 个小时后，项宇已经走出 10 多公里了，如果有信号，项宇就不用急着往回赶，一个电话或者一条微信，同志们的车队就可以出发了。可是，在一个没有信号的地方，又能怎样？！

在沙漠中行走深一脚浅一脚的，极其耗时耗力。急着往回赶的项宇，气喘吁吁地看着前方自己亲手插上的红、黄、蓝三种颜色的标志旗，一眼望去，它们就像一朵朵鲜艳的花儿，随着沙丘明朗的线条延展而去，为孤寂的长空平添了一抹亮丽、清爽和明快。最关键的是这些小彩旗，能为车队在这“生命禁区”指引一条安全的路！

其实没有狂风和沙尘暴的大漠也是挺美的，那一浪一浪呈现柔美弧度的沙丘纵横万里，苍茫不失辽远，洪荒不失厚重。

沙漠这一刻呈现出它的温顺柔美，假如有信号，项宇真想连通妻子的视频，把这大漠瀚海的独特魅力分享给她，诉说对她深深的思念，他俩分多聚少，在分别的日子里，打不了电话，发不了视频，也写不了家书……孩子他是满月后才见的面；父母生病，不但不能在身边，往往几十天后才能知道……

沉沉的脚步终于到了营地，累得快要散架了，但看着车队从自己留下的标记处安全驶过、听着重又响的“隆隆”炮声，他那刚毅的脸上露出了一丝微笑。

项宇心想，如果不是干勘探这行，就不需要常年忍受着戈壁的孤寂与荒凉，不是现在这样要长期面对沙尘暴的突袭，平时要忍受72摄氏度沙堆表层的高温，恐怕与沙漠的相遇，留在他心里的，应该不会是这种刻入骨髓的深刻。

在塔东勘探的这段日子里，一次次难忘的经历，一次次超越极限的挑战，项宇感觉自己成长了。长期的磨砺，他的眉宇间透着刚毅、沉着和冷静，那是一种男儿在面对困难时所展现的本色，一种敢为人先、责无旁贷的担当，一种为梦想不轻言退缩的坚韧，一种和队友们同吃苦、共患难的真情。

项宇长长地吐出一口气，从车上下来，向营地走去……

沙尘暴停了，远处，那重新组合的绵延无际的沙丘，又呈现出清晰明朗的线条……

⊙**项宇**，男，1985年出生，时任大庆油田有限责任公司钻探工程公司地球物理勘探一公司2288地震队队长，中国石油天然气集团有限公司十大杰出青年。

《井场》(中国画)陈利学

青春嘹亮

在钻塔的世界里，青春永远大写；在人生的广角中，青春就像一首歌，只有留下难忘的瞬间，才算无悔和嘹亮。

苏立飞离ISIS恐怖分子只有180公里，这是施工项目与巴格达的距离，恐怖来临，他选择留下来对现场设备做防护和处理。他带领一名机械师，没漏过一台设备。他的心，祖国和亲人都替他悬着。

2010年，苏立飞当上新组建的DQ007队平台经理，他的心就放在了平台上。

夏季，伊拉克迎来高温，地表温度达到60摄氏度，苏立飞就拿出东北人的干劲儿，备好藿香正气水和清凉油，他相信抗冷的东北人，也能抗热。

技术骨干正在给当地雇员讲解施工方法，苏立飞也凑了过去，听说这个雇员连名字都不会写。技术骨干说一句，翻译对雇员说一句，技术人员加上手势，黑脸伊拉克小伙子严肃地听着，脸上一点儿表情也没有。苏立飞对同事说，不要着急，慢慢来，先教会他们使用工具。苏立飞回身对翻译说，你告诉他们听不懂马上就问，这样能快些接受。

翻译把苏立飞的意思传给黑小伙，他点了点头，嘴角咧开条缝。苏立飞叫人把水拿过来，递给伊拉克小伙子，并说道："别着急，先喝点水。"看他使劲点了下头。苏立飞知道他们刚接触这份工作，都还放不开，等时间长了，有了默契，眼神和手势也许就够用了。

苏立飞心很细，他告诉管理员："咱们有的劳保用品和饮用水也要提供给他们，关系越紧密，他们就能越快掌握工具使用方法和施工方法。"

无论哪国人，基本的情感都一样，没有了后顾之忧，这些外国小伙子自然就和中方人员拧成了一股绳。

25 天之后，他们一次性通过甲方验收，达到开钻水平，外国雇员也像他们一样高兴。随后，他们用时 29 个小时，把本区块一开施工纪录，往前移了移。

苏立飞逐渐形成了"精"和"细"的工作标准，也是国外安全、高效的施工标准。他让一个中方人员带两个雇员，一起学习，共同提高，这叫"一带二，三提高"。

三个人怎么共同提高？

苏立飞说："咱们必须把雇员当作自己多年的同事，跟他处感情。他在现场的一举一动，不仅是他们家人，咱们也一样在牵挂。从穿戴简单的劳保用品开始，慢慢再进行设备操作，教给他们技术要领，告诉他们为什么这样做。"

感情深了，距离就近了，语言也通了。有时，真是一个眼神和手势，就能相互明白彼此的用意。

苏立飞带领雇员"修旧利废"，使这件枯燥的事变得有意思。雇员听说了大庆精神和铁人精神，兴致更浓。

"这块抹布还能用，再用几天，擦完设备，洗干净，打扫卫生时还能用。"苏立飞提醒道。

他告诉带班队长，丝扣油先监督外国雇员使用，慢慢他们会懂。

不是不信任，只是他们还不太懂节约的含义。苏立飞还说，钳牙和一些容易损坏的工具，告诉他们使用时要细心。教会他们怎样用，才能发挥物件最大效用，延长工具使用寿命，让他们感受到修旧利废到底是咋回事。

翻译把成本降下来的理由讲给雇员听，他们连连点头，有的还用中国话说“好”并伸出大拇指。

伊拉克人又一次领略了中国人的工作作风。

那天，ADM5-11H 井施工，苏立飞看见将要憋停顶驱，这可是事故，监督干着急却无计可施。苏立飞技大胆大，走上钻台。他建议：“改变参数向下钻，试试能不能起出钻具。”

监督半信半疑，犹豫了一下，还是给了司钻几个参数。

苏立飞就站在司钻房，观察参数变化。打了一单根后，正常率、扭矩和泵压渐渐恢复正常，振动筛伴有水泥块出来，他一拍司钻说：“可以上下活动钻具循环钻井液，准备起钻。”

起钻后，一切正常，现场的紧张气氛顿时消散不少，大家都用佩服的眼神看着苏立飞。

他遇到很多类似问题，有时他还成了甲方的主角，替甲方着想。

苏立飞说：“是钻塔改变了我，在伊拉克钻井平台飞扬着我的嘹亮青春。”

“嘹亮”二字就像伊拉克夏季的气温，烫人。

⊙**苏立飞**，男，1981 年出生，现任大庆油田有限责任公司钻探工程公司钻井四公司西南项目部副经理，大庆油田有限责任公司十大杰出青年、中国石油天然气集团有限公司优秀共产党员。

《北方·石油乐章》（套色木刻）陈彦龙

我在南苏丹这几年

只有梦想让南苏丹的高温败下阵，只有梦想使人脱胎换骨，化茧成蝶。

我是个地地道道的山里娃，大学毕业后怀揣着石油梦来到了大庆，从最基层的固井工到今天南苏丹 3/7 区固井项目经理，一路走来，让我最难忘的还是在南苏丹的那几年，家与国、乐与忧，三言两语道不尽尝不完其中百味。

2009 年初到南苏丹。那里政局不稳，部族冲突和动乱不断，疟疾、黄热病横行，政治和自然环境都极端恶劣。更难的是，服役超过 10 年的陈旧设备要为 7 部钻机同时提供服务。坑坑洼洼的黄土路，只能以 10 公里的时速行进。我们在距驻地 90 多公里外的各个井队之间奔走。白天，在 50 摄氏度的高温下学设备应用，了解新区块的工艺和施工标准。晚上，为了预防当地蝰蛇侵袭，防止蚊虫叮咬带来疟疾等传染病，我们把所有露在外面的皮肤都裹上衣服，忍受着雨季的闷热，团在封闭的工具车里面过夜。

陌生的环境经常出现意想不到的事情，流弹、醉汉还有毒蜂使我一下成长了许多，三十而立，我必须长大。

夜深人静的时候我也会想，这么辛苦，图个啥。但当 23 天后，顺利完成首轮 12 口井，固井质量全部优质，项目部铮铮铁骨的汉子们都落下了眼泪。在给家里打电话报喜时大家都泣不成声，那一刻，我明白了，这就是我们历尽千帆后的意义，擎起大庆红旗、打响大庆品牌是我们肩上沉重而光荣的使命。

2011 年，成本上升，效益下滑，我非常着急。经过梳理收入构成，我发现如果能够推广新型外加剂的使用，不仅可以提高固井质量，还可以破解效益下滑的难题。可是甲方总监不同意，他对这个方案不接受。

我没有灰心，找到许多详细的资料拿给他看，并认真做了前景分析。

我耐心地对甲方技术总监说：“这种新型材料能够降低后期修井成本，有巨大的效益空间，咱们可以先做试验，验证一下。”

最终他同意在一口井上做试验。试验非常成功，固井质量明显提升。

新型化学剂得到应用，并且推广到整个 3/7 区，当年创收 800 多万元，项目在南苏丹分公司以年收入 7800 万元领先。好事不断，新一轮的合同，我们击败了在此地服务 10 多年的斯伦贝谢石油公司，成为 3/7 区唯一的固井服务商。

有人问，是什么让我们能够在 3/7 区独占鳌头，我想说，就是一种永不退缩的精神。

2013 年 12 月，南苏丹爆发内战，当地雇员逃散，3/7 区所有服务队伍相继撤离，我们项目部是最后撤离的队伍。就在撤离的前一天，甲方提出让大庆固井留下一个人，以确保油田继续关井洗井。我知道，这个留守的人将是大庆油田留在南苏丹 3/7 区的最后一个人，他是项目部撤离的最后保障。

抉择中，我写下了自己的名字。可我没想到的是，几乎是同一时刻，我的妻子在儿子的手术单上签下了她的名字，而这一切，她没对我吐露一个字。

丈夫在海外生死未卜，儿子因重病急需手术，我不知道妻子那段时间是怎样度过的，是怎样承受住如此巨大的心理和精神上的双重压力。但我知道，是她的付出让我有机会圆了自己的石油梦，是她的支持让我可以无后顾之忧地一路前行。

回忆这几年，我付出得多，收获的也多，想要感谢的人更多，感谢那些一起拼过命的战友兄弟和我最爱的妻。

⊙**包香文**，男，1980 年出生，现任大庆油田有限责任公司钻探工程公司钻井生产技术服务一公司市场开发中心副主任，全国青年岗位能手，全国最美青工。

《山舞油龙》（油画）王顺伟

一把威武的焊枪

一把焊枪，一手绝活；一道焊口，一条心痕；一腔热血，一身威武。

这些年，有许多石油天然气管道，纵横大兴安岭的茫茫林海、黄土高原的沟壑山梁、广袤无际的大漠。大庆油田工程建设人的身影总能出现在这些地方，总能以其坚强的意志战斗在这些地方。这里讲述的是一位电焊工的故事，他高超的焊接技术就曾在这些大工程中，焊接出完美的焊口，焊接出大庆工人的风采。

他叫侯立民，是大庆油田工程建设公司油建第十一中队工程部的一名电焊工。他高超的焊接技术是经过多年磨炼的，这种不离不弃、情深意切地磨炼，已经让他与焊枪不可分割。他是焊枪，焊枪也是他，二者合二为一，堪称一把威武的焊枪。

说他是一把威武的焊枪，有他代表国家在“嘉克杯”国际焊接技能大赛上夺得手工焊接项目第一名为证，那可是靠实力、靠真本事得来的。侯立民这把焊枪，都威武到国际上了。

然而，威武不是凭空而来，是来自洒尽汗水的苦练苦学。他刚当焊工的时候，特别渴望和珍惜各种培训机会。在一次长达几个月的集中训练中，他天天主动自我加压，练焊工“站、蹲、卧、跪、趴”基本功夫，一练就是几个小时，练到工服能拧出水来。为增强腕力，他上百次地练拉力器和哑铃，把手腕和胳膊从疼痛练到没有感觉，练到肌肉坚硬。他经常在别人都回家休息的时候，自己悄悄留下来，披星戴月地加练和学习。

他练焊工基本功，就像习武之人那样百折不挠，锲而不舍。一位叫司英建的中石油焊接专家，一直在关注侯立民，他被侯立民的刻苦和韧劲而吸引，看出这个小伙子是个好苗子，特意把他叫到身边，给他吃小灶，对他加以点拨，把自己拿手的绝活“银镯焊道”传授给他。侯立民早就知道司英建专家的“银镯焊道”闻名遐迩，是行业里扛鼎的焊接技术。能得到司英建专家的亲手指导，侯立民万分激动，加倍用心，焊接技术也得到质的进步和飞越。

不久，侯立民迎来了焊接生涯中的第一个挑战——兰州原油末站 15 万立方米储罐工程。这个储罐高 24 米，内径 93 米，主要焊缝 6000 多米，是西部高原管道工程中最为关键的施工项目。侯立民知道，这次焊接是对他技能的最好检验，也是他大显身手的最好时机。

他调动自己的一切能量，精益求精，让每一道焊缝都在他手中形成一道完美的线条。因为坚实的基本功和过硬的技术本领，所有经侯立民焊接的焊道，合格率达到 100%。侯立民还在这项工程中独创了“422 交流焊条焊接工法”，并在施工现场得到推广，促使储油罐的主体安装任务提前 10 天完成。

小焊工，大作为。侯立民的“焊接工法”，为这项工程成为西部管道经典工程尽了一份力。

如果说兰州工程考验了侯立民的技术，新疆塔克拉玛干工程，考验的则是他的耐力和意志。2009 年，侯立民在号称“死亡之海”的塔克拉玛干沙漠焊接塔中作业区球罐时，正是沙漠里最热的季节，加上施工空间狭小，罐内空气不流通，焊花四溅，烟雾弥漫，在喘息都困难的情况下，侯立民时而跪着，时而蹲着，靠自己的毅力和专注力又一次优质地完成了任务。

毅力和意志，可以在茫茫大漠上焊接出完美的焊道，也能抵御那绵绵的思念亲人之苦，还有那煎熬人的寂寞之痛。在大漠，在莽林，在群山，在荒野，在江河，在湖泊，又有谁能说清管道人抵御了多少思念和寂寞的苦闷呢？只有一条条长龙一样的管道，在为他们的意志和精神作证。

侯立民这把威武的焊枪，无论在多么遥远的地方，多么荒无人烟的地方，都能威武挺立，威武向前。

⊙**侯立民，**男，1983 年出生，现任大庆油田有限责任公司工程建设公司油建第十一中队工程部电焊工，全国能源化学系统“五一劳动奖章”获得者、中央企业青年岗位能手。

来自塔木察格的日记

日记是一面镜子，它映射着一个人全部的生活，它是真实的，也是真诚的，它会告诉你，一个男人怎样走过艰难，怎样走向未来……

“如果不是亲眼所见，我真的难以想象塔木察格竟然会是这个样子，四周只有枯败的草地，方圆 200 公里都难见人烟，我们住在简易的板房里，水果蔬菜要从国内运送，听说赶上天气不好的时候会十天半个月都见不到一片绿叶菜，所幸牛羊肉管够吃，但是如果成天这么吃下去，估计不出一个月也会厌烦的。”

这是王汀来到蒙古国塔木察格油田第一天写下的日记。

第 2 天他这样写道：“天！这里的水也太难喝了，又苦又涩又咸，而且昨天晚上竟然还下雪了，屋子里太冷了，穿上棉衣都冻得发抖，根本睡不着觉。这是什么鬼天气？白天还艳阳高照，热得恨不得穿短袖呢。现在才 10 月份，冬天该怎么过啊？听说这边的冬天气温能达到零下四五十度。”

然后是第 3 天：“实在是太意外了，设备竟然在露天地里存放了将近两年，连螺丝都生锈了！仪器、设备、工具，更是要什么没什么，这活不好干哪！我预感属于我们的大会战要来临了。”

“哦，对了，今天才知道，原来我竟然是第一个就被选中来塔木察格的人，还听说有人问刘经理为什么是我而不是别人，刘经理回答人家说因为我全能！能得到这样的信任和认可实在是感动，但是这评价也太高了，我得更努力一点儿，不然肯定会有人说刘经理看错了我。”

日记写到这里，王汀已经调整好了自己的心态。而后他就拿出了那种死不认输的劲头跟同事们说：“既然咱背井离乡的来了，就不能白来这一趟，不能让蒙古人看咱笑话，不能让人背后戳咱脊梁骨说咱中国工人不行！干咱就要干出个样来！”荒原里最缺的是热情，最容易点燃的也是热情，王汀的话在同事们的心里点起了一团火。

我们无法得知王汀和伙伴们在接下来的日子里遇到了什么困难，庆幸的是他留下了这些日记：

塔木察格第 5 天：“浑身上下没有一个地方不疼，手心里起了两个大水泡，想不到有生之年我还能体验到 20 世纪 60 年代石油工人那样人拉肩扛搞生产，也算值了。只是让人有点哭笑不得的是连仪器和工具都得去借，唉！期盼着明天能有个好天气，基础资料缺得也太多了，我们准备明天开始一个一个去现场搜集。这样也好，顺便可以更细致更全面地了解一下实际情况。”

塔木察格第 6 天：“今天真幸运，天气真好，晴朗少风，资料录取顺利，这算是一个好的开始吧？”

塔木察格第 10 天：“昨天半夜又下雪了，今天风也大，有点睁不开眼睛，资料在继续录取中，试验也在继续进行中。今天摔了一跤，脚崴了，有点肿，但是意外发现之前的设计似乎有点儿小问题，回头再注意观察一下，多做几次试验，加密录取些数据，再仔细琢磨琢磨。”

塔木察格第 22 天：“事实证明‘人多力量大’这句话是再正确不过的了，今天几个人统计了一下，半个月的时间大家伙竟然搜集了 2700 多个基础数据，做了 240 多项试验，就连设备和设计缺陷都被发现并整改掉了 60 多项，第一步工作顺利完成，初战告捷！但是回营地的时候竟然掉坑里了，半天没爬上来，幸亏穿得多，这要是夏天肯定见血了。可气的是身边还有一帮人，让他们捡了个大笑话，好像他们没掉过似的。我说谁没掉过坑里，谁没崴过脚，没伤过胳膊腿儿的你就随便笑，他们就不吱声了。当时是有意在给自己找面子，可后来我仔细琢磨了一下，好像全队还真没有谁没受过伤呢。唉！好像有一个多星期没吃过青菜了吧？今天嘴里出现溃疡了。牛羊肉还真是吃腻了，要是能吃顿媳妇儿炒的土豆丝多好啊。”

塔木察格第 35 天、第 42 天、第 108 天……

当塔木察格的日记写到最后一页的时候，半年的时间已经过去了，对于一片广袤的草原来说，过去的半年仅仅是从草枯到草绿的一个季节变换，可是对于王汀他们来说，这半年的时间却意义非凡。当塔木察格新一年的草原绿意盈盈的时候，他们已经顺利地完成了七座 220KV 变电站的验收和调试工作，全部实现一次送电成功！海塔油田 19、21 区块的顺利投产永远都涂抹着他们朴实却又浓墨重彩的一笔。

⊙**王汀**，男，1971 年出生，现任中国石油集团电能有限公司电力技术服务公司蒙古塔木察格供电分公司变检专工，中国石油天然气集团有限公司技能专家，龙江工匠。

完美的焊花

质量是温度的代名词，有多高的要求，就有多高的热度。质量留下的印迹，不像汗水，是擦不掉的。

九月，伊拉克地表温度接近60摄氏度，罐内温度可想而知。

项目部对自身的技术十分有底，可老外不相信。CPF1的300立方米水罐施工，德国公司做监理，他们执行美国标准，对中国人能不能做好持怀疑态度。

项目部综合研究了施工项目，对可能出现的问题备出应对方案，把施工难度降到最低。

闷热的罐内，汗水不用打招呼。焊工们经常要停下来擦汗，衣服湿透贴在身上，只能忍着。手型不能变，手腕不能抖，汗水经常流进眼睛，他们不得不放下焊帽，擦一下。扬起的焊尘也热得行动迟缓，久久不散。

无论怎样，质量一点儿不能放松，绝对保证材料结合面的焊接质量。

拍片检测，谁心里都会紧张，何况这种严格要求是要改变老外对中国人的偏见，责任重大，意义重大。

100%拍片比例，是项目部主动向德方提出的，既是要向德方的不信任挑战，也是对我方技术的绝对信任。德方惊讶中国人的胆子，因为美国标准才是100%拍片比例。

拍片位置随便选，德国监理对项目部的自信充满怀疑。可是无损检测结果出来，焊接合格率100%，看见他们惊讶的表情，大家心里像喝了一碗消暑汤。

随后的施工中，德方监理主动提出，由中方选定拍片位置。

项目部感到，只有过硬的基本功才能赢得对方的信任。

哈法亚第二台2000立方米储罐施工中，钢结构和储罐的工作量非常大，铺完罐底，焊工们连夜焊接罐顶板，既避免高温，又提高速度，满足第二天的起罐要求。

连夜抢焊，虽然对焊工是个考验，但能够很好地规避由于高温对焊接质量的影响。

晚上温度20多摄氏度，跟白天比，就像中国东北秋高气爽的时候，相对凉爽了，大家焊接起来舒服了不少，一晚上的焊接量就能抵白天三天。

防腐工和焊工打个时间差，白天刷漆，晚上喷砂除锈到凌晨3点。

赶进度的事情经常发生。来料不稳定，造成有时干等没料，有时料来得应接不暇。这时就需要抓紧时间，把一拥而来的工作量尽快消化，避免上一道工序未完成，下一个施工任务没法进行。

项目部决定打破工种界限，培训人员实行全能工种制，一项工作空闲人员能支援另一项工作，管理人员也要参与施工作业。

项目部精兵强将很快将自己“武装”起来，由一岗通到多岗通，最大限度化解材料集中到货，带来工作量陡增的局面。

远处又传来了枪声，员工们都习以为常了。大家通过应急演练，学会了遇到紧急情况如何处理，听得久了，都能判断出枪声远近。

施工现场实行区域管理和专业管理相结合，班组长就是安全管理区域的最大责任人，他带领大家能拿下质量这关，也能把员工健康安全地交给家人。

进入伊拉克市场初期，政治局势还不稳定，项目部曾经在美军基地困了一个月。尽管困难重重，哈法亚油田地面工程项目被他们成功进入，通过CPF1 和 FSF 两个项目，业主对大庆油田的施工能力给予了充分肯定，也为牢牢站稳伊拉克市场打下坚实基础。

2012 年 6 月，哈法亚一号中心处理站项目比预期提前近一个月完工，项目部全体 106 名员工，看见伊拉克石油部长真诚的笑容、听到炽热的话语，虽然通过翻译才能明白，但他们能感受到，受到战火磨难的伊拉克人，渴望摆脱战火，安稳生活。项目部每名员工都清楚，这份愿望，是全世界人民的期望。

⊙**工程建设有限公司伊拉克哈法亚项目部**，成立于 2011 年 10 月，员工 106 人，2012 年度大庆油田公司功勋集体。

《老歌》（油画）王丕

第七章

润物无声

RUNWU WUSHENG

要点燃别人，自己要先是一团火。

要温暖他人，自己要先捧出一颗心。

涓涓细流奏响了小城大爱。

每一次友善之举，都为美好生活的向往增添一抹亮色。

一点萌绿亦是春晖

她患有眼疾，却关注特困学生的学习生活；她并不富裕，却用爱温暖失学孩子的心灵。多年来，她就像一枚“绿芽”，以蓬勃的生机和希望，回馈天生万物的恩泽。

气质，即心灵的外延。

张晓蓉给人直观的感觉是温暖，这是内心的丰盈、柔软、宽容的养分，浇灌出的花。

那次报纸上关于特困生的报道，一下子揪住了她的心。她想到自己和身边的同事，一顿饭几百元，一件衣服上千元，而这些孩子还在为吃、为住、为上学这些最基本的需求发愁。而孩子们的眼睛，干净得更令她惭愧，甚至惶恐——心怀慈悲，才会如此不安。

她想为孩子们做点儿什么，于是发起成立了志愿小组，名叫“绿芽”，意味对萌幼的生命的呵护，亦是回报天生万物的恩泽。

说干就干，晚一分钟，孩子的绝望就深一层。她联系到特困生，又去实地考察，确定帮扶对象，来来回回用了 5 天。也是这期间，她狠心地给仅 4 个月的孩子断了奶。后来，每每念起，心里仍是有愧。

坎坷，是在考验人的恒心、毅力、意志。孩子的事没有小事，又事关他们的未来，张晓蓉不敢大意，处处留心，从组织钱物、查点、核实、邮寄，她反复检查，反复核对……她也曾犹疑，甚至动摇过，尤其是一个她曾经帮扶过的孩子毕业后不辞而别，音信全无，其凉薄、绝情、冷漠，令人寒心，令人怀疑，而最初“绿芽”成员的离开，更令她的心一沉到底。那天，她在窗前站了很久，想不通，人，不就是讲个良心吗。

透过乌云的阳光，总是那么暖心。一个被资助过的女孩顺利毕业，就业之后，毅然加入“绿芽”，帮扶更多的人——女孩记得张晓蓉的话：人不就是讲个良心吗。

张晓蓉原以为只是尽自己一点心力，帮孩子解决一点困难，岂知还影响了他们的人生观，讲点良心，这是最令她欣慰的。有了新鲜血液，“绿芽”一片欣欣然，成员一度达到九人。接着，她选择了一个孩子，爸爸去世，哥哥又溺水而亡，母亲接受不了打击，撇下她，一走了之，再也没回来。看着孩子无助的眼神，她既心疼，又伤心。

她一心扑在“绿芽”上，不料自己遇到麻烦了——严重的眼疾，视神经衰弱，有失明的危险。这种手术难度很大，只有去北京治疗，费用也很高。术后，为了省钱，她提前出院，并将进口药由日服改为周服，一个月能省上100多块钱。这时，她又患上了缺铁性贫血，伤口不好愈合……家人劝她歇段日子，养养身体，“绿芽”先放一边吧。她说：“没事儿，累点儿也没啥，就怕有一天瞎了，再也看不见孩子的笑，你们不知道，孩子的笑是世上最好的药，看一眼，什么病都没了。”她笑着，像个孩子。

这些年来，她学会了思考，探究真谛，体会到一种彻底的纯粹的喜悦，因为在资助孩子的同时，也是自我净化和升华的过程。

然而，义务助学除了付出时间与心力，还有钱。一个普通的工薪家庭，除了日常开销、房贷，还剩多少？就算这样，她依然觉得自己很幸运，这些年来，她从没添过一件新衣裳，更没有追慕新潮更换手机，而是把省下来的钱给了更需要的人。比如他——一个吉林男孩，父亲是盲人，母亲不堪重负，走了。因为家里穷，他尽量压缩一切需求，一天只吃一个馒头，就着免费咸菜。因营养不良，他又瘦又小。看着他，张晓蓉的心猛地好似针扎一样，跑去买来两双鞋、一包衣服、一大包食物，她忘不了小男孩眼睛一下子亮起来的瞬间，纯洁、羞怯、感激，令人不敢直视。看他吃东西时的样子，那么凶，那么急，她别过脸去，不让他看见自己的泪。

从此，除了钱，她还去看他，和他谈心。谈心，是心与心的坦诚相见，这样才能真正地及时地了解他的生活和学习情况，为他做心理疏导。授人以鱼，不如授人以渔，她跟学校沟通，帮他安排一份图书馆兼职保洁员的活儿，这样不光可以改善生活，还让他可以自食其力，保有尊严。在他心里，张晓蓉这名字，是慈悲的。

一年又一年，一个又一个孩子，“绿芽”以自己点滴的养分，呵护着每一个稚弱的孩子，一起走过生命的荒原。

⊙**张晓蓉**，女，1977 年出生，现任大庆油田有限责任公司物资公司萨尔图仓储分公司配送中心党群干事，黑龙江省优秀青年志愿者。

《黑森森的结合》(中国画)左晓东

我能叫你秦爸爸吗

帮助他人，是一种快乐，快乐像种子、风、雨露、花香、青草，也是志愿者演奏的人间真情曲。

从武警部队退役后，秦好亮来到钻井四公司任组织干事，同时他也是松原“微能力·正能量”志愿者团队队长。

打动秦好亮的就是王雨涵灿烂的笑容，每次去看她，他的喜爱之情都溢于言表，可惜她患先天性眼病，左眼只有微弱的视力。

村里人说雨涵命不好，自小父母就将她丢给爷爷，出门打工去了。她和爷爷相依为命，爷爷种点地，仅够他们爷俩生活，看病就是一种奢望。

雨涵上小学三年级，学习十分优秀，她特别渴望有一双明亮的眼睛，可为了不让爷爷伤心，她总是高高兴兴，背人的时候，她会默默流泪。

发现雨涵的忧伤后，秦好亮觉得仅仅资助她上学还不够，他还要给雨涵治好眼睛，让她快乐起来。他联系了医生，医生让带雨涵过来检查一下。

爷爷告诉雨涵这个消息后，她高兴得一晚没睡好。

“我会和同学们一样拥有明亮的眼睛吗？”雨涵在心里问了百遍。

“你一定会和他们一样有双美丽的眼睛。”秦好亮鼓励着雨涵。

检查完毕，医生说，经过治疗，雨涵的眼睛完全能够恢复视力。

听到医生的话，雨涵的心房沸腾起来，于是，她向世界打开了窗子。

三个月的治疗漫长辛苦，雨涵不怕治疗的痛苦，等待却让雨涵心焦。

终于这一天到了，摘下纱布的那一刻，雨涵眼前的世界宽阔了，清晰了，她看清了爷爷满是皱纹的脸，看清了秦叔叔刚毅的神情。她闭上右眼，左眼几乎和右眼看东西一样，她调皮地闭一下左眼，闭一下右眼，雨涵脸上绽放出了一朵花，病房里传来她从未有过的清脆笑声。

眼睛好了，雨涵学习更努力了，写完作业，她就帮爷爷干家务，喂喂鸡鸭，屋里常传来雨涵的笑声，罩在她头上 10 年的乌云终于散去，从此，就算是阴天，雨涵心里也有阳光进来。

雨涵最高兴的事就是盼来秦叔叔。秦好亮一进屋，雨涵就拉着他不撒手，叔叔长，叔叔短，一双眼睛总是水汪汪地瞅着秦好亮。

雨涵生日那天，秦好亮和队友买了蛋糕。她还是第一次吃生日蛋糕，有些不知所措。

点好蜡烛，秦好亮说："雨涵许个愿吧，来，我教你，闭上眼睛，双手合十，心里默想一个愿望。"

雨涵小心翼翼，小手紧紧合着。突然，她睁开了眼睛，水汪汪地看着秦好亮，颤声说："我能叫你秦爸爸吗？"秦好亮一下把雨涵揽进怀里，眼泪已止不住了。

屋里的人都落泪了，大家相信有了阳光的家，还会有彩虹。

从此，雨涵有了爸爸，秦好亮多了一个乖女儿，有时间他们就会在一起。他给雨涵带去需要的文具，给她检查作业，讲故事，聊新鲜事，聊到高兴处，父女俩就哈哈大笑。

休息日，秦好亮把雨涵接到家里，做她爱吃的菜，然后去郊外散步。自打有了这个“小棉袄”，他的人生更加充实。

别的队友都很羡慕秦好亮，陆续又有5个队友加入资助贫困学生的队伍，和他们结成“一对一”帮扶对子。

秦好亮不仅有雨涵这个好女儿，他心里还装着敬老院的大叔大妈、福利院的孤儿、无钱手术的贫困女孩、抗战老兵等。他还建立捐赠室，把大家的捐赠物收集分类，使受捐者能按需得物。他还建立志愿者服务站，成立志愿者团队长春分队，在善友农场种植松原市首片志愿林。

当志愿者10年，秦好亮听到受助群众说：“你是好人，是亲人。”他十分欣慰。只有帮助别人的时候，自己才最快乐。看到雨涵像自己亲闺女一样健康快乐，秦好亮觉得自己做的事，很值！

⊙**秦好亮，**男，1978年出生，现任大庆油田有限责任公司钻探工程公司钻井四公司党委组织部组织干事，全国学雷锋志愿服务“四个100”最佳组织，大庆油田有限责任公司十佳青年志愿者，2018年度中国好人。

情系高原的格桑花

她是爱的传递者。她用自己微薄的收入铺起藏区贫困孩子的求学路，她用灿烂的笑容传递爱的力量，用双手擎起一片希望的天空。

2006年，朱华无意中在网上看到一组关于藏区孩子的照片。这组照片从此改变了朱华一家人的生活。

照片中，一些藏族孩子穿着又脏又旧的衣服，长满了冻疮的小手紧紧地捧着书本。照片深深地刺痛了朱华的心。晚上躺在床上，朱华辗转反侧，眼前不断地浮现出那些藏族孩子纯真而又渴盼知识的眼神，与此同时，她又想起自己的儿子每天穿着干净整洁的衣服，坐在宽敞明亮的教室里学习的情形。两幅画面不停地在朱华的眼前交织碰撞，这让她萌生了资助这些藏区孩子的想法。可是，一想到自己并不富裕的家庭，她又犹豫了。朱华和爱人每月的收入不足3000元，儿子要读书，双方老人的身体也不是很好，如果再拿出一部分钱资助这些孩子，显而易见，生活会比现在更加紧张，家人能同意她这样做吗？爱人会不会有意见？左思右想，朱华一夜都没睡好。

可是，让她没想到的是，第二天一早，当她怀着忐忑的心情把自己的想法说出来的时候，竟然得到了全家人一致的认同和支持，这让她万分感动。

经过多方联系，4 名因贫困即将辍学的藏族孩子走进了他们的家庭。从那时起，朱华每个月都坚持给他们汇款，7 年下来，汇款单整整装满了 3 个鞋盒。为了能多省出一些钱，他们把日子过得很节俭，一天三顿粗茶淡饭，衣服更是能省则省，能不花的钱一分不花，一块钱能买回来的东西绝不买两块钱的。他们就这样一点一点地攒着、省着，节省下来的钱全部寄去了藏区。

在这 7 年的艰难困苦中，朱华也曾经有过放弃的念头，但仅仅是一闪而过，因为她知道，只要少去一次饭店、少买一件衣服，或许就能改变 1 名藏区孩子的命运，这个信念一直支撑着她。

朱华的爱心、恒心得到了家人的理解和支持，他们愿意延续这份爱，愿意为了这样一份善念克扣自己。这份爱，把一家人的心更加紧密地联系在了一起。有一次，儿子考试得了满分，想让妈妈请自己吃一次肯德基做为奖励，然而，作为母亲的朱华犹豫了。这个愿望对于条件好一点的家庭来说，那是太简单的事了，但对于朱华一家来说，却变成了奢求。朱华的儿子很懂事，他知道家里因为资助藏区孩子不宽裕，所以很少向父母提出任何要求。这一次，儿子是得多想才会说出这样的企盼啊。朱华是那么地想满足他，可是，一顿肯德基的钱，也许就是藏区一个孩子半个月的伙食费了。忍着心疼，朱华咬了咬牙，摸着儿子的头，给他看网上那些藏区孩子的照片，向他讲述藏区孩子爬几公里山路去上学、顿顿吃白水煮干菜的生活。儿子红着眼睛跑进了自己的房间，没过一会，他抱着积攒多年的储蓄罐出来对朱华说：“把这些钱都给哥哥姐姐用吧……”儿子的举动让朱华的眼泪控制不住地流了下来，她觉得自己不是一个好妈妈，她为不能满足儿子的一个小小心愿而愧疚，可让她欣慰和自豪的是，这段经历已经在儿子的成长过程中留下了重重的印迹，在这样的耳濡目染中儿子渐渐地成长为一个善良有担当的男子汉了。也就从那天开始，每到课余时间，别的同学在操场上疯玩，朱华的儿子却在四处捡废品。他用卖废品的钱，独自承担了藏区贡保扎西的学杂费用。

朱华的公公婆婆知道了他们一家三口省吃俭用捐助藏区孩子的事情后，主动拿出了 2 万元钱交到朱华手里，他们说：“捐资助学是好事、善事，是美德，也算上我们一份！”

时间来到了 2010 年，这一年对于朱华一家来说是饱受磨难的一年。朱华年迈的父亲病危住院，她自己又在体检时被告之可能患了胃癌。可就在这时，又一个噩耗传来，青海玉树发生了强烈地震，受地震影响，他们捐助的几名孩子都想要辍学回家。这让朱华一家忧心不已。她顾不上身体的病痛，一边和爱人四处筹钱为父亲治病，一边联系灾区了解救援情况。她甚至做了最坏的打算：如果自己真得了不治之症，那就放弃治疗，把治病的钱捐给玉树的孩子。好在最后排除了胃癌的可能性。这场虚惊更让朱华坚信，好人终有好报。

2013 年，朱华和丈夫终于踏上了青海“寻亲”之路。一路上的颠簸加上强烈的高原反应，让他们吃了不少苦头。但是，当捐助了 7 年却第一次谋面的多扎扑进他们怀里大声喊着“爸爸妈妈”的时候，泪水模糊了他们的双眼，那一刻，朱华觉得所有的辛苦和付出都是值得的。

在青海省着晓乡寄宿学校，朱华夫妻意外地看到，孩子们的学习环境竟出人意料的艰苦，连纸笔都要几个人轮流着用。看到这些，朱华在震惊的同时心都要碎了，一旁的爱人随即拉着朱华马不停蹄地赶到市区一口气购买了 1 万 3 千多元的学习用品当场送给了孩子们。

青海一行让朱华夫妻亲眼见证了孩子们生活的不易，这更加坚定了朱华夫妻捐资助学的决心 。在返程的路上，爱人激动地对朱华说：“为了这些孩子，再苦再难，咱们也要坚持下去！”

朱华一家长期捐助藏区贫困学生的事情，慢慢地在街坊邻里和单位同事中传开了。2012 年 3 月，在厂矿领导的支持和帮助下，成立了以朱华名字命名的“朱华爱心志愿者协会”，这让朱华的内心十分感动，同时，也深知肩上的责任更重了。

这些年来，朱华带领协会筹集了 10 余万元，为玉树囊谦县阳光福利学校购买了洗衣机、保温桶等物资，并修缮了洗漱间。她又通过协会帮助 331 名藏区特困学生，找到了捐资助学的“爱心家庭”。

时光在流逝，但朱华和家人及“朱华爱心志愿者协会”的伙伴们，仍然一如既往地每月按时给藏区孩子们寄钱寄物。他们坚信，今天，他们把爱洒向雪域高原，明天，藏区的孩子们就会把这份爱带到祖国各地。小爱汇成大爱，一路传承，定会出现“心相连、情相牵、爱在天地间，你帮我、我帮他、和谐建家园”的美丽画面。

⊙**朱华**，女，1975 年出生，现任大庆油田有限责任公司第四采油厂第五油矿三元四队工人，全国最美家庭提名奖。

《暖冬》（油画）邵华

小团圆

在命运的罅隙里，她让自己活成一棵坚强挺立的树，为家人擎叶荫蔽。她用中国传统女性的美德，回答了生活中最为深奥的难题——有比爱情更坚固的情感，有比婚姻更宏伟的殿堂。她说英雄从未远去，爱依旧延续。

直到现在，只要回想起丈夫离家前一晚的情景，王晶的每一根神经都会被狠狠地撕扯一回，这种痛让她永生难忘。

那一晚，一向体贴的丈夫突然央求王晶："今晚咱们三口一起睡吧。"看着狭小的床和哭闹的孩子，王晶没多想就回绝了。丈夫无奈，只好俯下身子摸了摸孩子细软的头发，轻轻亲了一下，便离开了。谁都没有想到，这是他和女儿最后的告别，这是丈夫留给自己最后的身影。

第二天，采油三厂担任经警一职的丈夫周树超，在执行任务时，因公殉职。

那一年，是28岁的王晶和爱人结婚后的第三个年头。

那一年，他们可爱的小女儿天琪也才只有两岁。

还记得和树超曾经的热恋，他那时是她心目中的兵哥哥，鸿雁往来，纸面上那么多蜜语痴言；还记得与树超的相守，他们的家不大，可温馨舒适，丈夫没有辉煌的事业，可细腻体贴。在短暂却难忘的三年里，两人从未有过一句争吵，虽然生活不富裕，但一个丈夫能给妻子最好的爱，他都给了她。

她悔恨也歉疚，没能实现丈夫最后的愿望，她好怕自己留给丈夫最后的记忆，是那张不耐烦的脸和不在意的表情，她欠丈夫一个最后的拥抱，可再也没有机会去弥补。她失了魂，像在黄昏时分出海的船，茫茫无依地驶入无边黑暗。

已记不清这样的日子过了多久，直到女儿撕心裂肺的哭声将她唤醒，看到白发突增的婆婆，一身病痛的公公，看到痛哭着要爸爸的女儿，她意识到他真的走了，永远都回不来了，可她还在，他的家人也是她的。在最痛的日子里，那些爱意与生死，离殇与悲怀，她一一尝尽，在一次次沦陷后的刮骨疗伤中，仿若与丈夫有了相通的轮回，她终于想明白了一个道理：只要自己不倒，别人推都推不倒，你自己不想站起来，别人扶也扶不起。如果爱他，就必须撑起这个家。

身高不到 1.6 米的王晶，用肩膀扛起一个家的全部分量。婆婆腿脚不便，公公又不幸罹患肺癌，她为了老人方便，把自己住的二楼和公婆的五楼对换。日夜在床头照顾，喂水、喂药、翻身、按摩。有一次，女儿问王晶："小朋友们都说我没有爸爸，我想让爸爸来接我放学，妈妈，我爸爸呢？"女儿的话像一把烙铁重重压下来，心被烫得揪成一团，痛得人喘不过气。王晶久久没有回答，唯有蹲下身子，给女儿一个慰藉的拥抱。之后，她还不忘嘱咐女儿，这话不要当着爷爷奶奶的面说，女儿问为什么，王晶说因为爷爷奶奶心里会难受，会哭。从那以后，懂事的小天琪再也没有提到过"爸爸"两个字。

婆婆不忍心看她如此操劳，身边的亲戚朋友看她太苦、太累，也都劝她再婚。她从不回应，只有自己心里最清楚，丈夫周树超给她的甜蜜，虽然短暂，却无法忘记，再也容不下另外一个人走入她心里，更无人能够替代。累的时候，她总觉得丈夫就站在身边看着自己，她能感觉到他给的力量，这力量足以支撑她为公婆养老送终，陪着女儿渐渐长大。从丈夫离去的那一刻，她便被赋予了双份的生命，代替他每天看着家人，看着世界。

所谓劫波过后，人越活也便越通透。品尝过苦难的人，才更懂得，什么是自己想要的，什么是自己能吞咽下的，什么是生命里可再生的。

窗外雨声潺潺，像住在溪边，她宁愿天天下雨，以为他是因为下雨而不能回来。但是自欺欺人也不好，还是愿他那边，总是天晴，下雨时也能手中有伞。

她觉得还有好多事没有做完，她欠他的别时拥抱，就用余生来偿还吧，在梦里实现他走之前的愿望，一家三口的团圆。

⊙**王晶**，女，1972 年出生，现任大庆油田有限责任公司第三采油厂离退休职工管理中心活动室班长，中国石油天然气集团有限公司离退休工作先进个人。

《阳光灿烂的日子》（中国画）魏祎博

真爱有晴天

一次意外，丈夫再也没有站起来。从此，她瘦弱的双手就成了丈夫的双腿，26 载的精心照料，26 载的真情坚守，她用对爱人不离不弃的忠贞，让我们懂得甜蜜不是爱情的标尺，艰难才能映照爱情的珍贵。

如果说男人是天的话，在李景云 34 岁那年，她的“天”塌了。

1992 年的夏天，李景云的爱人张继玉突然晕倒，正巧被同事看到，并很快送到医院。“他们单位派人来接我，我一听到这个消息差点儿晕了过去。”李景云回忆着当时的情景，“继玉得的是突发脑血栓，吐了一盆血，医生说能救活就算是奇迹了。”

张继玉的命是救活了，可下身瘫痪，并发症让他彻底失去了自理能力。躺在床上，身体不能动弹，因为脑血栓，他的嘴总是张着，偶尔“啊啊”发音，这种发音只有李景云一人能听懂。给丈夫洗脸擦身，捏手臂，偶尔帮他擦擦嘴角。李景云的黑发仿佛一夜间就白了，但她总是满脸笑容，言谈举止间也都是对丈夫满满的爱。

丈夫一直瘫痪在床，其间又犯过脑血栓，病情一次比一次严重。2000 年，一纸病危通知书，交到了李景云手上，之前还经常躲到一边偷偷哭的李景云，到后来已经没力气哭了，命运百般挤对，唯有自己咬紧牙关。

为了全身心地照顾卧床的丈夫，李景云与单位有偿解除了劳动合同。

那是一段艰苦的日子。上有老下有小，家里唯一的顶梁柱还瘫痪在炕上，不敢想象以后的日子怎么过。一家人的生计都落在了这个弱女子的肩膀上，短短几年，她的体重从130斤瘦到了98斤。

常年遭受病痛折磨的丈夫，经常把饭菜打翻一地，药片吃到嘴里又吐出来……李景云伤心又心疼，委屈的泪水在眼眶里打转，但她理解，默默地承受了一切。丈夫觉得自己成了拖累，闹脾气耍性子，想让李景云离开自己，可李景云很坚定："我知道你咋想的，趁早死了这条心，我哪也不走，只要你在，咱们这个家才是完整的，苦点、累点咱都不怕，你能快点儿好起来比啥都强，你听没听着！"丈夫满眼含泪地握着她的手，从此没有再耍脾气。

为了多赚一点钱贴补家用，李景云每天还拖着疲惫的身体送外卖。昂贵的医药费和儿子的学费，如同两座大山压在李景云的心头。

26年的相守，有多少日子，就有多少道沟坎。丈夫得病的26年里，从没得过一次褥疮，这些都与李景云的精心伺候是分不开的。如今儿子参加了工作，生活的压力慢慢得到了缓解。她肩上的担子轻松了不少，只管专心伺候老伴了。每天早上4点多起床，倒尿、涮洗，给老伴按摩、喂饭……

如今，丈夫张继玉已经能与人简单地交流。当有人问他："你认识旁边这个人吗？"他口齿含糊地说不清楚"媳妇"这两个字，但是眼泪早已经夺眶而出。

李景云捂着嘴忍住眼泪，起身去开窗，微风带着阳光洒进来，她的天终于放晴了。

⊙**李景云**，女，1960年出生，时任大庆油田有限责任公司第七采油厂南垣实业建筑安装公司工会干事，曾获得"感动油田"人物称号。

四点钟学校

风华正茂时是创业者，古稀之年仍是开拓人。一介布衣，言有物、行有格，正是八旬长者大家气象！

“赵爷爷，又去学校给孩子们留作业啊？”

“这学期不留了，得给孩子们减负了。看书，下棋，打球，弹吉他，玩好了才能学好。”

“我跟你去选几本故事书，园里要给孩子们讲故事，没好书。”

“成，跟我走吧。”

小区里的大人孩子口中的这位赵爷爷，是位 80 多岁的老人，是全市第一家“四点钟学校”的创办人赵振钧，很多孩子放学或假期都愿意到这里找居民赵爷爷学知识。

每天，赵振钧都要走 15 分钟到达“四点钟学校”。

整理书籍，给孩子们收拾玩具。虽然他在教师岗位退下来 20 多年了，可他依然在小区散发着光和热。

如今在小区里小有名气的“四点钟学校”，最早是一间爱心书屋。孩子们只知道奥特曼，却很少知道“神笔马良”，让孩子们多了解中国文化，就是赵振钧办书屋的初衷。

他每天走访书店，购买适合孩子们读的故事书、漫画、连环画，就这样蚂蚁搬家似的筹集了大半年，他自己掏钱买了 100 多本书。就这样一本书、一支笔、一张桌地张罗，利用服务站旁边闲置的小库房建立了一个爱心书屋。

到了 2009 年的冬天，学校把放学的时间调整为下午 4 点，孩子们放学后无处可去，家长们有些措手不及。赵振钧看到许多小孩子在外闲逛，觉得这样既不安全，也荒废时间。于是书屋就成了孩子们的好去处，“四点钟学校”就这样应运而生了。

他用粗糙的手，为孩子们制作了 40 多套图板；他用苍老的背，为孩子们挡住了风雨。有了爱，孩子们在这里一天天幸福地成长。

孩子们跟赵振钧都特别亲，有的孩子爷爷奶奶家住在小区，每个假期都会来赵振钧这，开学了都不愿意走。

有的孩子基础薄弱，赵振钧便教他们学习方法，针对“瘸腿”科目重点补习，孩子们的成绩都有了显著提高。

在“四点钟学校”里，赵振钧不但教孩子学习文化知识，还给孩子们讲做人的道理。小孩子淘气，有时会破坏小区里的花草。赵振钧联合学校、物业，发动孩子们“认养绿地”，争当“环保小卫士”，慢慢地，孩子们的责任感提升了，都爱上了养花种草。

赵振钧的善举得到了越来越多人的支持，也有越来越多的志愿者参与进来。有了看护班、义务辅导班、文体活动班，家长们再也不用为不能接孩子放学操心了。

每年“六一”期间，赵振钧都与街道、社区和志愿者协会联合，让“四点钟学校”的学生到周边县贫困乡村学校，和那里的孩子结对子，让孩子们知道自己的一份爱心可以帮助更多的人。

有的人不理解，问赵振钧："你咋这么爱看孩子呢？"赵振钧说，"这可不仅仅是看孩子，更重要的是对他们进行思想品德教育。"他开办了青少年道德大讲堂，将人生的道理用通俗易懂的方式教给孩子们。

风烛残年，仍能发光发亮，苍老的手，仍能写人间大爱。他在八旬的高龄俯视生命，他的心和泥土一样质朴，播撒下希望的种子，善良会长成参天大树。

⊙**赵振钧，**男，1934 年出生，现任大庆油田东湖八区油田社区党员联系服务站助学辅导组组长、"四点钟学校"负责人，感动油田人物，黑龙江省"十佳"志愿者、全国图书博览会十大读书人物和黑龙江省全民阅读活动先进个人。

朋友曾经一起走

只为一次临终相托，他守住誓言。5年的时间，他为朋友的母亲当儿子，给女儿当爸爸，在天地之间，他用自己的行为诠释了诚信的含义。

2006年4月的一天，处于弥留之际的程立有紧紧攥着好友胡继云的手说："哥呀，我怕是不行了，我最放心不下的就是老妈和闺女！你弟妹走得早，思来想去，兄弟，只能把这个家托付给你了，欠你的，我下辈子一定还……"

这不是一个简单的承诺，胡继云心里清楚这个承诺的分量有多重，困难有多大，可是，面对同事加好友的临终嘱托，胡继云一把抹去泪水，"老程，你放心！不管今后遇到多大困难，我都会照顾好孩子，给大娘养老送终！"

程立有含着泪松开了手，留下一个20多岁癌症晚期的女儿和一个体弱多病70多岁的老母亲。处理完程立有后事的那天，程大娘遭受不住老来丧子的打击，想要跳楼自杀。胡继云跪倒在地，死死地抱住老人，"老妈，从今天起，我就是您的儿子，我孝敬你！"

为了这句承诺，胡继云让不是亲妈的程妈妈享受了许多第一次：第一次在饭店庆祝生日，第一次在老年节收到鲜花，第一次吃到菠萝蜜、鸡蛋果等热带水果，第一次在春节收到孝敬的养老钱。他还和妻子留意老妈妈爱吃什么，爱谈什么话题，都尽可能迎合她，让她更多地享受做母亲的感觉。

有时候大娘会说：“你们也是快60岁的人了，上下楼太累，别总来回跑，有啥事我打电话找你们。”

可胡继云知道，这是老太太心疼他，心里却何尝不盼着他们天天都来。他们在，这个家就有阳光、有笑脸、有温情抚慰；他们不在，就是阴云密布，就没有欢乐可言。

胡继云不辞辛苦，却也有遭到误解的时候。一次，胡继云到交通银行帮程立有女儿程督领取住房补贴，在四厂和五厂之间跑了好几个来回。他又是在单位开证明，又是去法院办公证代领手续，可是，到银行取钱时，工作人员根本不相信一个家庭能悲惨到，由一个毫无血缘关系的外人代领大额补贴。胡继云百般解释，求银行的工作人员跟他一起去五厂大娘家了解情况。

看到程大娘家现状后，银行的工作人员才把上万元的住房补贴发下来，并带着歉意说：“对不起，老师傅，误会您了，原来您真是个大好人啊！”

其实最让胡继云揪心的还是程立有生病的女儿程督。由于脑肿瘤压迫，程督耳朵失聪、眼睛失明，甚至连话也说不清、路也不能走。孩子心有不甘地对胡继云说：“胡大爷，救救我，我不想死，我不想离开你们。”

一个花季孩子的哀求，让胡继云潸然泪下。这些年，他没少为孩子四处寻医问药，却都没有见到理想的效果。专家说，孩子能活这么长时间，已经是奇迹！

2009年5月的一天，程督用尽最后的力气，在胡继云的手掌上重重地写下了一个字：爸！

送走程立有女儿没多久，程老太太又被查出胰腺癌晚期。胡继云夜不能寐，心里泛起酸涩的滋味：“兄弟，我真恨自己的无能为力，我救不了女儿的命，现在老妈也得了绝症，你的命咋这么苦呢，我对不起你！”

为了让老人在最后的时光里多一些温暖，平静安宁地走完生命最后的阶段，胡继云和爱人隐瞒了真实的病情，变着法儿地哄老人高兴。他把程立有的好友和同学都请到了医院，这些年过半百的人又唱又跳，程老太太坐在床上和“家人”一起唱，欢声笑语在那一刻定格成了永恒。

⊙**胡继云，**男，1953 年出生，现任大庆油田有限责任公司第五采油厂关心下一代常务副主任，中国石油天然气集团有限公司离退休系统宣传思想工作优秀通讯员，龙江工匠。

放心，有姐姐在呢

噩运接踵而至，茕茕孑立间，你悄然化作了家庭的脊梁，咬紧牙关，撑起生命难以承受的重量。哪怕家徒四壁，何惧风疾雨狂，无论何时，总有你守在身旁。

马香慧伏在弟弟床头撕心裂肺地痛哭。泪花中，她看着熟睡的弟弟，轻抚他的脸："爸妈走了，他们让我好好照顾你，你放心，有姐姐在呢，姐姐永远不会放弃你……"

这种痛，是抽丝剥茧的痛，一层层，让人几近崩溃和绝望。母亲得了恶性脑瘫，父亲确诊为肺癌晚期，37 岁的弟弟遭到意外伤害，成了植物人，爱人和弟媳承受不住这样的重担先后离开了这个家。

至亲至爱都离开了，而这个家，现在只有她和弟弟了，如果她再走了，弟弟就是一根在风雨中飘摇的枯草。无论怎样，自己都要坚强地活着，至少，弟弟还在，这个家就没散。

每次面对弟弟无助的眼神，她的心都在流泪。马香慧变成了一部上满发条的钟，一刻都不敢停歇。康复按摩，洗衣擦身，接屎接尿。为了抱起 140 多斤的弟弟，她特制了两个绳套绑在弟弟腿上，为了给弟弟治病，她把自己仅有的一点积蓄全部拿了出来，连推带背地带着弟弟辗转北京、哈尔滨等地的医院。得到的却是同样的答复："无法恢复。只能等待奇迹出现。"这样的宣判，意味着弟弟今后将在病床上度过。

马香慧不等奇迹出现，她要自己创造奇迹。

常人难以想象马香慧的艰辛。为了给弟弟调剂营养，她每顿要做好几样饭，最难的是给他喂饭。弟弟的吞咽能力特别差，每次喂饭都需要近 1 个小时，而她自己从没正点吃过一顿饭。病床上的弟弟，经常会大便干燥，为了减轻他的痛苦，她就用手一点点地抠。

为了帮助弟弟唤起记忆，马香慧常常讲他们小时候开心的事儿。她一直不停地跟他说话，讲着讲着就忍不住笑起来，在她心里，总觉得弟弟在默默地回应她。弟弟晚上不睡觉，她就每晚坐在他床边，握着他的手。这样，弟弟才会安静地睡一会儿，而马香慧却一夜无眠。她每天都在祈祷，弟弟呀，你要好起来。

对马香慧来说，这些年来，她感到最对不起的就是孩子，给孩子的爱太少了，孩子没有吃上几顿像样的饭。有一次，孩子问她："妈妈，咱家什么时候能买一台电脑啊？"听着孩子的问话，马香慧心里很不是滋味。现在家里没有电脑的太少了，她只能安慰孩子说："孩子，等舅舅的病好了，妈妈一定给你买一台电脑。"

她永远忘不了孩子生病的那一幕。一天深夜，孩子打电话说："妈妈我难受，你回来一趟吧。"她急匆匆赶到家，一摸孩子的头，烫手！孩子的小脸烧得通红，喘着粗气对她说："妈妈，我要没病就不喊你了，给我看完病你还回姥姥家照顾舅舅去吧。"听了孩子的话，看着那一堆方便面，她再也忍不住了，把孩子紧紧地搂在怀里，此时唯有泪水是她表达内心愧疚的最好方式。是啊，她也是母亲，她也知道应该怎样爱孩子，可是她没有时间啊！

这些年来，马香慧失去了很多，但她也有收获——那就是弟弟仍然在她身边，这个家有了她的支撑才完整。

人们说，兄弟姐妹原本是天上飘下来的雪花，谁也不认识谁，但落到地上以后，就化成水，结成冰，谁也离不开谁了。

⊙**马香慧，**女，1968 年出生，时任大庆油田有限责任公司第四采油厂第五油矿北九队集输工，感动油田人物。

《同时异空》(岩彩画)刘欣

我一直在等你

助危济困，他们做的不是帮人一时，而是给人送去长久的希望和光明。

感觉时间差不多了，刘桂云摸索着向门口挪去，她要去给志愿者们开门。刘桂云眼神儿不好，糖尿病引起的并发症已经造成了视网膜脱落，双眼几近失明。日子过得很艰难，可是她知道自己连死都死不起。因工致残的丈夫生活根本不能自理，唯一的女儿已经20多岁了，按说应该能替自己分忧解难了，可事实上孩子却只有两三岁的智力，别说分担家务，就是连走路都得靠别人扶着。如果刘桂云不在了，剩下这爷俩可怎么活下去呀?

刘桂云抹了抹干涩的眼睛，一天一天地熬了下来，她早都已经淌不出眼泪了。幸好后来有了他们，这些善良的年轻人让她有了喘息的空间。她回想了一下，从这些志愿者自发地跟他们家签订爱心“一助一”帮扶协议到现在已经差不多四年了。

时间过得可真快啊，其实刘桂云从没敢奢望这些志愿者真的能一直关注着他们这个贫困交加的家庭，本以为他们所说的志愿帮扶也不过只是一段时间而已，哪承想，他们真的坚持了这么多年。不管风里雨里，每个月都选在固定的时间来，送米送面，甚至为了方便她拿取，就连带来的青菜都是精挑细选后洗择干净放在指定的地方。有时还会帮他们包顿饺子。一边包饺子一边陪她聊天，听她说说心里话，也给她讲讲外面的事情。从不厌烦，从不敷衍了事，那种真诚带来的温暖和感动让刘桂云什么时候想起来脸上都会挂满开心的笑容。

这真是一群善良的孩子，那么年轻，那么热情，却一点都不嫌弃他们这个破败不堪的家，每次来到家里都那么地忙碌。拆洗被褥，扫地拖地，擦窗抹灰，给瘫痪在床的丈夫洗澡按摩，给智力低下的女儿讲故事梳辫子。

家里长年躺着病人，再加上卫生打扫不及时，屋子里总有一种难闻的怪味，就连亲戚和周围的邻居都极少愿意来家里多待。可是这些孩子从来就没有露出过一点嫌弃的表情，总是嘻嘻哈哈地一边说笑一边操持着各种家务活。别说她跟丈夫如何感动，就连那不懂事的女儿一提起这些大哥哥大姐姐都会甜甜地笑，用含混不清的语句说想他们，问他们什么时候来。

刘桂云总是有种错觉，只要他们来了，这个家就充满了阳光，就很温暖，很明亮。

刘桂云说她终生都忘不了那件事。2009 年，那个秋天很冷，阴雨不断，家里阳台窗户和墙体之间不知怎么就裂了道大口子，把她吓坏了，这要是一个不小心，造成阳台脱落，可是会出人命的啊！但是她却无能为力。每次去阳台她都胆战心惊，还总得提防着不懂事的女儿闯到阳台上去玩。没想到这件事被细心的志愿者发现了，他们回去以后也不知从哪弄来了槽钢，一帮人竟然给修好了，她一颗悬着的心总算放下来了，心里的那份感激真是不知道该怎么说才好。唉！只是可惜，自己的眼睛不争气，甚至就连想清清楚楚地看看这些志愿者的模样都成了奢望。

其实为了她的眼睛这些志愿者已经花费了不少心思，他们不止一次带她到油田总医院和眼科医院请专家为她免费义诊，也不止一次跟北京和上海的专科医院进行咨询，虽然结果并不理想，但是他们始终不放弃，一边四处打听可以治疗的医院一边给她鼓劲。可他们不知道，从他们走进她家的那一刻，她就已经看到了光明。

敲门声响起来了，刘桂云一边加快了步子一边急忙高声地应和着："来了，来了……"她听见了门外传来的那些亲切又熟悉的声音。

⊙**钻探工程公司钻井一公司信息文化中心青年志愿服务队，**创建于 2007 年 5 月，荣获中国石油天然气集团公司"青年志愿服务先进集体"的称号。

图书在版编目（CIP）数据

石油印象 / 大庆油田有限责任公司工会编著. —北京：中国工人出版社，2018.10
ISBN 978-7-5008-7086-9

Ⅰ.①石… Ⅱ.①大… Ⅲ.①石油工业—劳动模范—先进事迹—大庆 Ⅳ.①K828.1

中国版本图书馆CIP数据核字（2018）第242948号

石油印象

出 版 人	王娇萍
责任编辑	安　静
责任校对	赵贵芬
责任印制	栾征宇
出版发行	中国工人出版社
地　　址	北京市东城区鼓楼外大街45号 邮编：100120
网　　址	http://www.wp-china.com
电　　话	（010）62005043（总编室）
	（010）62005039（印制管理中心）
	（010）62382916（职工教育分社）
发行热线	（010）62005049　（010）62005042（传真）
经　　销	各地书店
印　　刷	北京美图印务有限公司
开　　本	710毫米×1000毫米　1/16
印　　张	22
字　　数	300千字
版　　次	2019年6月第1版　2019年7月第2次印刷
定　　价	78.00元

本书如有破损、缺页、装订错误，请与本社印制管理中心联系更换